U0742790

AME 人文系列图书 7B009

手术室护士故事

名誉主编：钟南山

主　　编：王莉　常后婵　谭淑芳

副 主 编：刘慧　黄婉芸　张泽勇　尹鹏英　林穗红

中南大学出版社
www.csupress.com.cn

AME
Publishing Company

图书在版编目（CIP）数据

手术室护士故事 / 王莉，常后婵，谭淑芳主编 . —长沙：中南大学出版社，
2018.8

ISBN 978 - 7 - 5487 - 3379 - 9

Ⅰ . ①手　Ⅱ . ①王...　②常...　③谭...　Ⅲ . ①手术室—护士—生平事迹—
中国—现代　Ⅳ . ① K826.2

中国版本图书馆 CIP 数据核字（2018）第 202333 号

AME 人文系列图书 7B009

手术室护士故事
SHOU SHU SHI HU SHI GU SHI

王莉　常后婵　谭淑芳　主编

□丛书策划　郑　杰　汪道远　廖莉莉

□项目编辑　陈海波

□责任编辑　陈　娜　陈海波　江莘妍

□责任校对　杨　瑾

□责任印制　易建国　潘飘飘

□版式设计　林子钰　胡晓艳

□出版发行　中南大学出版社

　　　　　　社址：长沙市麓山南路　　　　邮编：410083

　　　　　　发行科电话：0731-88876770　传真：0731-88710482

□策　划　方　AME Publishing Company 易研出版公司

　　　　　　地址：香港沙田石门京瑞广场一期，16 楼 C

　　　　　　网址：www.amegroups.com

□印　　　装　天意有福科技股份有限公司

□开　　　本　710×1000　1/16　□印张 21.25　□字数 415 千字　□插页 2

□版　　　次　2018 年 8 月第 1 版　□2018 年 8 月第 1 次印刷

□书　　　号　ISBN 978 - 7 - 5487 - 3379 - 9

□定　　　价　128.00 元

图书出现印装问题，请与经销商调换

编委

名誉主编：钟南山

主编：

王　莉　　广州医科大学附属第一医院
常后婵　　广东省人民医院
谭淑芳　　中山大学孙逸仙纪念医院

副主编：

刘　慧　　中山大学附属第三医院
黄婉芸　　茂名市人民医院
张泽勇　　广州医科大学附属第一医院
尹鹏英　　广州医科大学附属第一医院
林穗红　　广州医科大学附属第一医院

作者（按姓氏首字拼音排序）

蔡小娴　　广东医科大学附属医院
曾　红　　佛山市中医院
曾　芹　　广东省第二人民医院
陈翠玲　　广州医科大学附属第一医院
陈　泓　　中山大学孙逸仙纪念医院
陈建飞　　茂名市人民医院
陈杰霞　　广州医科大学附属第一医院
陈　静　　广东省陆丰市人民医院
陈美琼　　中山大学附属第三医院
陈木茵　　广州医科大学附属第一医院
陈沛雄　　茂名市人民医院
陈淑娟　　韶关市妇幼保健院

陈淑玲	广州医科大学附属第一医院
陈思敏	茂名市人民医院
陈思玮	广州医科大学附属第一医院
邓丽珍	广州医科大学附属第一医院
符金云	广州医科大学附属第一医院
傅　娴	中山大学附属第三医院
高　飞	广州医科大学附属第一医院
官淑君	广东省第二人民医院
郭　映	中山大学附属第三医院
何诗雨	韶关市第一人民医院
洪悦子	广州医科大学附属第一医院
胡　丹	中山大学附属第三医院
胡　红	广州市妇女儿童医疗中心
黄间崧	广州医科大学附属第一医院
黄漫萍	广州医科大学附属第一医院
黄芹燕	广州医科大学附属第二医院
纪晓琳	广州医科大学附属第一医院
江进华	广州医科大学附属第二医院
柯敏祺	茂名市人民医院
邝晓清	广州医科大学附属第一医院
旷文娟	中山大学附属第三医院
劳静怡	广州医科大学附属第一医院
李少蓉	中山大学孙逸仙纪念医院
李杏梅	茂名市人民医院
李雅婵	茂名市人民医院
李　瑛	中山大学孙逸仙纪念医院
李宇华	中山大学附属第三医院
梁桂香	广州医科大学附属第一医院
梁晓玲	广州医科大学附属第一医院

林　洁	韶关市妇幼保健院
林　琳	广州医科大学附属第一医院
林欣琦	广东省人民医院
刘春娇	广东省始兴县人民医院
刘丽云	韶关市第一人民医院
刘晓莹	广州医科大学附属第一医院
刘宇洁	韶关市妇幼保健院
陆慧敏	广州医科大学附属第一医院
罗祥辉	中山大学孙逸仙纪念医院
罗雁平	佛山市第一人民医院
麦志玲	广东省中西医结合医院
孟凡勇	广州医科大学附属第一医院
莫结芳	广州医科大学附属第一医院
庞良容	茂名市人民医院
邱逸红	中山大学孙逸仙纪念医院
任　奕	滨州市慈铭体检中心
申文冬	中山大学附属第三医院
舒丽丽	广州市妇女儿童医疗中心
宋海娟	广东省人民医院
宋　雯	广州市妇女儿童医疗中心
谭淑芳	中山大学孙逸仙纪念医院
王　滨	广州医科大学附属第一医院
王　丽	广州市第八人民医院
王丽丽	广州医科大学附属第一医院
王素芳	中山大学孙逸仙纪念医院
王　婷	广东省人民医院
吴国英	广东省中西医结合医院
吴锡华	中山大学附属第三医院
肖连珍	中山大学附属第三医院

肖　媛　　广州医科大学附属第二医院

宣　锋　　佛山市南海区第二人民医院

阳丽芬　　广州市妇女儿童医疗中心

杨　春　　中山大学附属第三医院

杨梦琳　　茂名市人民医院

杨挺岸　　中山大学附属第三医院

杨志玲　　广州医科大学附属肿瘤医院

尹鹏英　　广州医科大学附属第一医院

张博文　　广州医科大学附属第一医院

张春燕　　中山大学孙逸仙纪念医院

张俊强　　深圳市宝安第二人民医院集团总医院

张美龄　　中山大学孙逸仙纪念医院

张启媚　　茂名市人民医院

张晓春　　广东医科大学附属医院

张新芳　　广东省人民医院

张　燕　　广东省人民医院

张泽勇　　广州医科大学附属第一医院

赵海璇　　中山大学孙逸仙纪念医院

郑　朗　　广东医科大学附属医院

周笔慧　　广州市第八人民医院

周海敏　　茂名市人民医院

朱春桃　　广东省始兴县人民医院

朱慧君　　韶关市粤北人民医院

AME 采写编辑团队

李　媚　江苇妍　许梦杨　宋纪松　刘美玲

唐雪琴　叶伊倩　刘燕华　冯艳萍　伍艳清

AME 人文系列图书序言

有一次与一位朋友聊天，讨论一篇正在准备投稿的论文，"您的这篇论文被杂志接受发表之后，下一步您准备做什么？"面对我的问题，他不假思索地回答："请研究团队一起出去吃顿火锅，庆祝一下！"

"吃完火锅呢？"

"进一步申请课题，做研究，发更多的论文和更牛的论文……"

据说，他们团队在吃火锅的时候，经常碰撞出思维的火花。他在科研方面已经取得不错的成绩，不断挑战新问题，不断超越自我，他很享受这个过程。

论文被接受之后，也许大家选择庆祝的方式有很多种，但是，发更多更"牛"的论文之后，大都会选择类似的一条道路——思考人文。

这也许就是人文的力量，虽然至今我们依然难以去定义人文这个词。

这也是我们AME出版社隆重推出这套人文系列图书的重要原因。

这套图书的作者有来自香港大学的教授，有来自北京某个小学的9岁小朋友，还有其他各行各业的人，虽然他们的背景各异，但是，有一点是一致的，他们要么是生物医学领域的学者，要么其家人是生物医学领域的学者。

期待更多的人在吃火锅的时候，能够聊起这套图书，更希望这套图书能够给更多人带来一些科研的灵感和思维的放松。

让我们一起品尝火锅，激情工作，享受生活，拥抱人文。

是为序。

汪道远

AME出版社社长

寄语

我们经常呼吁"护士很重要""三分治疗七分护理"。我们真的让他们感受到自己备受重视了吗?

有一天下午,我们院的手术室护士长王莉跟我谈到,她最近正在努力筹备一本书,是关于手术室护士的。我发现以护士为题材的书刊、影视作品确实少之又少,如今能够出版一本让护士发出自己声音的图书实属难得。

作为一个在临床上驰骋多年的老人,我并非对手术室护士一无所知,但读完此书,我从未试过如此近距离地触及手术室护士这一群体。朝气蓬勃的年轻护士说从来没有想象过自己可以连续十几个小时不吃不喝,独立配合完成一台大手术,尽管过程艰辛,但是如果再有一次机会,还是会选择手术室;几位护士分享了自己辅助抢救时的惊心动魄,时而失败,时而成功,但很快就会被拉回理智,投入工作;许多护士谈到自己在院外待机时,只需值班的同事一声传唤,无论何时何地都会赶往医院配合急诊手术,尽管一天的行程、一夜的美梦就此破灭,他们也义无反顾;还有已离职的护士自称为"逃兵",表示离岗是情非得已的选项,可见手术室护士是挑战性高的工作,并非适合每个人。

在新人时期,他们需要承受因不熟悉业务而产生的压力,利用加班后仅剩的休息时间进修繁多的专科知识,归纳总结每个外科医生的手术习惯;在中流砥柱时期,他们需要肩负更多的风险与责任,负责高难度、新开展的手术,对后辈言传身教,是承重者也是传承者;在"老人家"时期,他们拥有了与外科主任媲美的资历与经验,默默地张开羽翼,守护整个团队,为年轻人提供锻炼的机会和发展的舞台。

在此,我想谢谢每一个愿意坚守在手术室护理岗位的人,不管你们身在哪家医院,在团队中扮演何种角色,年资多寡,是否准备放弃这份职业。谢谢你们在这一刻还站在手术台上,付出你们的专业知识,与外科医生、麻醉医生并肩作战,守护患者;谢谢你们为了这份工作放弃了许多和家人相处的时间;谢谢你们不仅是为了这份工作而工作,你们有了大爱,把救死扶伤的工作看作是一份事业,而让自己也变得更加专业。

回到最初的问题,我相信这本书能给予你们信仰与力量。祝福你们!

钟南山

序言

作为一名外科医生，我常常思考一个问题——"怎么做好？怎么做得更好？让患者恢复得更快？怎么让患者更放心？"

我们一直在强调"医护麻一体化"——手术的最佳状态，就是团队配合默契，一个人发球，另一个人知道站在哪一个位置，这样才能高效，为患者节省成本，加速康复。在这过程中，护理工作人员扮演了非常重要的角色。这也是广东省胸部疾病学会成立手术护理学专业委员会（简称专委会）的重要原因之一，希望能提供一个平台，供护理同仁交流合作、分享经验，一起来开展科研、制定指南、形成共识，在学术上大放异彩，最终造福患者。

令人振奋不已的是，当时成立专委会的决定一经宣布，便得到了广大手术护理学专业人士的大力支持与积极响应。专委会主任委员王莉护士长，很快向学会提交了来自全广东省数十家医疗机构百余会员的入会申请，定于2017年5月6日举办的成立大会，报名人数达到了300多人。让我深切地感受到了护理同仁对专业的热情，对学术的热爱，以及不断进步、更好服务患者的渴望。

众所周知，护理工作忙碌，但从AME编写的《广东省胸部疾病学会手术护理学专业委员会专家访谈》里，我看到的是专委会成员积极向上的工作与生活状态，看到的是"责任""热情""坚持"与"感恩"。他们在访谈中慷慨分享了自己多年的从业、管理经验与心得，至今历历在目。他们在收入并不高的情况下，工作细致认真、投入忘我，我认为这是一种难能可贵的奉献精神。

专委会成立一年之际，为了各界同行能够更加了解手术室护士这一神秘的职业，王莉护士长决定出版《手术室护士故事》一书。此书通过"起、承、转、合"四个篇章娓娓道来手术室护士的一二三事，其中收编了《广东省胸部疾病学会手术护理学专业委员会专家访谈》以及80余篇手术室护士的自由来稿，文笔朴素却情真意切，值得一读。

王莉护士长曾在2007年将所带领的手术室护士团队命名为"大雁团队"，希望团队能如飞行中的大雁般，各展所长又整齐划一，既勇于担责，又有奉献精神。我亦在此诚挚祝愿：广东省胸部疾病学会手术护理学专业委员会也能形成一个浩荡的"大雁团队"，翱翔千里！

是为序。

广东省胸部疾病学会会长：何建行

目　录

起

"故事"之初

承

手术护理学专业委员会主任委员访谈

手术护理学专业委员会专家顾问访谈

手术护理学专业委员会专家副主任委员访谈

转

广州医科大学附属第一医院手术室护理团队

中山大学孙逸仙纪念医院手术室护理团队

合

"故事"之末

起

这是一本以手术室护士为主角的故事书，
起源于一位手术室护士长和一位医学出版人的相遇。

给雁子说的知心话

嗨！亲爱的雁子：

时间过得真快，与你一起共事的日子又快过去一年了。相信你在自己的职业道路上又前进了一大步。说实话，写这封信时我非常纠结，我不确定是否能给你带来一些真正有价值的帮助？

作为你最亲近的"家长姐姐"，我最希望看到的是大雁团队中你的成长和成就。平常我对你的要求很严格，有时甚至有些刻薄，但真心希望你能时刻准备好、积累好，并且发展好！

我参加工作35年了，有14年在做团队管理工作，有些收获希望能与你分享：

以前，经常和团队成员说的两句话是：第一，"能挣多少比在挣多少重要"；第二，"在当前单位或岗位上不能解决的问题，不要期望在新的单位或岗位上得到根本解决"。我过去经常引用的一句话是："优秀的人擦桌子扫地，一样能与众不同地优秀。"现在，我依然认为这几句话是对的。但是今天我想对自己的那两句话做一下修改：第一，"在挣多少的问题上，一定要努力体现出能挣多少来"，这既需要勤奋、努力，更需要职业人的习惯养成和智慧的思维方式；第二，"在当前岗位上长时间不能解决的问题，需及时变换思路，通过与同事的互动实现职业能力的提升"。与各位雁子合作的时间，或长或短，但我始终致力于协同你们每个人在工作中做最好的自己，我的职业理想从不曾改变。

人常有三劣："为人师""施助人"和"不自量"；也有三优："谦逊""自强"和"自思量"。看似矛盾的"三劣三优"，其中缘由是"仁者见仁、智者见智"，全在自己体会。然而，无论是"希望大家做最好的自己"，还是"教育大家做最好的自己"，都不如"坚信大家一定会做最好的自己"。

我深信，过去的一年，你的收获和我从大家身上得到的启迪一样珍贵和有益：对过去，有平常心；对未来，善用憧憬；对现在，懂得珍惜。快年底了，一年的时光又悄然而逝，或者由于年长的我，对时光的流逝比较敏感。然而，无论年轻几岁也好、年长几岁也罢，人终究都会长大、会变老，这个是不可逆的自然规律。也许生活会让每一个孩子都要经历一场场痛苦之后才开始成长，但是亲爱的雁子，我向你保证，人这一辈子的幸福与苦难，绝对都在你的承受范围以内。

孩子！我要对你说出今天的第一句忠告：好好工作。工作是一切并非天生王子、公主的人成为"国王"唯一的方式，工作是一切自由幻觉中最接近现实的一种。更重要的是，工作能够帮助你学会怎样爱自己，然后你才能好好地爱这个世界，爱别人，以及被爱。

我知道，在你的眼里，50多岁的人已经老得如同隔夜菜了，我自己在20出头的时候也是这样想的。让我再告诉你一句话：比老去更可怕的是，老了老了还没在社会上找到自己的位置。所以亲爱的孩子啊，你得加紧了。我不需要你十分的刻苦，我也不需要你在我走进手术间的一刹那赶紧把手机关掉，但我还是劝你，不妨用功一点，别总忙着抱怨社会，你改变不了社会，也不可能重新选一次父母，对不对？你能改变的只有你自己。但你也不是真的干得那么不好，事实上，当你那么快就能独当一面时，我是那么的震惊和欣慰！都说长江后浪推前浪，你们就是那一朵朵美丽又勇敢的浪花，终将在沙滩上折射出最耀眼的光芒。

我们再说说金钱吧。恭喜你，你已经开始意识到钱的重要性了！你毕业于不错的大学，口齿伶俐，相貌清秀，我觉得你真的可以算是非常幸运的孩子了，你觉得呢？其实我也觉得自己十分幸运能够以这样的薪水雇到这样好的你，当然我是不会告诉你的。你是这样的幸运，却还在羡慕别人有大房子、好车子、钻石耳钉……我都不明白你在羡慕些什么？他们有的你都会有，而你有的岁月他们却再也不会回去。你真的没有必要因为你的衣服不如别人，包包不是名牌，或者存款还不到五位数而觉得不安，因为我们每一个人都是这样过来的，因为，"再也没有比23岁的贫穷更理直气壮的事情了"。

所以，亲爱的雁子，虽然，今天的生活对于你来说，天是暗的，风是冷的，但是，我多希望能让你了解，在岁月的河里最终的一切都会化为一个会心的微笑。请好好享受你的青春岁月，等待岁月为你揭晓答案吧！

我会将这封信一直存在我的心中和电脑硬盘上，当然，亲爱的孩子，你也有权用你自己的方式成长。我会看着你，也会默默地祝福你！

　　此致
敬礼！

真心爱你、祝福你的莉姐亲笔

2015年10月10日

作者：王莉，广州医科大学附属第一医院麻醉手术科护士长

写在征稿前：
有些笑容背后是紧咬牙关的灵魂

柴静有一本书叫《看见》，书里有一句话："有些笑容背后是紧咬牙关的灵魂。"

作为一名医学生、医学出版人，在和广州医科大学附属第一医院手术室王莉护士长谈话前，我并不知道自己对护士的理解是如此的浅薄。直到莉姐告诉我，在一次会议上，她看到中华护理学会拍的一个视频，差点哭出来，视频里的护士正和家人吃饭，忽然接到手术室的电话，饭没吃完，放下筷子就往医院赶……"这不就是我们的日常吗？"莉姐给我看了一张照片，照片里的护士抱着一个穿病号服的孩子，笑得灿烂，"为给患者做手术，她连自己孩子都没时间陪"，她滑动着手机，给我讲了这里面的故事。

莉姐还跟我讲了其他故事：脾气暴躁的糖尿病足患者的故事，一名器械护士为一台肺移植手术在节假日爬了个"假白云山"的故事，一位从大山考到顶尖大学读护理专业最后却转行的同事的故事……有阳光照射的地方就有阴影，白衣天使温柔笑容的背后，也有着无数无眠的夜晚、疲惫的身躯和委屈的泪水。

"我以前不怎么跟家里人谈我工作的事儿，他们有时候会抱怨我怎么不接电话、怎么不回家吃饭，后来老人翻到AME给我做的一篇访谈，他们忽然理解了——哦，原来你的工作是这样子的，原来你真挺辛苦的……"

那一刻理解带来的感动，撬动了莉姐心中某个柔软的地方。"我希望能有一本书，把咱们的故事和心声传递给父母、孩子，让他们能理解咱们，为咱们的职业感到骄傲；希望更多人意识到古代的"士"都是有知识的文化人，护士不是伺候人的职业，我们要对自己的专业自信；希望兄弟姐妹们能将自己与患者的故事记录下来，即使10年、100年后，这些正能量依然能通过书籍流传。"

于是，2018年1月份一个寒风凛冽的晚上，在广州医科大学附属第一医院住院部五楼，在莉姐的支持和推动下，《手术室护士故事》一书的雏形诞生了，彼时，手术室的护士兄弟姐妹们刚忙完一天的工作，吃着盒饭，准备开科会继续学习。

在写下这篇征稿启事前，我特地在网上书店搜索了关于护士的人文图书，可谓是凤毛麟角，专门讲手术室护士的书，更是难寻踪影。医生有《医生的精进》《医生的修炼》这些名作，那护士呢？他们将一生青春奉献给救死扶伤的一线事业，他们的那些故事，就此消散在时光里了吗？何不把他们的故事、他们的心里话说出来，给这个世界留一些宝贵而温暖的财富呢？

没有表达，就不能看见，希望这本书，能有你的参与，能让更多人看见，看见理解，看见尊重，看见信任。

李媚

AME出版社

承

这里，

有一个平台，

叫作广东省胸部疾病学会手术护理学专业委员会。

其中，

21 名理事会成员的访谈，

承载的是她们数十年如一日对护理事业的自豪与热情。

她们为年轻一代树立了榜样。

王莉护士长：
让手术护理工作者在学术上更自信

受访专家：王莉

单位：广州医科大学附属第一医院

职称/职务：主任护师、麻醉手术科护士长

学术任职：

◇ 中华护理学会手术室专业委员会委员

◇ 广东省胸部疾病学会手术护理学专业委员会主任委员

◇ 广东省护理学会手术室专业委员会副主任委员

◇ 广东省手术室质量控制中心副主任

◇ 广东省康复医学会手术护理康复专业委员会副主任委员

◇ 广东省胸部疾病委员会理事

◇ 广州市护理学会理事

临床经验：从业38年，从事手术室护理专业29年，担任管理岗位16年。

编者按：*广东省胸部疾病学会手术护理学专业委员会成立大会于2017年5月6日举办。会前，AME有幸邀请到该专委会主任委员、广州医科大学附属第一医院麻醉手术科的王莉护士长接受采访。访谈中，王护士长为我们介绍了专委会成立的初衷及愿景；同时，作为一名优秀的管理者，王护士长向我们介绍了她这些年的从业感悟，并掏心窝子地与年轻护士分享了"如何实现职业成长"的经验与殷切建议。*

1 将临床经验输出为学术成果

在一台手术中，护理人员担任了类似舞台搭建者的角色，有了他们的配合与努力，麻醉医生、外科医生得以尽情施展才华，完成一台台如艺术作品般精细的手术。而专委会的成立，是想通过搭建手术护理工作者自己的舞台，让他们登台去讲课，去分享，尽情发挥，成为主角，追逐学术梦。

王护士长在采访中（图1~图2）表示，在临床工作中，护理工作人员积攒了丰富经验，也产生了一些创造性的想法，但要将它们推广开来，需要对资料进行整理总结，需要通过科研、通过发表论文，将其转化成学术成果，拿出证据来说服同道，这恰是我们亟需的。成立专委会，就是要搭建这样一个平台：一是助推手术护理工作者实现学术梦；二是通过交流与不断学习，最终让他们对自己的职业建立起高认同感与价值感，在临床上、在科研上，都更加自信和主动。

"我常常对同事们说，通过了专业考试，你就是专业人士了。"王护士长笑着说，"为什么要去做一个跟随者、配角，被带着跑呢？"

自信，是第一个关键词。

2 致团队：一切以患者为中心

既然团队里没有配角，那么"医、护、麻"该如何配合呢？撇去专委会主任委员的头衔，王护士长还是一名优秀的团队协作者，AME借采访机会，向其请教了一个重要的问题，团队是如何协作以确保手术顺利进行的呢？王护士长提出了一条黄金准则——一切以患者为中心！在手术过程中，每个人都有自己的职责范围和专业领域，应该放下地位高低的成见，各司其职，核心是为患者服务。为此，王护士长还举例进行了说明——体位摆放是护士的专业，其准则是在保障患者安全、身体功能不受损，这时候护士应坚守职责，在此前提下，再尽最大努力为医生的手术操作提供便利。

王护士长还引用了广州医科大学附属第一医院何建行院长的一句名言来补充说明——"只要患者的困难得到解决，医务人员的工作增加多少难度都

图1　手术室过道张贴的"手术室护理人力资源表"，用不同的色块代表不同职称的护理人员，形成人才梯队，亦如飞行中的大雁团队

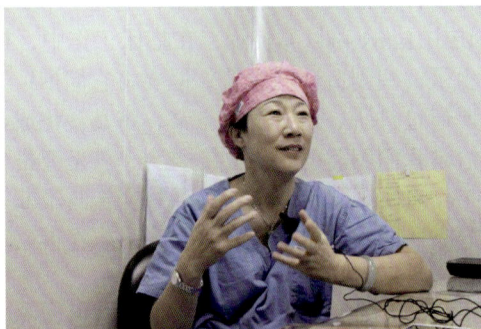

图2　爽朗、直率，还有迷人的笑容，都是王护士长身上鲜明的标签

是值得的。"

　　这又回到王护士长介绍的广东省胸部疾病学会手术护理学专业委员会创办的一个重要宗旨——让手术护理工作者在学术上更自信。只有自信了，才能在团队中坚守自己的专业观点。

3　"传帮带"推动护理事业发展

　　那么专委会，希望吸纳什么样的会员呢？王护士长提到了另一个关键词——渴望学习。她认为，护理学是一门不断前行、不断进步的学科，如果停下学习的脚步，就会掉队。成立专委会，是希望营造一个积极学习的氛围。其中，专委会对年轻护理工作者尤其重视，因为他们是护理事业发展的栋梁、未来的希望。所以专委会在邀请资深护理工作者担任顾问专家的同时，正在尽力吸引年轻护士加入，通过资深护士"传帮带"年轻护士，来为护理事业发展打造一个美好的明天。

4 致年轻护士：加强实践，勇于担责

在采访的最后，王护士长与年轻护士分享了自己的一些成长感悟。一是，注意理论与实践相结合。在学校学习的理论知识，如果不能及时得到实践，就很容易被遗忘。年轻护士要切记，理论只有在工作中加以实践，才能得到强化，转化为自己的东西。

此外，王护士长提出，从事护理工作，不仅要有过硬的专业素养，还应拥有强烈的责任感，不能畏首畏尾。作为广州医科大学附属第一医院麻醉手术科护士长，王护士长从事护理管理工作已有15个年头，对此更是深有感触。

王护士长也非常注重提升团队凝聚力，她常常强调一个人的能力是有限的，鼓励小伙伴们优势互补，共同进步。2007年，她将手术室护士团队命名为"大雁团队"，正是希望团队能如飞行中的大雁般，各展所长又整齐划一，既勇于担责，又有奉献精神，为团队的发展积极献出自己的力量，挖掘自己的潜力。

采写编辑：宋纪松，AME Publishing Company
责任编辑/摄影：李媚，AME Publishing Company

常后婵护士长：
三个时期的她

受访专家：常后婵

单位：广东省人民医院

职称/职务：主任护师、手术室、麻醉科、供应室科护士长

学术任职：

◇ 中华护理学会手术室护理专业委员会副主任委员

◇ 广东省护理学会手术室护理专业委员会主任委员

◇ 广东省手术室质量控制中心主任

编者按：《手术室护士故事》出版在即，常后婵护士长为了能够让图书完美地出版，提前两周安排了充裕的采访时间给AME，希望能够通过自己的话语给各位年轻护士一点启发，在艰苦的环境下，成为一名优秀的手术室护士。

常后婵护士长就职的广东省人民医院多达43个手术间，需要统管的护士有150多名。由于主体楼手术室的手术量日均过百，处理其中大大小小的事务，确保手术运行畅顺，足以填满常护士长的日常工作，为了完成其他学术工作，她牺牲了许多周末休息时间。

然而，繁忙的常护士长交谈时语速并不快，声音也很轻柔，回答问题的时候逻辑清晰，表达简短明了，谈吐间让人有种舒适温和的恬静感。笔者很好奇她为何能够在如此繁重的工作中修炼出一种万事运筹帷幄的气息，想要深入地了解她的过往。

不料，她说："没有省医，就没有我。"

1　她还只是一个手术室护士的时候

不落俗套地，常护士长毕业后第一年并不习惯于手术室工作，但随着同行的肯定，她渐渐地爱上了这份职业。"我做得很开心，尤其是抢救成功后的喜悦，是无与伦比的。"

"曾经有一次抢救，医生已经放弃了，出去找家属告知病情了，我还在对患者进行胸外心脏按压，后来奇迹发生了，患者恢复心跳，被平安送返重症监护室。护理部主任当即奖励了我500元钱，虽然当时并没有这个奖项，但是却给了我作为手术室护士莫大的肯定。"这是发生在20世纪90年代的小故事。由于常护士长当年坚持进行标准、有效的胸外心脏按压操作，她在"鬼门关"抢回了多名患者的生命。

又有别于传统印象的是，谈及手术室护士艰巨的工作内容，常护士长更多的是一种轻描淡写："手术室护士工作的常态就是配合手术，工作最辛苦的地方大概是当自己有私事的时候，没有人力接班，最后唯有舍小家，顾大家了。"言辞中，常护士长自然而然地流露着对临床工作的习以为常。

2　她需要成为科研人员的时候

成就感往往是喜欢一份工作的最大助力，临床工作是，科研也是。"我开始接触科研是在读夜大（在职本科）时，在老师的鼓励与支持下，我开始写科研项目申请书，最后还通过了广东省卫生厅的科研立项。后来，我曾经在院内护理科研评比的时候，同时包揽一等奖和二等奖，这事给我留下了很深刻的印象。"

常护士长坦率地表示，"科研有别于临床工作，不属于职责范围。但是，你需要晋升，需要毕业，就必须要写文章。当你愿意迈开这一步以后，事情就会变得简单很多。我从来不认为科研会增加我的工作负担，因为做科研是一件理所当然的事情。作为领头羊，更是应该做科研。"

从业多年，常护士长科研成果丰硕，广布护理管理、护理教育、创新技术、手术配合四个领域。但她依旧谦虚地表示自己水平有限，如果有更多优秀人才加入他们的团队，一定能够做出水平更高的科研成果。

3　她已经是一名手术室护士长的时候

"在其位，谋其职。"比起好高骛远，常护士长对年轻人给出了忠实的意见。"我作为护士的时候，我只会念着我的患者，这是我的本职工作；当我作为'小护士长'的时候，我只会想着如何更好地协助自己的上级；不知不觉成为科护士长之后，责任大了很多，需要兼顾各方工作的时候自然而然就会越来越多。"只有把力所能及的事情做好，才会有下一步。

而这下一步，便是管理的艺术。在护理科研领域里，常护士长的护理管理水平非常高。究其原因，可以说与她所在的广东省人民医院手术室系统息息相关。人数之众，专科手术之多，管理难度也随之增加。常护士长明确这一点并表示，"首先，必须是制度管人，不能是人管人。制度不合理可以改正，但是在没有改正之前，必须严格按照制度执行；其次是待遇必须跟上，既然我们已经剥夺了员工的时间与自由，这在短期内是无法解决的，专业人才的培养也不是一蹴而就的，所以我们必须提供更好的待遇去满足他们的生活需求，这些都是基本中的基本，可是却不容易办得到，幸好广东省人民医院基本都做到了。"

采写编辑：江苇妍，AME Publishing Company
责任编辑：许梦杨，AME Publishing Company

谭淑芳护士长：
手术室护士须"慎独"，团队协作须"积极"

受访专家：谭淑芳

单位：中山大学孙逸仙纪念医院

职称/职务：副主任护师，手术室科（总）护士长

学术履历：

◇ 副主编《实用手术护理学》学术专著1部

◇ 参编《手术室护理学》（第3版）、《专业护士核心能力建设指南》

◇ 在全国护理核心期刊以第一作者公开发表学术论文20余篇

临床经验：担任手术室护士长20年，具有丰富的手术室管理经验，多次应邀在国家级和省级学习班上授课。

编者按： 广东省胸部疾病学会手术护理学专业委员会成立大会于2017年5月6日举办。会前，AME很荣幸邀请到该专业委员会专家顾问、中山大学孙逸仙纪念医院手术室谭淑芳护士长进行专访。访谈中，谭护士长跟我们分享了手术室护士需要具备的基本素养，以及从业多年来自己对于这个职业的心得体会，也给年轻护理医务人员提出了一些很好的建议。

1 手术室护士的专业素质

谭淑芳护士长从事手术室护理及管理工作已经快有30年的时间了，对于手术室护理这个专业，她是既严肃认真又真心热爱的。谈及手术室护士的专业素质，她认为手术室作为医院重要的技术部门，其从业人员必须具备良好的沟通能力、精湛的专业技能和健康的心理素质，以及慎独精神。

第一，手术室工作紧张繁忙，需长期站立，精神高度集中，工作时间长而不规律，是其他科室无法相比的。如器械护士经常需要站手术台四五个小时甚至更长时间，不能正常吃饭和休息。要想胜任这份特殊环境下的工作，就必须具备健康的体魄。

第二，手术室护士是无菌技术的模范执行者，又是严格的监督者。作为器械护士，他们要有一双敏锐的洞察力，随时观察手术的进程，支配手术台上所需要的一切物品；而作为巡回护士，他们则要眼观六路，耳听八方，对手术者、助手及参观人员的一举一动及时监督，发现问题及时指出。尤其是在教学医院，实习生的无菌观念尚未建立，没有掌握无菌技术，经常会违反规定，这些都要巡回护士严格把关。

第三，手术室护士要有随时应对急诊的责任意识。手术室是医院诊断治疗和急救的重要场所，特别是在综合医院的手术室，随时都有急重症患者需要进行手术抢救，如颅脑外伤、内脏大出血、宫外孕等。抢救时，他们必须争分夺秒，忙而不乱，熟练掌握各种抢救技术，熟知各种仪器设备的操作。

谭护士长常常跟她的护士同事们强调，"慎独"是手术室护士必须具备的素养。偌大的手术室，每位护士都在独立的手术间工作，各司其职，护士长不可能每时每刻盯着每个人的操作。她经常跟护士们说："我们在工作中的每一个想法、每一个动作都可能直接影响患者的手术效果和预后。比如手术台上物品被不小心污染了，如果隐瞒不说，不及时更换，就会导致患者发生手术部位感染，我们要对患者负责！"

此外，具有团队协助精神也是非常重要的。一台手术能够顺利完成，是手术医生、麻醉医生、手术室护士及其他辅助人员整体合作的结果（图1）。在这个团队里，大家既分工又合作，职责不同，目标却是一致的。

总而言之，手术室的护理工作具有特殊性和独立性，工作压力大、专业性

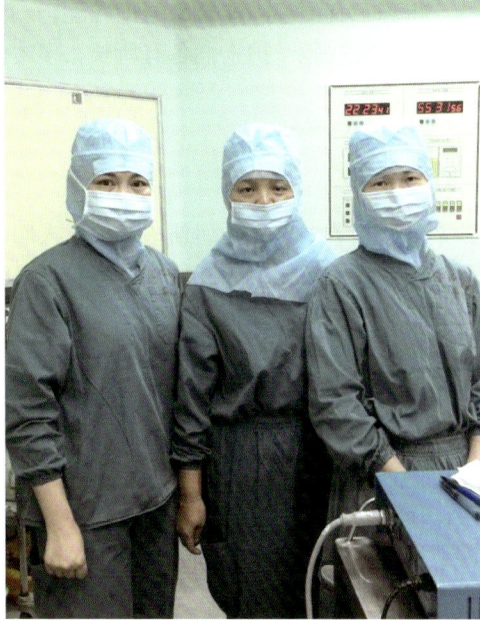

图1　谭淑芳护士长（中）及其团队部分成员在手术完成后合照

强。作为一名手术室护士，只有具备以上基本素质和职业素养，才能有更大的进步空间。

2　科室管理不忘规范与团结

在20多年的管理工作里，谭护士长经常需要跟其他部门沟通协调，她慢慢摸索到了一些规律，工作起来显得得心应手。手术室管理工作，于她而言，最大的难点就是要跟各个科室保持关系融洽。因为手术室工作范围广，关联科室多，每一项制度和规定的落实几乎都要牵涉到多部门的人员，一个环节掉链子了，执行起来就很困难。比如，落实手术安全核查制度和手术部位标识，要求手术医生、麻醉医生和手术室护士三方共同参与。提高手术室运作效率，更是涉及病房、后勤等部门。如何将这些制度落到实处，都需要手术室护士长花心思、想办法。

同时，手术室又是医院里护士人数最多的部门，且以女性居多，如何端正这么一个女性大集体的风气，并非易事。她坚决不允许搞"小团伙"，而是倡导建立积极向上、和谐团结的氛围。希望对待每一个护士真正做到公平公正，让每一位团队成员心服口服。

谭护士长觉得自己是幸运的。这么多年来，她得到了医院及护理部领导的英明指导和大力支持，得到了其他部门的全力帮助和配合。更重要的是，她身边有一支很优秀的团队一直支持她。护士们各有所长，多才多艺，既对她的工作非常支持，又毫无怨言。

3　手术室护士要有所传承

作为护士长，她亲手迎接了一届又一届新毕业护士入职，也见证了他们蜕变成长的过程。看着他们在临床技能上不断进步，思想上不断成熟，她感到很欣慰。对于这些年轻人，谭护士长总是反复强调："有付出才能有收获。一定要不怕苦不怕累，不计较得失，努力学习，学到的知识和技能是你自己的。特别是在刚毕业的一两年内，要全身心投入学习，为自己打下扎实的理论和技能基础，这些将使你受益终生。另外，护理是一种高风险的职业，1%的失误对于患者来说就是100%的生命，容不得半点疏忽大意。要养成不懂就问、不会就学、认真严谨的工作作风。时刻抱着谨慎警惕的心，提高风险防范意识，不可擅自妄为。"

4　让科研不再遥远

谭护士长认为，广东省胸部疾病学会手术护理学专业委员会的成立是非常难得的，给护士提供了学术展示的平台。它可以带动大家将临床工作总结转化为学术论文和科研课题，这对于广大护理人员来说，实在是振奋人心。谭护士长希望能尽自己最大努力，帮助会员护士提高他们的护理科研能力，让护理科研不再遥远！

采写编辑：唐雪琴，AME Publishing Company
责任编辑：江苇妍，AME Publishing Company

张军花护士长：
成为一名护士，是我的梦想

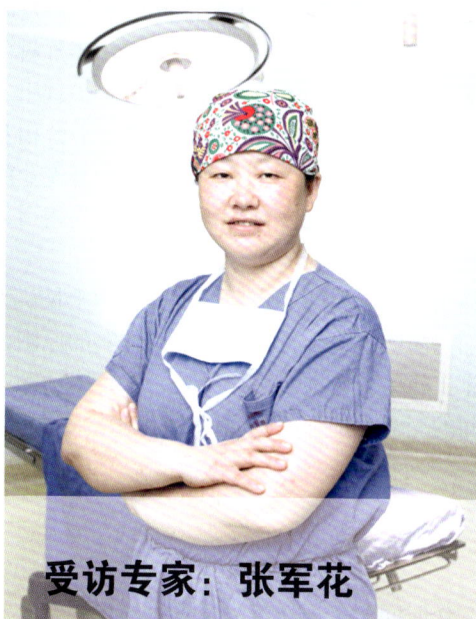

受访专家：张军花

单位：南方医科大学南方医院

职称/职务：主任护师，麻醉科手术室科护士长

学术履历：

◇ 现任广东省护理学会手术室护理专业委员会副主任委员

◇ 广东省手术室质量控制中心副主任

◇ 广东省康复医学会脊柱脊髓分会手术护理专业委员会主任委员

◇ 广东省护理卫生高级专业技术网上评审专家

◇ 广州抗癌协会肿瘤护理专业委员会常委

◇ 广州市医学会临床输血学分会委员

◇《护理学报》编辑委员会特约审稿专家

主编制作了国家卫计委"十二五"医学视听教材《腹腔镜手术的护理配合》；主持了广东省科技计划项目课题、广东省护理学会科研课题、南方医院教育研究课题；主编专著《腹腔镜手术配合》《骨科内镜手术配合》《手术室护理细节问答全书》；参编多部护理专业著作。

编者按： 广东省胸部疾病学会手术护理学专业委员会成立大会于2017年5月6日举办。会前，AME有幸邀请到南方医科大学南方医院手术室张军花科护士长接受采访。张护士长和我们分享了她对专委会和护士这一职业的看法。

1 对专委会的看法

张护士长对于专委会的成立给予了高度评价。她表示近年来外科发展非常迅速，专业分科越来越细，手术种类越来越多，新理念广泛应用于外科手术中，这其实也推动着手术室护理工作的发展，如手术室成立亚专科护理组。她总结专委会的成立有两大作用：第一是平台作用，可以通过这个平台相互交流，让护理人员系统地了解到最前沿的外科进展，以推动手术室护理专业的发展；第二是引领作用，通过形成专家共识，规范专科流程，建立工作指引，以进一步提升手术室的胸部专科护理的质量。

那么专委会应该举办哪些活动来达成以上两大作用的呢？张护士长认为，专委会需紧随医疗的发展趋势，加强团队建设，推行"医护一体"的原则，将新理念、新技术更好地应用于临床工作中。专委会可以开展一些学术活动，加强医生护士间的交流，加强学科间的交流，加强医院间的交流，让大家相互探讨，共同进步。

2 对护理行业的看法

护理人员的工作非常辛苦，工作时间长，工作量大，这是众所周知的。张护士长从1987年开始参加工作，已进入护理行业近30年。她谈到自己出生于军人家庭，从小就梦想着当一名军人并从事医疗行业，所以当时毫不犹豫地选择了军护专业，以表圆梦。她也讲到，护士的工作虽然辛苦，但都是值得的，每当看到患者经过治疗，恢复健康，回归社会的时候，她的心里都会感到非常欣慰。更让她自豪的是，当重大突发事件发生时，手术室护士总是第一时间站在抢救伤员第一线。

说到这，张护士长有一些话想分享给年轻护士。她说："无论是什么原因让你进入这一行业，如果你选择做护士，那么请热爱它。没有爱，真的很难坚持下去。如果你想转行，也可以大胆地去尝试，有比较，才会有选择，我的身边不乏这样的年轻人，尝试了其他的职业，最终还是选择了护理行业，并且在后来的护理工作中，也取得了不菲的成绩。"张护士长提到，刚进入这一行业时，很多年轻护士会迷茫，这也很正常。要多给予年轻护士一些指导，鼓励他们去寻找自己目标，比如学习英语，继续提高学业。她希望年轻护士，应当对自己有要求，要在工作中学习，思考。学无止境，这在哪一行业都适用。

后记：在采访前，我没有见过张护士长。我们开始是通过微信交流的，她给我的感觉是干脆和果断的。当见到张护士长时，我又被她爽朗、自信的声音所感染。张护士长曾经说过，干脆、果断都是外科人的性格。她自己喜欢护理这一行，所以坚持了这么久，也相信有更多的人愿意加入护理队伍。

采写编辑：刘燕华，AME Publishing Company

魏革护士长：
干一行，就要干好一行

受访专家：魏革

单位：广州军区广州总医院

职称/职务：主任护师、总护士长

学术任职：

◇ 全军重症医学科专业委员会护理学组副组长

◇ 全军普通外科专业委员会护理学组副组长

◇ 全军手术室专业委员会委员

◇ 广东省护理学会手术室专业委员会副主任委员

编者按：广东省胸部疾病学会手术护理学专业委员会成立大会于2017年5月6日举办。会前，专委会专家顾问、广州军区广州总医院的魏革护士长接受了AME的采访。

魏革护士长从事临床护理工作38年，在现代化手术室管理、专科质量控制及外科护理方面有较深造诣。被问及当前护理工作的重点以及需要改进的地方时，她欣慰地表示，近年来我国手术室在硬件和软件，包括在工作人员业务素质的建设方面，都取得了很大的进步。随着外科手术技术的进步，仪器、设备、药品的发展，整个手术室发生了很大的变化。例如手术术中的CT和MRI，一体化手术室、杂交手术室和数据化手术室的应用，使远程会诊、教学、指导成为现实，机器人手术的应用也已纳入进程。我国一直在努力与国际接轨，走访了很多医院，互相学习、交流。

"通过这些交流，我们可以看到现在国内手术室的建设一点都不落后，有些医院甚至可以说非常先进，可以跟国外的先进医院媲美。"魏护士长很骄傲地说道。

随着我们国家依法治国、治院、行护等方针政策的出台，对手术室护理服务的要求也更趋复杂。关于如何加强手术室专业质量内涵的建设，提高专业护士的核心竞争力，魏护士长表示："我们确实还有待进一步加强和完善。手术室跟临床科室完全不一样。临床科室有很多共性，规范、指南、专家共识比较容易达成；而手术室专科性很强，因此要制定标准、专家共识就会比普通临床科室要难一些。"她认为，护理作为一个一级学科，在手术室基础理论以及专家共识方面，目前还是比较薄弱的，下一步需要加强这方面的发展，才能让学科的发展走得更远、更好。

魏护士长提到近几年国内外特别注重护理的人文教育和注意义务，国外已经立法，我国也提出了要求。在国家大医改背景下，护理的人文教育以及注意义务是我们当前在临床上需要进一步加强的。跟香港比较，国内医院的硬件、软件实力都在一流水平，但是在人文服务方面还有待提高。"我们最近也在做一些相关的研究，例如病情观察，在教科书上早就有针对临床科室的定义和规范。但是它不能适用于手术室，因为同一个患者在不同的诊疗状态下，他的病情变化是不一样的。所以手术室的理论基础在哪里呢，应该怎么去定义它呢？这些都需要手术室的专家们共同努力。把理论基础和临床应用相结合，这样手术室的发展才能走得更远。"魏护士长语重心长地说道。

在工作、科研之余，魏护士长还承担了繁重的教学任务。当笔者好不容易联系上魏护士长时，她抱歉地表示刚才2个多小时都在给学生上课，手机调成了静音状态。

谈到年轻的护士，魏护士长感叹，他们是幸福的一代，生长在一个很好的时代。当代社会，家庭、学校、社会对教育是非常舍得投入的。现在的护士大都是统招本科生，他们接受过良好的基础教育，工作后也会有各种平台和机会，可以更快地学习和成长。而且现代社会是一个信息化的时代，各种资源很容易就可以得到。

临床一线的护理，工作比较琐碎、苦累，常常倒夜班。魏护士长特意引用了南丁格尔的一句话"护理是一门艺术，从事它需要崇高的献身精神和艰苦的准备"。她深情地表示，献身精神和艰苦准备，不仅在那个时代适用，用到现在也非常贴切。年轻人不管出于什么样的动机选择了护理这个工作，但是既然已经进入了这一行业，干一行就要干好一行。尤其护理工作是为人服务的，要特别地专注、细致、认真、有爱；生命是宝贵的，人的生命也只有一次，所以对生命要有敬畏感，对人要有仁爱之心。

"耕耘才有收获，想要成才，就要沉下心做事，在做事的过程中你就会得到，有所收获。所以我常常跟我的学生讲，经历就是一种财富，今天你看似什么也没有学到，若干年以后，当你遇到别的事情，回头看看，这些经历无形中已经给了你很大的帮助。现在作为一个普通护士，好像并不是管理者，但是当你在管患者的时候，你就是个管理者，所以要珍惜每一次工作机会，因为在这个过程中，你会得到锻炼、进步以及成长。即使以后不做护理工作，这种能力也可以用在其他岗位上。" 魏护士长最后的一番肺腑之言，深深触动了笔者，相信这番情真意切的话，不仅对年轻护士，对当代年轻人也会有所启发。

采写编辑：刘美玲，AME Publishing Company

张兰梅护士长：
走出去，了解学科前沿与热点

受访专家：张兰梅

单位：佛山市第一人民医院
职称/职务：主任护师
学术任职：
◇ 广东省手术室质控中心专家
◇ 广东省护理学会手术室专业委员会常委
◇ 广东省康复医学会脊柱脊髓分会手术护理康复专业委员会常务委员
◇ 佛山市护理学会手术室专业委员会主作委员
◇ 佛山市手术室质控中心副主任

编者按： 广东省胸部疾病学会手术护理学专业委员会成立大会于2017年5月6日举办。会前，AME采访了专委会的专家顾问——佛山市第一人民医院的张兰梅护士长，了解了在她心中，成立专委会的意义是什么，对专委会的未来又有哪些展望。

访谈一开始，张兰梅护士长就简明扼要地指出了专委会成立的重大意义。她认为，专委会的成立相当于一个平台的搭建，希望各位能够通过这个平台，分享经历、交流经验，将值得借鉴的经验形成共识，并让共识发挥其自身的指导性作用。年资高、经验丰富的张护士长表示，非常希望能够把自己从业30多年以来的经验与大家进行分享，让年轻的护士少走弯路，自己能够起到一个传帮带的作用。

当被问及对专委会未来发展方向的建议时，张护士长表示，关键是要定期举办讨论会，把专委会的成员都召集在一起，讨论各自最近在工作中所遇到的问题，互相交流经验。她相信，专委会这个平台会吸引更多的护士参与其中，包括各个医院中资深的护士，以及有活力、有潜质的年轻护士。

张护士长特别补充到，她所在的佛山市第一人民医院，非常鼓励护士们"走出去"——医院会指派不同专科的护士去参与一些医疗活动与学术活动，帮助他们更好地了解该学科的前沿技术和当前热点。医院内部，也会在每周四举行一次专科的分享活动。相比以前大学科的学习，专科的学术活动能够让参加的护士更好地学习到对应的学科知识，帮助他们更加出色地完成工作。

忙碌的本职工作并没有减弱张护士长参与专委会工作的热情，她表示，只要专委会需要她，她就一定会尽全力支持，为专委会贡献自己的力量。虽然平时工作繁忙，但是她有信心可以协调兼顾好两者。

采写编辑：叶伊倩，AME Publishing Company

赖英桃护士长：
手术室护理之我见

受访专家：赖英桃

单位：广州中医药大学附属第一医院

职称/职务：主任护师、手术室护士长、硕士生导师、广州中医药大学聘任教授

学术任职：

◇ 广东省手术室质量控制中心专家组长

◇ 广东省护理学会手术室专业委员会副主任委员

◇ 广州市医疗器械专家组成员

◇ 广东省护理卫生高级专业技术职称网评专家

临床经验：从事手术室护理工作30年，担任管理岗位工作19年。

编者按: *广东省胸部疾病学会手术护理学专业委员会成立大会于2017年5月6日举办。会前,AME有幸邀请到该专业委员会专家顾问、广州中医药大学附属第一医院手术室的赖英桃护士长接受采访。赖护士长与我们畅谈了专委会的未来规划及愿景,回顾了从事手术室护理工作30年来的心路历程。一番交谈下来,可以深切感受到她对护理事业的热爱,手术室护理工作已经成为她毕生的追求。*

1 学有所思、学有所获、学有所长

刚刚参加完在杭州举办的第21届全国手术室护理学术交流会议,赖英桃护士长便马不停蹄地接受了我们的采访(图1),那么她在繁忙的工作之余仍然抽出宝贵的时间参加专委会的动力是什么呢?

"手术室作为医院内特殊的机动科室,承载着全院大大小小的手术,与其他医院的同仁们进行横向交流学习是十分必要的,专委会就为我们提供了平台。"赖护士长笑着说:"这个团队有许多前辈、'大咖',通过知识的分享,使平台内所有人都受益,产生1+1>2的效果,何乐而不为呢?"

对此,赖英桃护士长还以自身经历为我们进行说明。"手术器械集中供应涉及手术室与供应室如何高效交接这个难题,我通过参加学术会议,请教专家同仁,最后探索出一套适合我院实际情况的工作流程以解决此难点,从而提高了我院的工作效率。这就是一个学有所思、学有所获、学有所长的过程。"

图1 赖英桃护士长(左)与AME编辑(右)的合照

2　专业性强、技术性高、接触面广

学有所思、学有所获、学有所长是赖英桃护士长的人生信条，亦是从事手术室护理工作不可缺少之精神。当聊到这份工作最大的特点时，赖护士长再次用三个词语高度概括：专业性强、技术性高，接触面广。

"手术室护理工作涉及对专科理论知识的掌握，手术器械的使用维护及与医生、麻醉医生的术中配合，如果没有高度的专业性，是不能胜任这份工作的。"专业性强，是它的第一个特点。

谈及第二个特点"技术性高"，赖护士长神情凝重地说："为保证手术的质量，手术患者的安全，每一个步骤、细节都要关注无菌技术操作，手术室护士一举手、一投足都有其规范性。这是一项技术含量很高的工作，稍有不慎即会付出沉重的代价。"

最后一个特点是接触面广，由于现代手术专科细化，其对各个专科手术的护理常规都要求掌握。"在成为手术室护士的前期，必须在各个手术专科进行1~2年的轮转以及综合培训，必须掌握院内各个专科的手术相关知识，才能够胜任这份工作。"赖英桃护士长笑着说道。

3　以老带新、齐头并进

赖英桃护士长在管理岗位已近20年，面对专业性强、技术性高、接触面广的手术室护理工作，她亦探索出了一套行之有效的管理模式。

在对新护士的培训上，赖护士长创造性提出"终身导师制"。"每一个年轻护士都安排有前辈作为导师，工作上遇到什么困难可以寻求导师提供帮助，进行解疑释惑。"她解释道："通过这种以老带新的方式，不仅使年轻护士快速成长，还提供了相互交流的机会，对整个团队大有裨益。"

在团队建设方面，赖英桃护士长强调"相互帮助、齐头并进"。"不确定性是手术室护理工作的特殊之处，当有一台紧急手术需要进行，而团队成员有困难无法到位的情况下，其他成员就要发挥团结互助精神，及时顶替到位完成手术。"赖护士长语重心长地说："紧急时刻方能彰显团队精神，这一点我为每一位成员都感到自豪。"

4　坚守、沉淀、努力

访谈最后，赖英桃护士长以过来人的角度与年轻护士分享了自己的感悟。坚守、沉淀与努力是她提到的三个关键词。

"当你选择这份职业，就要预见路途中荆棘遍野、风沙漫天，放弃的结果只会是半途而废，唯有坚守，方能守得云开见月明。"赖护士长认为，"坚守"是成为一名优秀手术室护理工作者的前提。

"沉淀"则是不可或缺之要素。"社会的发展进步带来护理技术的不断改进与优化，在这个过程中，学习沉淀是紧跟时代步伐的唯一方法。年轻护士要有自主学习、刻苦钻研的精神，才能追赶甚至超越前人。"

最后，"努力"是三者的核心。没有踏实奋斗的精神，一切都是纸上谈兵。

从事护理工作30年来，赖英桃护士长始终践行着这三个关键词。"当我刚入行的时候，我为自己成功地配合完成一台小手术而兴奋；慢慢地，我为顺利完成一台高精尖手术而激动；到现在，我为科室圆满完成手术工作任务、为团队成员的每一个进步而欣喜。"说这句话时，她的脸上洋溢着幸福的笑容。

采写编辑：宋纪松，AME Publishing Company

吴小珊护士长：
有得有失，不忘初心

受访专家：吴小珊

单位：暨南大学附属第一医院（广州华侨医院）
职务：手术室/供应室科护士长
学术任职：
◇ 广东省医院手术室质量控制中心副主任
◇ 广东省医院供应室质量控制中心专家组副组长
◇ 广东省护理学会手术室专业委员会常委
学术履历：
◇ 1997—1998年 香港玛丽医院进修学习
◇ 2005—2006年 美国 Saginaw Valley State University (SVSU)进修
  学习

编者按： 广东省胸部疾病学会手术护理学专业委员会成立大会于2017年5月6日举办。会前，专委会专家顾问暨南大学附属第一医院（广州华侨医院）吴小珊护士长接受了AME的专访。

在访谈中，吴护士长对专委会的成立，表示了极大的支持和认同。她认为专委会的成立将有利于搭建两个平台：一是交流平台。各大医院可以利用这个平台交流分享专科护理、护理教育，以及新技术、新业务开展等方面的信息，同时也给同行一个沟通感情的机会。二是合作平台。来自不同医院的护士可以利用这个平台上共同开展调研，形成科研数据；各大医院的专家们可以一起制定专科指引或形成专家共识，给不同级别的医院提供参考或指导。

1 谈谈遇到的困难：工作强度大，人手不足

作为暨南大学附属第一医院（广州华侨医院）手术室/供应室科的护士长，吴护士长拥有非常丰富的临床经验。谈到目前面临的一些困难，她认为，跟其他护理单元比较，手术室非常特殊。手术室的护士，除了照顾手术患者，配合医生完成手术以外，还要掌握各种专科知识及技能。同时她们还需要具备敏锐的观察力及超强的应变能力，因为你永远不知道患者接下来会有怎样的病情变化。从工作性质来讲，手术室是一个密闭的环境，工作具有连续性，劳动强度也很大。

广州华侨医院手术室现在有20个手术间，平均每天手术量为80~90台，超时、加班、拖班，已是家常便饭。而且护士这个队伍的成员大多数都是女性，要经历生理期和怀孕期，如果没有足够的体能和意志力，根本坚持不下来。尤其值班时遇到通宵手术，一个夜班下来，值班护士已是疲惫不堪，他们常常上班的时候披星，下班的时候戴月，不知外面是晴是雨。

吴护士长指出："人手不足一直是各医院面临的最大困难之一。随着各家医院业务量的增大，人力的补充速度远远跟不上业务增长的速度。尤其是在二孩政策开放之后，这种矛盾更加突出。"她还提到，"现在大概有15%的护士在怀孕或者休病假、产假，但是工作量并没有减少。同时，医生对专科手术配合的要求很高，固定专科人员的暂缺，就需要挪动盘活全科室的人力，除了护士压力大，医生的满意度也会降低。在人手不够的情况下，如何保证工作质量，确保患者安全的同时保持医生的满意度，需要找到一个平衡点。加之，团队中年轻护士居多，工作经验不满3年的护士占了40%左右，而要成为一个熟练的专科护士，至少需要经过3年的培养时间，因此，高年资护士尤为紧缺。"

2 管理经验分享：过硬本领、人格魅力与身体力行缺一不可

担任护士长多年，吴护士长也和AME分享了她的一些管理经验。

她认为，首先，专业上要有过硬的本领，熟练掌握专业理论、专科技能，而且要持续学习，掌握专业发展的前沿动态。毕业10年就当上护士长，曾两次公派去香港、美国进修，多年来她一直对整个专业的前沿动态有较深入的了解，与国外同行保持着良好的咨询交流。其次，作为一个管理者，人格魅力非常重要，要有融洽的人际关系和良好的沟通能力。手术室是整个外科治疗的运转中心，需要接触方方面面的人，包括外科医生、患者、护士、麻醉医生，以及整个医院不同层级的人。最后，作为护士长，要身体力行，要求别人做到的事，首先是自己做得到的；并且要善用激励的方法，多些鼓励、赞扬，少点责怪、批评，而且要有担当，要敢于去承担责任。作为一个管理者，要有胸怀，懂得宽容和尊重，无论是对上司还是对下属，哪怕是对保洁阿姨，只要你给他们足够的尊重，他们就会回报你足够的支持！

3 要兼顾工作和家庭离不开家人的理解与支持

作为女性，往往担任着多重角色，既是媳妇，女儿，妻子，又是妈妈。护士的工作是非常忙碌的，如何兼顾工作和家庭就成了一个难点。吴护士长从事护理工作30多年（图1），对此深有体会——她认为，职业心很重要，更重要的是家人的理解和支持。她坦言也曾有过不开心的时候："我儿子三四岁时，我还没当上护士长。记得那天小孩过生日，一家人开开心心地在一起，准备切蛋糕。还没切下去，通讯员来到家门口，叫我回去加班。我披上衣服就走，后面发生什么事情，也不知道了。等我回去，儿子都睡了，老公还冲着我发了一顿脾气。"

图1 吴小珊护士长2016年护士节荣获"护理工作三十年贡献奖"时留影

　　"就这样子一步步地过来，当上护士长以后，工作就更加忙碌了，责任也更重。刚开始的时候，医院条件没那么好，通讯不好，人力不足，也经常要加班。但是时间长了，慢慢习惯了，家人也理解了。遇上节假日，需要值班或加班，家里人虽然可能早有了其他安排，但是也表示理解。这样走过来，感觉有苦有乐，有得有失。"

　　"得到的，远远比失去的要多。最后，非常庆幸和感恩我们有一个优秀的团队（图2），正因为有他们的支持与努力，我们可以一起成长进步。"吴护士长动情地说道。

图2　暨南大学附属第一医院手术室护理团队合影

采写编辑：刘美玲，AME Publishing Company

编者按：广东省胸部疾病学会手术护理学专业委员会成立大会于2017年5月6日举办。会前，AME有幸邀请到专委会副主任委员、茂名市人民医院麻醉手术科黄婉芸护士长接受采访。访谈中，黄护士长不仅给我们分享了加入专委会的初衷及愿景，同时，作为一名有着16年丰富管理经验的护理人员，她还向我们娓娓道来了这些年来的从业心得，并讲述了其中引人思考的故事。

1 标签一：积极主动

当今社会流行给人"贴标签"，其实就是我们耳熟能详的"第一印象"，那么黄护士长给我留下的第一印象就是——积极主动。

一听说要成立专委会，她就立即着手准备资料，第一时间递交了申请，积极配合相关事宜，因为她深知，能够加入专委会进行学术交流的机会是难能可贵的，作为基层护理工作者也要重视学术，所以她表示，一定要努力争取加入专委会。

黄护士长表示，只有不断地交流、分享、总结，才能更好地提升自己和团队的专业水平，专委会正是能够为大家提供这样一个平台，而且这个平台还可以指导大家开展科研工作和撰写论文，使她们能将自身的工作经验转化成学术成果。当初主动加入专委会，除了希望能开阔眼界、提升自己的专业水平之外，更重要的是作为茂名市护理学会手术室护理专业委员会主任委员，她充当着当地最新资讯和基层护理建设的桥梁，要及时传递护理方面的前沿信息，从而带动整个地区团队的进步。

2 标签二：以德服人

一名护理管理者，除了有过硬的专业技能，当然也少不了让人信服的管理能力。

作为茂名市人民医院麻醉手术科护士长，黄护士长从事护理管理工作已有16个年头。面对着团队里思想各异、能力不齐的队员，她是如何让大家心往一处想、劲往一处使的呢？

黄护士长坦言，管理工作要涉及人、事、财、物，远远没有想象中简单，不过这么多年她一直坚信的原则是：只有以德服人、制度管人、上下一心，才能保证团队的正常运作，此外，她还十分关心团队里每一位护理工作者的成长，为她们争取最大的利益。例如，根据各人不同的特点为他们提供不同的平台，让他们在工作中发现自身的价值和潜能。

在临床上深耕多年的黄护士长认为，最赋予她自豪感的一件事情就是看到年轻的护理工作者找到自己的价值，在工作上有所思考、有所进步。

3 标签三：知人善用

常言道，世有伯乐，然后有千里马。千里马常有，而伯乐不常有。

采访期间，黄护士长还分享了一个小故事。她曾经带教过一位从其他科室转过来的被贴着"小聪明""懒惰""工作不积极"等标签的年轻护士。黄护士长并没有盲目听从这些所谓的"评价"，而是跟这名年轻护士进行了深入的交流，了解其内心真实的想法，在思想上给予引导，根据她个人的性格特点来进行工作分配，并适时地进行鼓励和指导。后来那名年轻护士竟成为科室的业务骨干。黄护士长还建议：针对刚入行的护士，我们需要制定个人的专业发展规划，合理安排时间，让他们主动参加培训活动并且积极向前辈请教，及时总结工作中的经验教训，争取早日成为一名出色的护理人员。

采写编辑：冯雁萍，AME Publishing Company
责任编辑：江苇妍，AME Publishing Company

刘燕君护士长：
护士不易

受访专家：刘燕君

单位：广东省第二人民医院
职称/职务:主任护师，麻醉科手术室护士长
学术任职：
◇ 广东省手术室质量控制中心专家组副组长
◇ 广东省护理学会手术室专业委员会副主任委员
◇ 广东省胸部疾病学会手术护理学专业委员会副主任委员
◇ 广东省康复学会手术室康复专业委员会副主任委员
◇ 广东省家庭医师协会护理专业常务委员
◇ 广州市高级职称评定委员会专家库成员
◇ 广东省医疗事故鉴定委员会专家库成员

编者按：广东省胸部疾病学会手术护理学专业委员会成立大会于2017年5月6日举办。会前，AME有幸邀请到专委会副主任委员、广东省第二人民医院手术室刘燕君护士长接受采访。在访谈中，刘燕君老师介绍了此次专委会的成立对于护理工作者的意义，讲述了当前护理工作需要改进的地方和面临的压力。最后，刘护士长分享了其多年的护理经验和建议。

1 "护士荒"亟待解决

"目前护士资源流失严重，护理队伍不稳定，待遇不高及高负荷的工作强度是其原因之一。"刘燕君护士长缓缓地诉说着护理行业的现状。她分析道："如果要改善现状，首先应当增加护士的人手，以缓解护士短缺现象。与之相对的措施应当落实同工同酬，以体现护士的价值，改善从业环境，提高护理职业的社会认同度。护士满意，护理质量随之提高，最终才能让患者更满意。"

造成"护士荒"的现象不能只归咎于待遇问题，更不能单纯地通过提高待遇去解决问题。刘护士长指出："由于社会对护士的认同度低，而护理工作强度大，以及护士自身技术能力和护理工作经验不足等，都使得护理工作者的压力非常大。同时，一小部分人群出现'重医轻护'的心态，使得护理工作者没有得到应有的尊敬。"护士是与患者接触最频繁、交流最深入的健康守护者，他们发挥的作用并不亚于医生。

2 成立专委会对护理工作者意义深远

"专委会的成立为护理工作者们提供了学术交流的平台。拥有丰富临床经验和理论知识的护理工作者们可以在这个平台上互相分享经验，学习新知识，获取新动向和信息，解决难题。有效的学术交流，更利于提高工作效率和实现自我的学术价值。"刘燕君护士长缓缓道出本次专委会成立的意义。

采访最后她还补充道："手术室护士工作一定要认真、严谨、责任心强，对于医务工作者来说，患者的安全是最主要的，一切要以患者为中心，学会团队协作。同心山成玉，协力土变金。"在繁忙的工作中要努力学习，要在实际工作中总结经验，开拓创新，不断提高自己的能力。

采写编辑：伍艳清，AME Publishing Company
责任编辑：江苇妍，AME Publishing Company

谢庆护士长：
专业+热爱=一名优秀护理人

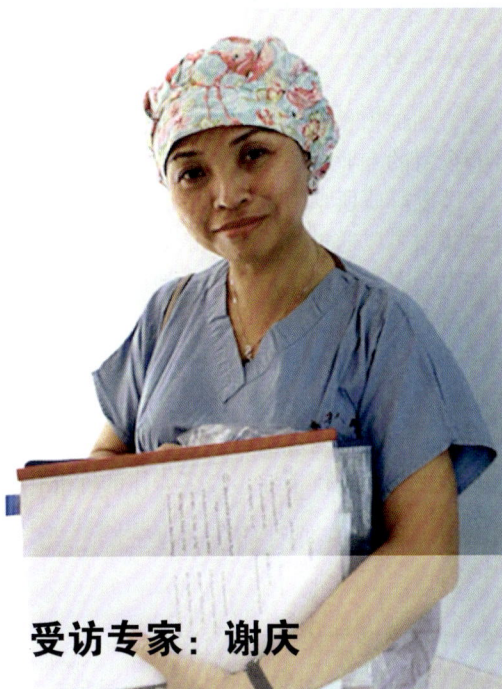

受访专家：谢庆

单位：广东省人民医院

职称/职务：副主任护师、广东省心血管病研究所手术室护士长

学术任职：

◇ 广东省护理学会手术室专业委员会常务委员

◇ 广东省手术室质量控制中心专家库成员

学术专长：从事临床护理工作37年；心血管手术护理25年；曾赴香港葛量洪医院、德国心脏中心进修；两度赴非洲加纳协助开展心脏手术。

编者按：广东省胸部疾病学会手术护理学专业委员会成立大会于2017年5月6日举办。会前，AME有幸邀请到专委会副主任委员、广东省人民医院心血管病研究所手术室谢庆护士长接受采访。谢护士长详细阐述了加入专委会的初衷及预期设想。同时，作为一名护理管理人员，她与我们分享了工作感悟与心得。在访谈过程中，"专业"与"热爱"成为出现频率最高的词汇，她强调一名优秀的护理工作者必须具备这两种素质。

1 把专委会打造成专业的学术平台

谈及对于专委会的预期设想，谢护士长希望把它打造成专业的学术平台。"每一家医院、每一名护士都有自身的专业特长，专委会就是一个能使大家各显身手的平台。例如广东省人民医院心研所享有更多的心脏疾病患者资源和临床经验，擅长于心脏手术护理的我就可以通过讲课、讨论等形式进行知识和经验的相互交换。同理，其他医院也会有自己的专长。各个地区、医院的技术交流会将专委会发展为一个相互学习、共同进步的平台。"

那么该如何又快又好地建设专委会呢？在广东省手术室质量控制中心担任质控专家的经历给予了谢护士长许多启迪与思考："质控中心的职能主要是监督各医院手术室的质量控制工作，制定指南规范以确保执行。专委会亦可以借鉴这种做法，对医院手术室的护理工作进行指导，提高操作的标准化和规范性，从而为患者谋福利。"

2 专业技能、制度与人才是护理管理工作的三大法宝

多年的护理管理工作使谢护士长积累了丰富的经验与心得，她认为，"专业技能""制度"与"人才"是护理管理工作的三大法宝。

"手术室护理是一项繁重且复杂的工作，因此护士的医学专业基础一定要打牢，人体解剖学、疾病相关知识、手术技术与方法……每个方面都不能有盲点。在此基础上，年轻护士要勇于实践，将理论应用于实践中去，并在实践的过程中锻炼沟通能力和操作敏捷度。"成为一名优秀的护理管理人员，并不是一蹴而就的。"只有自己的业务能力够强，你才能被其他的医生护士所信服。护士长这个头衔对我来说是压力更是动力，它不断提醒我去提高专业水平，攀登学术高峰。"谢护士长强调专业技能是护理管理的基础(图1)。

其次，制度为管理工作提供保障。"我认为最好的管理就是无论管理者在还是不在，团队都可以高效运转，完成既定工作。"谢庆护士长若有所思地说道："这就需要良好的制度建设。"在实际工作中，通过制定完善一系列规章制度，谢护士长带领的团队真正实现了"法治"而非"人治"。

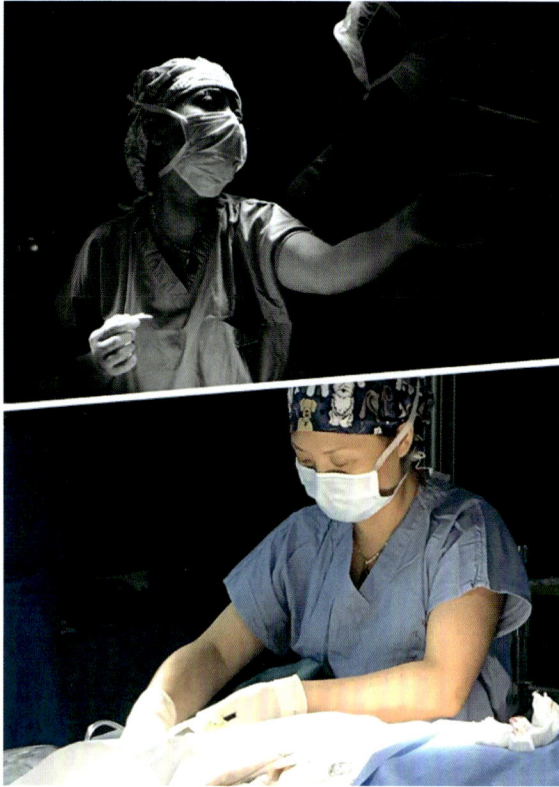

图1 手术台前的谢庆护士长，黑白或彩色，不变的是专注与娴熟

最后，人才建设是核心。人是组织中最重要的要素，谢护士长一直非常重视人才的培养。"团队中的每个成员都各有特点，通过鼓励他们相互交流以实现优势互补可以构建学习型科室文化，从而推动团队进步。"

3 因为热爱，所以优秀

采访中的谢护士长一直神采奕奕，眼中闪烁着光芒(图2)。三十多年的护理生涯，为什么能一直保有这份激情呢？她答道："热爱"。

谢护士长曾多次前往德国、美国等欧美发达国家进行交流学习，谈及我们与其之间的差距时，她表示我国一些护理人员在技术水平上甚至要强于对方，真正的区别在职业认同感的高低。"在发达国家，许多护理人员对这份工作的认同感很高，他们把其当作一份终身追求的事业。因此他们总能以饱满的热情和严谨的态度投入工作，这是很关键的要素，亦是我们所缺乏的。"

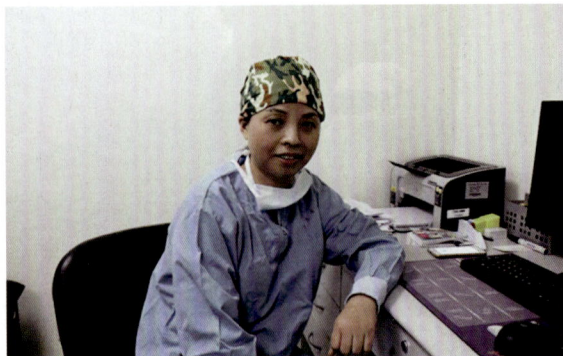

图2　刚刚走出手术室的谢护士长，仍精神抖擞地接受采访，展示出手术室护士的独有风貌

　　因为热爱，谢庆护士长于2015年、2016年连续两年前往加纳参加援非工作。她克服了艰苦的医疗环境，不仅为当地人民驱赶病魔、减轻痛苦，还对当地医护人员进行培训，将中华护理技术的种子播撒在西非大地上，在贫瘠的土地上绽放出明艳动人的护理之花；也正是因为热爱，谢护士长披荆斩棘，才能在护理之路上采撷到了丰硕的果实。

采写编辑：宋纪松，AME Publishing Company
责任编辑：江苇妍，AME Publishing Company

刘艳玲护士长：
以患者为唯一出发点

受访专家：刘艳玲

单位：中山大学附属肿瘤医院

职称/职务：副主任护师，手术麻醉科护士长

学术履历：

◇ 1994年7月参加工作

◇ 2005年8月—2015年2月，中山大学肿瘤防治中心手术室，区护士长

◇ 2007年3月—2007年8月，北京协和医院手术室进修

◇ 2015年2月—至今，中山大学肿瘤防治中心手术室，科护士长

编者按： 广东省胸部疾病学会手术护理学专业委员会成立大会于2017年5月6日举办。会前，AME有幸邀请到专委会副主任委员、中山大学附属肿瘤医院手术麻醉科刘艳玲护士长接受采访。访谈中，刘护士长跟我们分享了她日常工作的一些感悟以及她自己的管理理念。

眼眸灵动，笑容亲切，声线柔美，谦逊而又不缺乏自信，这就是初见刘艳玲护士长给人的第一印象。谁曾想她已经从业20多年，并有着丰富的手术室护理管理经验。

1 忙碌，有序而充实

每一个工作的开展必须要有计划性，作为护士长尤甚，她肩负着保证手术室有序顺利转动的职责。中山大学附属肿瘤医院有26个手术间，2016年共完成18 000多台手术。手术室的护理工作不单单涉及80多位护士，还与外科、麻醉、供应室同事密切相关。在推动每一项工作的时候，刘护士长都要先构思好计划，思考时间的安排、所需的资源，以及何等资历的人去配合这一项工作等。刘护士长每天的工作，就是把一个个构思落实到现实的工作，忙碌、有序而充实。每天都要总结工作中的问题，再做相应调整，这样才使得管理效率得以提高。

2 办法总比困难多

每一项工作都有其困难性。刘护士长从2015年2月份开始统管现在的手术室护理工作，当时正逢科室扩建，科室的管理工作困难重重。"办法总比困难多"，很俗套的一句老话，正是这样一句话支撑着她去攻克一个个难题，让工作得以顺利开展。2015年，科室的扩建工作顺利地进行着，尽管在工作中也出现了一些纰漏，但一切困难都没有将她击垮。2016年在刘护士长的领导下，科室还开展了PDCA[1]管理循环持续质量改进项目。后来新业务的开展，来自方方面面的问题有很多，但他们都一一攻破了。

2017年她去了美国MD Anderson癌症中心手术室学习，发现该中心对患者的关怀非常到位，特别是术中保温技术。回国后她也做了一个手术患者的保温持续改进的研究。在研究过程中刘护士长承受了很大的压力，但她始终告诉组员们："我们只有一个信念，一切都是为了患者好。"最后他们写了一

---

[1]PDCA：将质量管理分为四个阶段，即计划（plan）、执行（do）、检查（check）、处理（Act）。

个PDCA手术患者体温管理的总结，投到了美国的手术室年会，被采用作为壁报。再后来，这个研究得到了很多同行的认可，这让她深感欣慰，当然，更多的是为团队感到骄傲！

3 感谢学习让我更好

刘护士长曾于2007年在北京协和医院手术室进修半年，当时年轻的她觉得花半年时间去学习护理管理，时间有点过长。后来，才发觉10年前去进修的那半年，对她来说原来是那么重要，让她终身受用。北京协和医院的骨科特别有名，当时的她却莫名地抗拒，不大愿意上台。2018年3月份中山大学附属肿瘤医院创建了骨科，因为有了曾在北京协和医院进修的经验，使她在后来的管理工作当中应付自如。"北京很大，他们医院的手术室护士五点半出门，七点半已经在手术室的岗位上工作。那里的护士对自己的专业很热爱。护士长把整个科室调动起来，过百人的科室没有是非，没有计较。他们的护士长不同于以往刻板印象当中的护士长，没有特别强悍与泼辣，也不会跟医生有太多的争吵。一切以患者为先，患者的安全与舒适是他们的首要追求。"刘护士长停顿一下，若有所指地说："我们的科室现在也是这样。"

4 潜移默化感人心

年轻化的科室护理团队给刘护士长带来了一些困扰，2012—2013年毕业的护士就占了团队50%。他们年资较浅，经验不足。但是刘护士长认为，他们是年轻人，有想法、有冲劲、有学习的能力，那么就应该给予他们更多的培训，让他们去成长。

初来乍到，手术室对于年轻护士来说是一个陌生的环境，他们内心会希望得到护士长的赏识与关注。所以，刘护士长每天查房时，都会找机会见一见新护士，谈谈话，看看他们是否提前做好功课。有些年轻人可能一开始不知道自己的工作是怎么开展的，她就会慢慢地去引导他们，或者借助高年资护士、专科组长的力量去帮助新人。在这些帮助下，年轻护士基本上在一个月内就可以适应自己的工作节奏了。

刘护士长多次提到在北京协和医院进修的这段经历，对她来说，这段经历给她带来了质的提升，让她不再停留在传统的刻板管理中。她常常在思考，作为护士长，她能不能提供一些好的东西给团队的成员，让他们终生受用。她希望，她在北京协和医院进修的那段时光，学习到的、体会到的东西，可以潜移默化地感染团队里更多的人（图1）。

最后，刘护士长说，希望这一次专委会的成立，有助于"拔高"护理学

图1　AME编辑唐雪琴（左）与刘艳玲护士长（右）采访后在科室合照。后面是科室照片墙，团队的合影彰显的不只青春活力，还有爱和温馨

术，并且给更多的年轻人提供一个"施展拳脚"的平台。

采写编辑：唐雪琴，AME Publishing Company

潘丽芬护士长：
勿忘初心，无畏前行

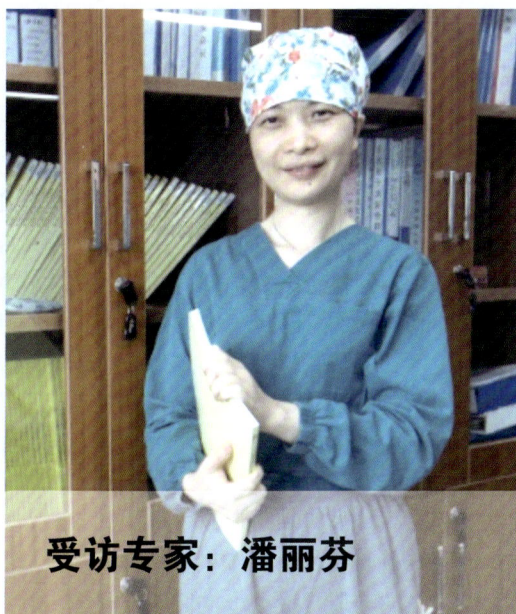

受访专家：潘丽芬

单位：中山大学孙逸仙纪念医院

职称/职务：副主任护师，手术室区护士长

学术履历：

◇ 2007参加广东省卫生厅与香港医管局联合举办的手术室专科护士培训课程，获得手术室专科护士毕业证书

◇ 2008完成南方医科大学护理研究生课程，获得研究生结业证书

◇ 主持广东省科技厅及院级护理科研项目共2项

◇ 主编《护士核心能力读本（手术护理篇）》专著1部，参编多部专著，以一作身份发表多篇核心期刊

◇ 2013年主持举办省级继续教育学习班《新形势下骨科手术专科护理及管理》

◇ 2014年被派往新疆喀什地区第一人民医院进行手术专科护理及管理的对口技术支援

编者按：广东省胸部疾病学会手术护理学专业委员会成立大会于2017年5月6日举办。会前，AME很荣幸邀请到该专业委员会副主任委员、中山大学孙逸仙纪念医院手术室潘丽芬护士长接受采访。她笑容纯净明媚，与我们娓娓谈及骨科专科护理及管理的知识，并分享职业生涯中让她深受感动的那些美好故事。

1 骨科专科护理及管理

参加工作20多年来，潘丽芬护士长尤其擅长骨科专科的护理及管理。潘护士长从专业的角度，向AME介绍了骨科专科跟其他的专科有很多不同的地方。第一，是骨科专科的患者相对其他专科来讲老龄化程度高。骨质疏松、因摔伤导致骨折的很多都是老人，老龄患者手术给护理工作带来很大的难度。第二，骨科手术体位的复杂性。其他专科以平卧位比较常见，骨科的体位则以俯卧位或侧卧位为多，还有更为复杂的牵引体位。这些体位的护理给手术室护士带来很大的挑战。第三，骨科的外来器械比较多。包括内固定、植入物等，大多数由厂商提供到医院，因此对外来器械的管理也很烦琐。第四，骨科手术台上的无菌要求更高。骨科的很多手术如关节置换，内固定等，感染的风险非常大。骨科手术一旦发生感染，就预示着手术的失败，后果往往是需要取出假体、内固定物等，待感染治愈后再重新植入假体或者内固定物，增加患者的痛苦和经济负担。第五，骨科手术常常需要做术中X线透视照片，这在其他专科较为少见，需要护理工作者提高对辐射防护的意识。

手术室实行专科化的管理，设立专科组及相关的专科组长和组员，实行专科组负责制，专科组长负责与专科主任的沟通、业务上的联系，还有专科理论与操作技能的培训、专科仪器设备的管理。手术室是高精尖仪器集中的地方，更新换代又很快。实践证明，实行专科组管理是一个高效可行的方案。手术配合也是由专科优先配合，医护的默契配合，提高医生的满意度，从而让手术进展更加顺利。

2 一路有你，如影相随

每一项工作，都总会有遇到困难的时候。面对工作中的种种困难，潘护士长习惯于先自己想办法解决，再求助其他同事。她现在已经养成习惯，每天睡觉前会回想一下这一天的工作，"今天都做了哪些事情？有没有做得不够好的地方？有些事情如果再次发生，我是否可以用更好的方法解决？"这样不断地反思自己，对个人的成长帮助很大。假如遇到自己实在没有办法想通或者解决的问题，她就会求助团队成员。她很骄傲地说："我很高兴我有一个很优秀的团队（图1），当我遇到困惑时，我第一时间就会想到他们。他们有独特的见解，很愿意跟我分享他们的一些想法，总能帮我出很多好点子，我从他们身上

图1　潘丽芬护士长（前排中）及其团队部分成员合影

总能得到很好的启发。"潘护士长也会求助她的领导，她很庆幸她有一位思维缜密、办事雷厉风行的领导，总能给她正确的指引与解决问题的思路，在待人处事方面，也常常给她很多指导。

3　勿忘初心，始终坚韧

　　潘护士长担任手术室护士长，主要分管教学培训工作，特别是新护士的培训。潘护士长认为岗前的培训，最为重要的是职业观的建立，因为他们在学校里受到的职业素养教育已经很多了，缺乏的只是一些临床的经历。在学校里，他们被灌输更多的可能是白衣天使的光环，临床上却会有很多的不如意：环境没有想象中的干净，患者也没有想象中那么能够理解他们的工作。从学生到护士这样一个社会角色的转换，理想与现实之间的差距被拉大，潘护士长认为给他们"打好思想的预防针"尤为重要。手术室护士相对于病房护士，面对的患者是相对较少的，但是跟医生打交道却很多。医生对护士的挑剔与患者对护士的挑剔是不一样的，医生的挑剔更偏向于专业。新护士在理论与实践技能都不足的条件下，都要经过很长一段时间的历练。这期间，可能会面对医生的责骂、同事的不满，如果心里过不了这一关，对往后职业生涯的影响是很大的。"年轻护士要有正确的职业观，不要忘记你的初心，始终如一地朝着自己的方向进发。并且要永远记住——我们的行为要对患者负责！"

　　对于目前较为紧张的医患关系，潘护士长稍显无奈。媒体的放大渲染，对公众的误导肯定是有的。医患关系发展到今天的局面，除了媒体的一些误导，医患之间的相互不信任是最本质的原因。回想刚刚参加工作那时候，潘护士长说："20年前的医疗环境不是今天这样的。不论是患者待医生，还是医生待患者，相互之间都像亲人一样。"是什么造成了现在这样的情况？潘护士长补充说明："可能是患者对治疗的期待值过高,当医疗效果达不到这个期待值时,再经过媒体或者网络等散播,患者对医生有了不信任、质疑的态度。渐渐地,总是遭受到患者质疑之后,医生无奈,患者抗拒,隔阂由此产生。潘护士长补充说:"其实现在普遍来说,患者跟医生还是互相尊重的。只是个别极端的现象被拿出来放大而已。作为医护人员,我们始终要保持的一个态度还是我们要对患者负责!"

4 克服困难,专业援疆

潘护士长在2014年被广东省卫计委(原广东省卫生厅)和中山大学医院管理处派往新疆喀什地区第一人民医院进行为期3个月的手术专科护理及管理的对口技术支援。短短的3个月,对其护理职业生涯,甚至这一生的影响都非常大,让她感触很深。虽然该院已是当地的龙头医院,那里的硬件设施较先进,但是医护人员的素质、工作流程的管理等却不甚理想,跟广东省各医院差距颇大。究其原因,那是一个维吾尔族人聚居的地方,语言的障碍让帮扶工作难以顺利进行。但是,潘护士长还是克服困难,积极争取当地医院领导的支持,努力沟通,尽她所能去做好帮扶的工作。尽管个人力量是薄弱的,但至少有所贡献。受当地大骨科主任的邀请,潘护士长进行了一次"骨科手术部位感染的预防与控制"的讲座。当时科室所有的医生和护士都来听课。课毕,单主任激动地握着潘护士长的手称赞到,潘老师讲课深入浅出,有引援的临床实例和案例,有具说服力的原因分析,有切实可行的措施,引发了在场同行的思考和共鸣,是大家听得最用心的一课。潘护士长表示,这让她很是欣慰,通过自己的专业技能跟单主任结下深厚的友谊,这是最有价值的收获。

采写编辑:唐雪琴,AME Publishing Company

宋月云护士长：
走近手术室护士

受访专家：宋月云

单位：广州医科大学附属第二医院

职称/职务：主管护师，手术室护士长

学术任职：

◇ 广东省质控中心手术室质量控制中心专家组成员

◇ 广东省护理学会手术室专业委员会常务委员

◇ 广东省康复学会手术室康复专业委员会副主任委员

◇ 广东省胸部疾病学会手术护理学专业委员会副主任委员

◇ 广州市护理学会手术室专业委员会副主任委员

临床经验：从业30年，手术室专业27年，担任管理岗位11年。

编者按：广东省胸部疾病学会手术护理学专业委员会成立大会于2017年5月6日举办。会前，AME有幸邀请到该专业委员会副主任委员、广州医科大学附属第二医院手术室宋月云护士长接受采访。访谈中，宋护士长表示，专委会的成立是护理工作者实现自我价值、提高社会认可的重要平台。同时作为一名优秀的护理工作者，宋护士长向我们介绍了手术室护理工作具有的挑战，并与年轻护士分享了其作为过来人的经验与殷切建议。

1 手术室护理工作的挑战性

宋护士长在采访中表示，在护理工作中，护理工作者们往往需要高度集中精神；处理各种紧急、意外的情况；具备娴熟的技术及敏捷的应急能力；需要根据医生的习惯，做好配合（图1）。正是这种超负荷的工作状态、长期紧张的脑力劳动和高度紧张的精神状态，给手术室护士带来了巨大的心理压力。

2 手术室护士工作的特点

宋护士长表示，在手术室，护士是医生的强大"战友"。正是有了护士的配合与努力，麻醉医生、外科医生得以尽情施展才华，确保整台手术的顺利完成。外科医生、麻醉医生、患者、手术护士四位联合一体，密不可分。同时，手术室护士与病房护士相比往往与患者接触多，与其家属接触较少，因此应更注重与患者的沟通。

图1 认真工作中的宋护士长

3 和谐的护患关系需要沟通

一例成功的手术离不开与患者充分的沟通，尤其是在目前医患关系紧张的情况下，良好的沟通更是避免医患纠纷重要的一步；与患者及家属的相互了解，使护理工作得到患者的理解与配合，从而建立融洽的工作关系。

4 致年轻护士：打好基础，细心严谨，提升自我

在采访的最后，宋护士长与年轻护士分享了其经验与殷切建议。一是，打好基础，切忌好高骛远。年轻护士应该具有扎实的专业理论知识，娴熟的护理操作技能。二是，应拥有强烈责任感，严守工作岗位，严格执行操作规程。此外，作为护理工作人员，要加强自身的文化修养，有不断进取的求知欲，积极参加继续教育的学习，扩大知识面，跟上医学发展的步伐。

采写编辑：伍艳清，AME Publishing Company
责任编辑：江苇妍，AME Publishing Company

刘佩珍护士长：
做最专业的自己

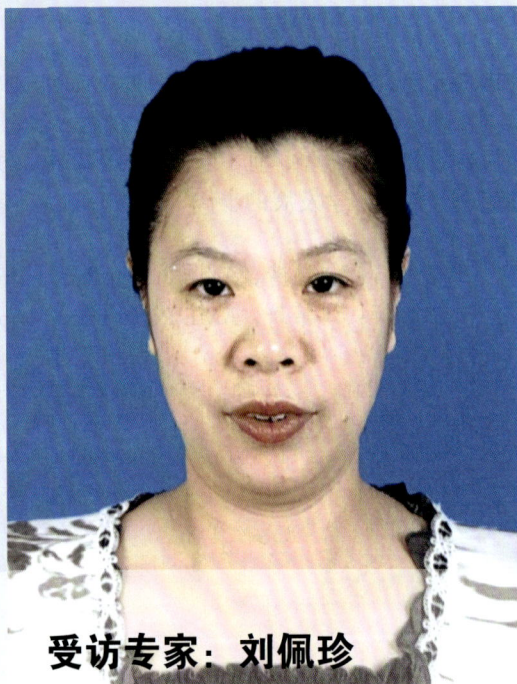

受访专家：刘佩珍

单位：广州市妇女儿童医疗中心
职称/职务：副主任护师，手术室护士长
学术任职：
◇ 广东省护理学会手术室专业委员会常任委员
◇ 广东省胸科疾病学组手术室专业委员会副主任委员
◇ 广州市护理学会手术室专业委员会副主任委员

编者按：*刘佩珍护士长受访于《手术室护士故事》出版前夕，访谈期间，AME能够明确地感受到刘护士长对自己团队的爱惜与拥护。她偶尔会向领导"抱怨"手术室护士天天加班都找不到男朋友了；也会向AME悉数团队内部举办的娱乐活动。逢年过节之时，科室会为未婚的同事准备一些礼物，以示来自"远方第二个家"的问候，温馨不已。*

"如果哪个单位的手术室护士负面情绪大，可以让他们来我们医院进修几个月，回去之后保准和乐融融。"刘护士长笑谈。

1 不依赖医生的指令

广州市妇女儿童医疗中心手术团队氛围融洽，而在专科培训中，也会自成一套高效、和谐的培训方法。刘护士长简单介绍到，一般先培训巡回护理的知识，再培训台上配合。因为巡回护士一职有医生和老师协助进行体位摆放，台上的老师也可以提供指导。当新人在台下对手术仪器、器械以及手术全过程有一定程度的熟悉，搭配手术笔记复习与预习，再学习台上配合，就会事半功倍。最后，专科医生会对新人进行评价，受认可后才可以及格出科。

为了锻炼新人们，刘护士长有时会对手术医生提出："做手术的时候能不能别说拿钳子，拿刀子，不然我配一个阿姨给你就可以了，不需要手术室护士了。"她认为，人是有惰性的，如果依赖了医生"要什么给什么"，就会不愿意去思考和观察"医生为什么要这么做，他做到了哪一步"，就没有办法对手术情况了如指掌。在医生"纵容"的过程中，手术室护士会慢慢失去自己的专业性。

来自专科医院的刘护士长认为手术室护士的职责应该是协助医生更加顺利地完成手术，而不是机械地服务于医生，所以手术室护士理应与手术医生同样熟悉手术流程。

2 不是每次抢救都能成功

谈起手术室护士的专业价值与成就感，刘护士长脱口而出"抢救"二字。救死扶伤的喜悦之情，是在很难从其他行业中得到的。"抢救成功后的喜悦是巨大的，有一次我们为了抢救一个产妇，静脉输注了将近两万个单位的血制品，把整个血库都清空了，后来打听到产妇平安出了ICU，我们的心才彻底放下来。"

"但是，抢救失败后，我们的心情是很糟糕的。曾经有 例食管闭锁的新生儿，本来手术非常顺利，却在术中突发血氧饱和度降低，随后心率开始下降，后来麻醉医生用了很多方法都没有将他救回来。我回到家以后心情一直很不好，一直在思考到底是什么原因导致这个患者突然缺血氧饱和度下降，我们是不是有什么地方做得不好，我们的配合有没有到位？"刘护士长深刻反思后，认为自己的团队在专业操作上是问心无愧的，但是患儿可能本身的出生缺陷比较多，基础条件不好，导致在手术过程中"没能熬过这一关"。

3 但希望每次参与都是最专业的自己

"我曾经很膜拜一位老前辈，刚好是我来到手术室工作约一年的时候，有一个气管异物的患者，需要进行紧急手术。在我不知所措的时候，老护士非常镇静，流畅地配合医生，取出异物、心脏按压、用药，然后患者安全出室。"这件事情启发刘护士长，平时要善于积累经验，当手术室护士遇到一个危重患者时，思路要清晰，分清优先级，配合麻醉医生；熟悉抢救流程后，要知道气管异物取出术的体位该如何摆放是最方便医生手术的，把自己最专业的地方展现出来。

"虽然我们经常分享抢救成功的喜悦给公众，实际上，不可能每次抢救都能成功，但我们会希望每次参与都是最专业的自己。"

4 回想当年

手术室护士的来源一般分为毕业后分配与中途调任两种方式。由于当年手术室用人需求量少，所以毕业后分配情况较为少见。更多的是，领导物色优秀的病房护士调往手术室。刘护士长恰巧属于后者。

"那会儿，我在病房已经工作了两年，儿童医院是很讲究静脉穿刺技术的地方，所幸我的技术还不错。迄今印象最深刻的是，工人一早回来看到整整齐齐的办公室、治疗室就会说，'今天肯定是刘佩珍值班'。这些外界对我的认可都让我更加积极和认真地去享受工作，也因此助我顺利调入手术室工作。"

据说，在那个年代，护士都很向往手术室。因为这是一个很神秘，同时也不需要直面家属的地方，总体而言，是非常有魅力的。而刘护士长认为，手术室护理更加有吸引力的地方是，不同于病房里的专业护理，这里对知识面要求更广，综合性更强，更有挑战性。

"其实那时外科还没发展起来，手术量不大，有时候中午是可以休息的。但是，更多的时候，我会让老前辈去休息，自己来配合手术；快到下班有急诊手术的时候，我还会向护士长申请留下来加班。日积月累之下，很多老主任都觉得我这个小姑娘非常'上手'，我的成就感也越来越强。"

　　刘护士长以此勉励年轻人："年轻的时候学东西一定要勤。不管是在哪里工作学习，因为勤，才能有独立思考；有独立思考，才能显示专业性；因为专业，才会获得他人的认可。"

采写编辑：江苇妍，AME Publishing Company

周萍护士长：
让手术室护士专业化

受访专家：周萍

单位：南方医科大学珠江医院

职称/职务：副主任护师，手术室护士长

学术任职：

◇ 广东省手术室护理专业委员会常务委员和专家组成员

◇ 广东省护理学会手术室专业委员会副会长

◇ 广东省胸部疾病学会手术护理学专业委员会副主任委员

◇ 广东省康复医学会脊柱脊髓围手术护理副主任委员

曾发表护理相关论文数十篇，主编或参编手术室护理专著7部，申报护理专利4项。

编者按： 周萍护士长受访于《手术室护士故事》出版前夕，她在访谈后特意嘱咐道："这本书千万不要'卖惨'，要体现我们手术室护士的专业与价值"。

1 年轻人要知道自己准备专注于什么

周萍护士长在刚毕业的时候，被分配到医院图书馆，"别人都觉得是天上掉了一个馅饼给我"。深入研究后，她认为自己并不适合整理文本的工作。"实际上，我是一个'风风火火'的人，所以我直率地请求护理部把我调去外科。"

被分配到手术室之后，周护士长如鱼得水，"我曾经困惑过，辛苦过。这么多年，部队医院当初也提供了许多转业的机会，老同学已经走得没剩多少了，但我还是决定留在护理行业。因为我觉得自己和手术室非常合拍，很喜欢做这份工作，所以我认为改行一定要趁早，早一点找准定位，才能够在专业化的道路上走下去。"

因此，在周护士长从事管理工作后，设置了一项"铁的纪律"——"新来的护士先成为见习护士，半年后由团队内的麻醉医生和手术室护士进行投票，超过50%的留用票方可留在手术室。另外，手术室护士长不允许参与投票。"这项纪律已经设立了10年，周护士长表示，如果只是反应稍慢的新人，同事们都会投出"同情票"；所以这项纪录的目的主要在于希望每一位成员都要端正工作态度并得到同事的认可，同时也可以让她们尽早找准定位。

2 用一个"怎么搞"的故事，说明了手术室护士的专业性

周护士长从事临床工作多年，曾经挽救过无数患者的生命。曾经有一个来自西藏林芝的患者，让她印象深刻。"这个患者是需要做肝胆手术的，但由于罹患强直性脊柱炎，患者的身体是蜷缩的，脚也是曲着的，只能碎步前行。"体位摆放的难度非常大，手术医生当即表示："这个手术一定要请手术室的护士来参与术前讨论，不然我们'怎么搞'？"周护士长为此十分感慨："老主任的原话是'还搞什么搞啊'，让我觉得手术室护士的地位越来越受到重视。"

关于"怎么搞"，是一个专业的问题。周护士长简单介绍了其中的两个难题：第一个，患者不能平卧，麻醉医生难以插管。手术团队最终商议只能通过坐位插管，手术室护士在保证患者安全的前提下，尽可能地倾斜手术床配合插管；第二个，患者双腿无法张开，手术室护士难以插导尿管。经过一番讨论后，周萍安排了经验丰富的护士根据尿道口解剖位置至上而下地盲插。

最终，手术成功，患者感激涕零，结局美满。但是，周护士长回顾本次案例，最让她难忘的是，在前往病房观察患者情况的时候，"患者竟然哭了，他

说他很感动，没想到为了他连手术室护士都被请来会诊"。周护士长没有料到患者对于她的到来竟是如此激动，"我们的专业性是可以实实在在感动患者、为患者增添治愈信心的。护理工作专业化、规范化，不一定是冰冷的，还可以是温暖的"。

4 别把护理思维局限于专科领域

如今，周护士长表示，她能做的事情就是搭建平台，为她的团队提供了许多跨科培养的机会，这个想法源于当下火热的MDT多学科综合治疗模式。在护理领域，掌握手术室护理专业技能是基本要求，但如果手术室护士可以进修其他专科护理，例如老年护理，那么手术室护士就可以对老年手术患者作出更精准的评估。由于名额有限，周护士长还特地让年轻秘书去竞选老年护理专题论坛的秘书，"因为这样就可以蹭课了"；在医疗领域，周护士长认为手术室护士应该多参加医学会议、术前讨论。"这并不是要求护士都能够完全理解医学会议上深奥的学术内容，但是至少要知道医生之后准备在手术室干什么，打算如何开展下一步。"

在封闭的手术室里，"我相信综合的思维将会提高手术室护士的专业性，让我们在护理的事业上越走越远"。

采写编辑：江苇妍，AME Publishing Company
责任编辑：许梦杨，AME Publishing Company

王韶莉护士长：
在其位，承其责

受访专家：王韶莉

单位：广东省韶关市粤北人民医院

职称/职务：副主任护师，麻醉手术科护士长

学术任职：

◇ 广东省护理学会手术室专业委员会委员

◇ 广东省手术室质量控制中心专家组专家成员

◇ 广东省康复医学会脊柱脊髓专业委员会手术护理康复学组委员

◇ 韶关市手术室护理专业委员会主任委员

临床经验：从业27年，从事手术室护理专业14年，担任管理岗位10年。

编者按： 广东省胸部疾病学会手术护理学专业委员会成立大会于2017年5月6日举办。会前，AME有幸邀请到专委会副主任委员、广东省韶关市粤北人民医院麻醉手术科护士长王韶莉接受采访。在采访中，王韶莉护士长讲述了参加专委会的初衷以及对专委会未来发展的愿景，分享了从业27年的经验和感悟，并对护理职业上的后辈提出了建议。

1　抓住机遇，推动地区手术护理专业发展

随着医学的日益发展，专业知识和医疗设备都在不断更新，手术室专业的发展也是日新月异。若医务人员仅一味地埋头苦干，不了解现在发展的趋势，不学习新的知识，就会落后于他人。作为医院护理团队的管理者，王韶莉护士长认为，护理专业人员应当及时更新护理理念和管理经验，否则会影响到团队的发展。而手术护理学专业委员会的成立正是一个契机，一个让护理人员更新知识储备的好机会。

王韶莉护士长坦言，粤北地区的医疗条件相对落后，在手术护理的科研方面仍显得薄弱。她希望通过该专委会，与省内优秀的同行进行交流，解答工作中的困惑，强化学术上的薄弱点。"作为韶关市手术室专业委员会的主任委员，我认为我应当尽己所能，发挥领头羊的作用，带领粤北地区手术室护理专业的发展。"

2　终生学习，坚持自我

护士这一职业并不轻松：夜班、加班、工作内容繁琐，许多年轻护士不堪重荷而离职改行。可是王韶莉护士长却坚持了27年（图1~图2）。她笑道，刚开始工作时是后悔的，因为临床一线的工作实在很辛苦。但是久而久之，储备了一定的临床经验，对这个专业的认识也有了提升，成就感随之增加，也就坚持下来了。刚毕业时她被分配到重症监护室（ICU）工作。在ICU，一个值班护士需要照顾3~5名病情危重的患者，事无巨细。十几年ICU工作的锻炼与沉淀让王韶莉护士长在转到手术室后能够迅速地适应新环境。"ICU那么困难的工作我都能做好，只要秉持一颗终生学习的心，我不认为还有什么是我不能胜任的。"王韶莉护士长提起这段往事时充满了自信。

3　慎独慎微，慎始慎终

医务人员对患者的每一个行为，都要小心谨慎，因为患者将自己最重要的生命托付给医务人员，是出于信任，医务人员应对患者负责。心存侥幸的人是

图1　王韶莉护士长在办公室内工作

图2　在这个百年老院工作了将近三十载，与之合影时，王韶莉护士长笑得很自然很迷人

不适合从事医疗行业的。

"在这一行里，做人做事都要凭良心，对患者、对自己都要诚实。做错了事，不管有没有人知道，都要立刻改正错误，否则就是对患者的伤害。"

王护士长回忆了这二十几年的工作经历："毕业之初，很多事情都不懂，怕犯错，事事小心；工作几年后，有了一定的经验和处事能力，便胸怀信心地谨慎做事；近十几年，担任着管理者的角色，带领一个一百多人的团队，她更加认识到慎独慎微的重要性。言者无意，但听者也许有心。管理者的每一个决策都受众人关注，只有谨慎小心才能出色地完成每一项工作。"

最后，王护士长作为"过来人"对后辈们叮嘱一二：这个行业是很辛苦的，也许当初选择这份工作仅仅是为了谋生，谈不上喜恶，更谈不上高尚的理想。但是，在其位就当承其责，就要奉献付出，就要对患者负责。

采写编辑/摄影：李肖梅，AME Publishing Company

刘婕婷护士长：
期待经验交流碰撞出不一样的火花

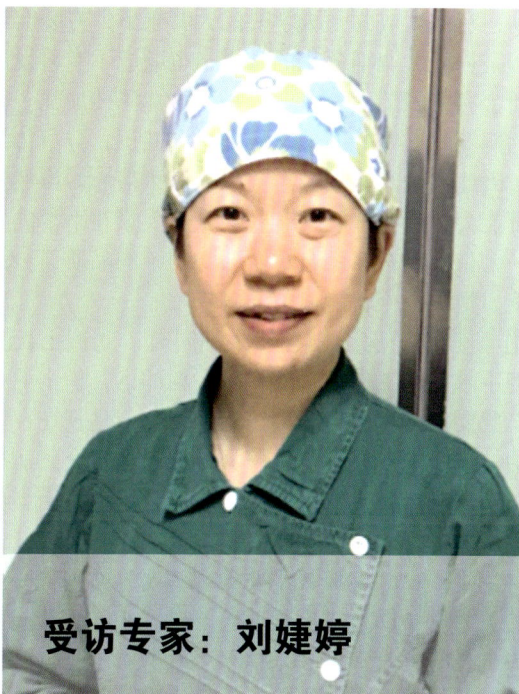

受访专家：刘婕婷

单位：佛山市第一人民医院
职称/职务：副主任护师，护士长
学术任职：
◇ 佛山市手术室质量控制中心秘书
◇ 佛山市护理学会手术室专业委员会委员

编者按：广东省胸部疾病学会手术护理学专业委员会成立大会于2017年5月6日举办。会前，AME采访了专委会的副主任委员——佛山市第一人民医院的刘婕婷护士长，她畅谈了对专委会成立的看法，并分享了手术室护理管理工作的特点。

　　作为一名年轻的护士长，刘护士长非常支持广东省胸部疾病学会手术护理学专业委员会的成立。她提到，在护理成为一级学科的大背景下，专委会以胸部疾病为项目主体，这是手术室护理专业细分化的结果，也顺应了专科发展的需要。相信在不久的将来，还会有更多的细分专业为护理事业添砖加瓦。她期待在专委会的带领下，同道们能够将这些好的理念、技术和共识，分享传播出去，更好地为临床患者服务。因此，她对专委会的前景充满了信心。虽然专委会在行进、发展的过程中，可能会遇到一些的困难。但是，大家在平常的工作中都会拧成一股绳，为着同一个目标而奋斗。有这样一种团结的品质，再加上专委会自身的影响力，她相信，很多困难就能迎刃而解。

　　当被问及手术室管理工作和其他护理工作有什么不同时，刘护士长分享了她的看法。她说："如果把手术室的工作比喻成一棵大树的话，护士的角色就相当于大树的枝杈、叶子，我要尽力把手术协助、配合好。但是现在在管理的这个角色上，更像是大树的枝干。需要思考应该怎样确保患者安全、运行高效和沟通顺畅。当你是一个护士的时候，你的服务对象是一台手术；而当你成为一个护士长，你则需要带领一个团队朝着共同的目标努力。"她坦诚，在这两种角色转换的过程中，会遇到不少的挑战，主要体现为要怎么妥善协调好"责任"和"能力"两者间的关系。协助科护士长改善问题、服务团队成员和承接医院的管理要求，使得护士长既是管理者又是执行者。但由于其自身存在管理经验局限，在细节的执行上可能存在并非为最优解决方案的问题。改革后的管理制度是否能够达到预期的效果，一些较为创新的管理方法是否真正能够起到帮助团队的作用，这些，都是对她工作能力的一个考验。

　　在采访的最后，刘护士长表示在专委会的平台上，她将以学习为主，会认真对待专委会的相关工作，积极带领护士参与到平台的建设中，从而真正提升自身团队的专业素养。

　　　　　　　　　　　　　采写编辑：叶伊倩，AME Publishing Company

甘蔚明护士长：
坚持，就是做好每天的工作

受访专家：甘蔚明

单位：广州市第一人民医院
职称/职务：副主任护师，手术科护士长
学术任职：
◇ 广东省护理学会手术室护理专业委员会委员
◇ 广东省手术室质量控制中心委员

编者按： 广东省胸部疾病学会手术护理学专业委员会成立大会于2017年5月6日举办。会前，AME有幸邀请到广州市第一人民医院手术科甘蔚明护士长接受采访。甘护士长慷慨地与我们分享了她从业多年来的所思所感。

甘护士长刚刚结束科室会议，就匆匆赶来接受AME的采访（图1）。那时正好是午饭时间，编者提议她先吃饭，稍作休息再开始采访，但是护士长坚持先做完采访。这份认真细致，令人感动。

目前，手术室护理工作还未形成一个专科。此次成立广东省胸部疾病学会手术护理学专业委员会，让很多护士为之振奋。甘护士长认为，专委会壮大之后，势必形成一定的号召力，可带动广州地区手术室护理的发展。不同的医院可通过专委会这个平台，加强交流，共同学习前沿的理论和知识。她建议，专委会可以多组织一些有趣、又能让参与者在学术上有所收获的活动，以吸引更多护士参加。比如组织学习班时，除了学习理论知识或纲领，还可以加入实操环节或手术视频播放，让学习体验更深刻。又如，专委会可以以工作坊的形式，组织多家医院的护士一起交流，互相分享自家的手术室规范或经验。甘护士长表示，通过学术交流，推动学科发展是大势所趋。如果在不久的将来，专委会能推出手术室护理的相关指南，这无疑是护士们的一大福音。

此外，甘护士长还给年轻的护士分享了她的从业经验。她说：年轻的护士一定要尊重自己的老师。护理行业是始终讲究经验积累，纸上得来终觉浅，平时应该多观察前辈们的一举一动，修炼护理专科技能。此外，面对手术室的生离死别，护士需做好情绪管理。甘护士长说："患者离去时，大家都悲伤难过，但千万不能让自己陷入这种情绪。只要手上的工作做到位，问心无愧就好。如果心中有情绪，可以试着和身边的同事聊一聊，舒缓心情。大家在工作时，一定要沉下心来，认真、严谨地做好每一步操作。如此才能在这一行发展

图1　甘护士长平时忙碌于临床任务和行政工作，这是一张极为难得的旅游生活照

得更好。"

回顾自己的从业之路，甘护士长微微一笑。刚毕业时，她没有明确的职业规划，只知道要把每一天的工作做好。那时她觉得自己适合在病房工作，更想去做病房护士，但一毕业就分来了手术室。没想到，她也慢慢地爱上了这一岗位，并坚守至今。

甘护士长说，手术室工作压力大、节奏快，需要不断学习新的学科知识，让自己更好地面对工作。大多数手术护士会出现一些职业病，如静脉曲张、胃病等。尽管如此，她仍为自己是一名手术室护士，感到非常骄傲。

采写编辑：刘燕华，AME Publishing Company

尹鹏英主管：
作为一名手术室护士，我感到很自豪

受访专家：尹鹏英

单位：广州医科大学附属第一医院

职称/职务：主管护师，麻醉手术科教培主管

所获荣誉：

◇ 2009年度广州医科大学附属第一医院优秀带教老师

◇ 2012年度广东省手术室专科护士优秀学员

◇ 2013年度广东省手术室专科护士优秀带教老师

◇ 2013年度广州医科大学附属第一医院优秀党员

◇ 2013年度广州医科大学优秀党员

◇ 2014年度广州医科大学附属第一医院优秀带教老师

编者按： *广东省胸部疾病学会手术护理学专业委员会成立大会于2017年5月6日举办。会前，AME有幸邀请到该专委会副主任委员、广州医科大学附属第一医院麻醉手术科教培主管尹鹏英护士接受采访。尹护士从加入专委会的初衷聊起，一步步深入，向我们畅谈了手术室护理工作的特殊性，最后，作为科室教培主管，尹护士表达了对年轻护理工作者的殷切期望。在访谈过程中，可以深切感受到尹护士作为一名手术护理工作者所油然而生的自豪感和荣誉感。*

1 使命感促使我加入专委会

护理工作能帮助人们驱赶病魔、减轻痛苦，护理人员也常常被称为"白衣天使"。能在护理岗位上工作是一件十分骄傲自豪的事情，尹鹏英护士也不例外。"当看到挣扎在生死一线的患者经过我们的努力重新健康地回归到正常生活中时，我的内心就抑制不住地迸发出欣慰之情和自豪之感。"尹鹏英恬静地诉说着。

正是护理工作的这种神圣感和使命感，促使尹护士加入专委会。她在采访中表示，专委会为护理人员搭建了一个学习交流的平台，平台上有许多资深的前辈值得我们去学习，大家在相互交流的过程中亦能够取长补短，提高自身的业务能力，最终更好地为患者服务，同时又能增强职业认同感和价值感，从而形成一个良性循环。

作为专委会最年轻的核心成员，尹鹏英感到非常荣幸，同时也肩负着沉甸甸的责任。"相信在成员的共同努力下，可以把这个团队圆满地呈现在大家眼前，为广东省所有的护理人员奉上一份饕餮盛宴！"

2 前辈们的激情深深地感召着我

护理工作的使命感促使尹鹏英加入专委会，前辈们的精神亦激励着她在工作岗位上锐意进取，勇攀高峰。何建行院长作为广州医科大学附属第一医院的院长，日常管理工作繁忙，但他的身影每天都会在手术室出现。作为配合他的护士，尹鹏英能深切感受到何院长对工作的激情与热爱。"他总能精力饱满地投入到工作中，对每一个细节都追求完美，与此同时，他能够不停地迸发出新的点子，这种热爱之情和创新精神影响着我们跟随他的脚步一起前进。"

谈及王莉护士长，尹鹏英笑着说："她是我们大雁团队的领头雁，我常常把她比喻为一只老雁了，在她的带领和保护下，我们这群小雁子得以茁壮成长，撑起自己的一片天。"

3 希望后辈能培养职业认同感，提升专业素质

前辈们给予了尹鹏英极大的帮助和激励，她也想把这些精神传承给后辈，以己之力帮助更多年轻护士。作为团队的教培主管，尹鹏英多次获得"广州医科大学附属第一医院优秀带教老师"的称号。那么，该如何培养年轻一辈成为优秀的护理工作者呢？

首先，要培养他们的职业认同感。手术室护理不同于其他专科护理，"不确定性"是它的一大特点。"在任何时候如果有一台紧急手术，我们必须放下手中的一切，毫无怨言地加入到团队中去。"尹鹏英神情凝重地说："不怕吃苦、不怕劳累、拥有高度的职业认同感是手术室护士必备的品质。对于年轻护士，第一步也是最关键一步就是让他们能够认同并热爱这份职业，只有这样才能服务好患者。"

其次，就要提高他们的专业素质。专业知识是护理工作的基础，年轻护士有冲劲、有激情，但专业性尚缺。对此，尹鹏英每年都会制定严谨细致的教学计划，"刚踏入工作岗位的他们是一张白纸，需要我们协助进行绘制，墨笔丹青、皴擦点染，最终勾勒出一幅饱满的画卷"。

"年轻护士就如同新鲜的血液，有了他们的注入，护理团队才会更有活力，护理事业才能不断发展进步。"一席话可以感受到尹鹏英对后辈的殷切期望。

从事护理工作十多年来，尹鹏英走过荆棘与戈壁，有过焦虑与彷徨，却也看过别人未曾见过的风景，体验生命在自己身边复苏的喜悦，她更谦虚地说道自己尚有许多不足之处。不论如何，可以肯定的是，作为一名手术护理工作者，她是骄傲自豪的，她的身影会在手术室护理行业里一直走下去（图1）。

图2 自信的笑容、大方的谈吐，尹护士展示了一名手术护理工作者的标准风范

采写编辑：宋纪松，AME Publishing Company

转

这里，
有近百名手术室护士自由撰稿，
倾诉着自己在职途上的喜怒哀乐，
婉转悠扬。

广州医科大学附属第一医院手术室护理团队

无影灯下的"哨兵"

身穿蓝色洗手衣，头顶花色手术帽，带着绿色医用口罩，明亮有神的眼眸时刻专注着手术术野，从容不迫地演绎着敬畏生命的凯歌，这就是我们的日常。我们就是手术室护士——无影灯下的"哨兵"！

这是一个充满活力的年轻集体，是一个孕育新生希望的大雁团队，他们有着数不尽的故事，他们是守护生命的幕后英雄。

广州医科大学附属第一医院的手术室护士按照各专业组分别组成了胸外科、心外科、普外科、妇产科、骨外科、神经外科整形科、五官科等七支代表队，每支代表队都充分发挥着"仁爱精诚"的团队合作精神，共同守护患者安全！除此之外，我们还成立了手术室礼仪队，我们的成员都可谓婀娜多姿、优雅大方（精彩合影详见图1~图6）。

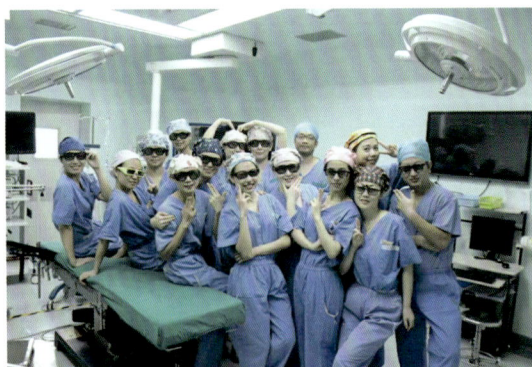

图1 英姿飒爽的明星代表——胸外科手术护理团队。洞见肺腑，感人肺腑！他们在何建行院长的带领下，电视辅助胸腔镜手术配合无间，共同缔造了数个全球首例记录

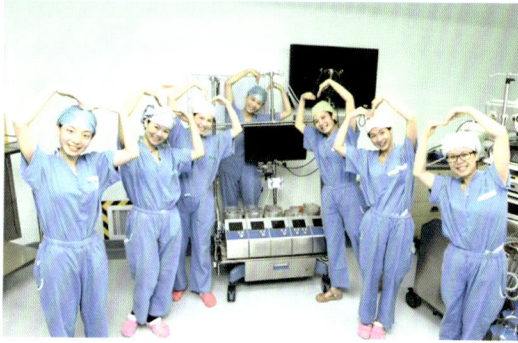

图2 雷厉风行的心灵使者——心外科手术护理团队。他们传递着心灵深处的讯息，传递着幸福，传递着温暖！他们每天都经历着 "刀尖在心脏上起舞"，每天都聆听着"扑通扑通的心脏韵律"，每次手术成功后复跳的第一下心跳，都是激动不已的怦然心动

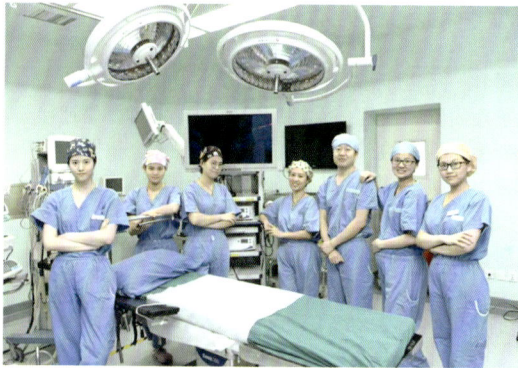

图3 "肝胆相照，荡气回肠"——普外科手术护理团队。他们不拘小节，披肝沥胆，丹诚相许。随着科学的进步，电刀、超声刀等已成为很多手术的主力"兵器"，刀下烟起，组织完美游离，空气间蔓延一股"BBQ的味道"却飘逸着重生的"芬芳"

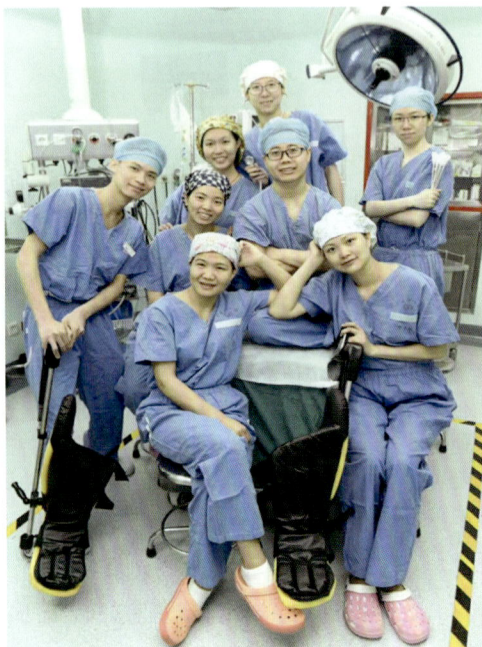

图4 "清宫除道，孕育新生"——妇产科手术室护理团队。他们是女性庇护所的守护者，是迎接新生命到来的天使，也是拆除女性"老巢"（子宫）危机的"城管"。他们用专业精心呵护着人类孕育生命的"爱巢"，他们用温厚的双手承托着生命的希望

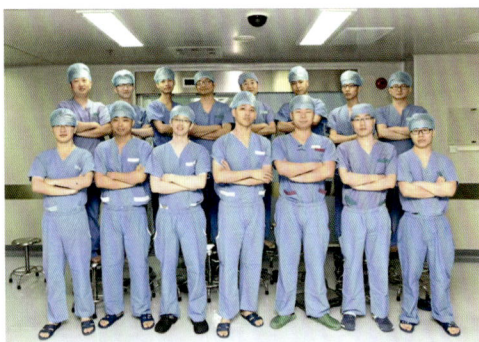

图5 他们身穿白大褂，却不是医生，他们护理患者，却不戴燕尾帽。有人形容他们是"万花丛中一点绿"，他们就是争艳"女儿国"的男神——广州医科大学附属第一医院手术室男护士团队

图6 手术室护士每天穿着手术服，"裹"得严严实实，个个步履生风，语如弹珠。比起温婉，我们更追求严谨；比起轻柔，我们更享受节奏。在烦琐的工作之余，我们还组建了一支礼仪队，这支礼仪队充分展现了当代手术室护士温文尔雅、绰约多姿的礼仪风采，是大雁团队文化、精神和形象的代表

作者：梁桂香，广州医科大学附属第一医院

回首

　　时光如流水般掠过，不经意间，已工作21年有余。由一名小护士慢慢变成老护士，更迭的只是岁月，不变的是初心，是一贯认真、细心、负责的专业态度。手术室护士每天都在强度高、节奏快、应急多的工作环境中度过，他们往往都是有了上班时间，却不知道下班时间。加班加点，通宵工作，也成了家常便饭。然而，对每台手术我们需要同样的认真负责，毫不松懈，因为我们的服务对象是期待重生的生命！每天面对不同的手术、不同的患者，只有充分评估好个体差异，并积极与风格迥异的麻醉医生、手术医生形成良好的沟通协作，手术才能井然有序、有条不紊地进行。

　　21年前，我从护士学校毕业，有幸来到了手术室这个"大雁团队"，过上了天天跟流血打交道、跟死神博弈的手术室生活。亲戚们眼中的我是比较胆小的，因此他们常常无法理解我为什么能够坚持甚至胜任这份工作。可我是打从心眼里喜欢这个部门，这里仿佛是我的另一个家。领导如家长，同事如兄弟姐妹，我们在这个大家庭里互相关心、互相帮助、互相合作。只有器械护士和巡回护士达成密切配合，才能更好地配合医生顺利完成手术。渐渐的，无其他爱好的我，手术就成为我的爱好，我过着两点一线的生活，幸福地穿梭在两个家之间。幸福有时候很简单，就只是因为在平淡的生命里拥有了一个爱好。

　　记得刚参加工作的时候，我会把每台不同的手术，都按照从准备到结束的手术环节认真做好笔记。无法忘记，当我自己终于可以独立配合完成一台剖宫产手术，亲眼见证了一个崭新生命在眼前哇哇啼哭的场景，那种兴奋就好像见证了一个奇迹的诞生；无法忘记，那一次一台脑肿瘤手术从早上8：00一直做到晚上12：00，精神高度集中的我早把吃喝拉撒忘得一干二净，手术顺利结束后，我拖着疲惫不堪的身躯带着一丝欣慰度过了那个不眠夜；无法忘记，我刚入夜班的时候，一天晚上，接连来了三台急诊手术，其中一台是脾破裂出血休克抢救，经过一轮浴血奋战，患者终于脱离了死神的威胁，天亮了，脚肿了，我却开心地笑了。幸福有时候很简单，就只是因为在平淡的生命里实现了爱好。

通过不断努力，我得到了领导和同事的认可与支持，于2002年前往北京积水潭医院进修骨科手术护理。在这座"骨科圣殿"进修期间，我全身心地投入学习，汲取骨科专业知识，为以后更好地配合手术，为患者提供更优质的护理夯实了基础。也自此，我跟电钻、C臂结下了不解之缘，时常感觉做骨科手术就像"装修"，要把"破房子"（骨折的地方）维修好，该上螺钉就施工，该上钢板就固定。幸福有时候很简单，就只是因为在平淡的生命里发现了精致的爱好，并以此为业。

2003年我国暴发了传染性非典型肺炎（简称：非典），广州医科大学附属第一医院在钟南山院士的领导下，接收重症"非典"患者，与"非典"展开了殊死搏斗。在这期间有一晚，我值夜班，做了一台急诊手术，当我下夜班回到家正想休息时，就接到通知，因怀疑患者感染"非典"要我立即返回医院。一开始我心里有点慌，但后来静下想想，我们已按要求做好了手术期的防护工作，心便安定了几分，最后也是有惊无险，排除了隔离。

2008年的汶川地震更是一次痛心经历，我们医院也接收了部分震区患者，而且都是一些需要截肢才能遏制伤口感染、保住生命的患者。作为骨科护理组成员，我更义不容辞地接受各项手术任务。我参与其中，看在眼里，痛在心里。

印象最深的是2016年2月10日，那天是大年初三。当大家都沉醉于新春团聚的欢乐之中时，一大早我的电话响了，却不是拜年电话，而是手术室急诊电话。由于患者术前各项指标均不正常，手术从落刀开始这名患者就一直渗血，我从麻醉医生第一次申请10个单位浓缩红细胞和1000 mL血浆开始，就来回奔跑于血库与手术室之间，并且血液取回后还要立刻加压快速输给患者。经过8次血库—手术室之旅，大家终于看见了曙光，麻醉医生说最后再拿一次血手术就能结束了！之前每一次取血的途中，我都能看见患者亲属那担心又伴随希冀的目光，这一次终于可以跟患者亲属说手术进行得差不多了，他们紧张的心情也随之缓解，我欣慰地看见他们落下心底大石的感激。然而，手术却没有预想中那么顺利，在最后准备缝合胸腔时，主刀医生发现还有出血，但由于手术床及手术体位的限制难以止血，主刀医生决定临时关闭伤口，转换患者手术体位，由平卧位变为侧卧位，使出血点能暴露得更清晰，从而进行彻底止血。然后，麻醉医生再次递给我一份用血申请单，这次我去取血时，甚至都不敢与在等候区的患者亲属对视。最终，在长达17个小时的努力下，血终于止住了，患者被安全地送出了手术室，时间也已悄然定格在大年初四的凌晨。后来随访得知这名患者恢复得不错，这一天"血战"的付出也算是值得了。

21年来的每一天，上班时太阳还未升起，下班后太阳早已西落，并时常伴随着急诊手术的通宵夜班和"Call班"（一种随时候命的值班。原则上，接到召回电话后返院不得超过30分钟）召回，这就是手术室工作的特性。工作上对待患者如亲人，但面对自己的家人，心里总是觉得亏欠甚多。手术室的工作量大、工作时间长，在家人眼里，家对我们来说有时候就像是旅馆一样，只是回去睡了个觉，剩下的时间都在手术室里了。儿子在读幼儿园，有时候等我下班他已经睡着，他醒来后发现我又已经上班去了。儿子一有机会看见我，就问："妈妈，你今天什么时候下班呀？能不能来接我放学，我好想跟你玩！"我的回答永远都只能是："要把患病的叔叔阿姨的手术做完才能下班呀！"甚至，他在幼儿园里生病了，也只能通知爸爸接他回家，因为他的妈妈，还在手术室……很感谢家人对我们工作的理解和支持，谢谢你们！

我们没有耀眼的光环，甚至患者都叫不出我们的名字。但我们依旧不忘初心，认真工作，继续前行。我们每天穿梭在没有硝烟的战场上，伫守在无影灯下，放弃小家，选择大家，用我们的爱心、耐心、责任心为每一位手术患者的安全保驾护航！

作者：陈翠玲，广州医科大学附属第一医院

拓展熔炼，成就大雁

光阴似箭，转眼间在手术室工作已20多年了，我也从一个懵懂无知的少女成长到现在具有一定资质的带教老师。这期间经历了许多，注视着一个个患者术后康复的快乐，感受着一个个生命诞生的喜悦，体会着一个个移植重生的激动。在这不短的岁月里，除了个人的付出、感悟和成长，还有我身边那一班不离不弃的同事，他们如家人般给我温暖和帮助。在我开心的时候默默地替我高兴，在我悲伤、感觉"冷"的时候为我披上一件"衣裳"，他们让我深深地感受到"家"的温暖，他们是我的"后天亲人"，这个团队就是我"后天的家"——大雁之家。

2017年9月16日，这一天是我们员工集体献血的日子，同时也是我们大雁团队野外拓展的日子，9月的天气依然炎热，就如同我们炽热的内心，拓展活动是对自身意志的磨练和对团队信任的考验，那天就连参与献血的同事也在献血后就马不停蹄地奔往拓展基地与我们汇合，那更是一次对大家凝心聚力的挑战。

在此次拓展活动中，活动项目有运送球、数字排列、地雷战、合力圈等。每个训练的项目，都考验着大家的团队智慧和团队意志。我印象最深刻的是合力圈活动，我们团队的所有人围坐成一个大圈，双手伸直同握一条绳子往同一个方向转圈。当时教练给我们定的目标是摇880下，大家都觉得这是不可能完成的任务。100下、200下、300下……在大家的带动下，我们最终摇了1000下，超越了教练所定下的目标。这个过程虽很苦很累，有无数次停下来的想法，但是只要身边的人不停下来，自己就必须继续坚持摇下去。当听到1000的数字时，内心涌出了无以言语的喜悦和欣慰。汗水浸湿了身体，模糊了眼眶，但大家那因坚持而展露出的微笑深深地烙印在了我的心底。疲惫的身躯、酸痛的双臂，提醒着我们困难并不可怕，可怕的是失去解决困难的勇气和信心；一双手、一条绳，让我们在解决困难的路上并不孤独，无论任何时候我们的家人都会在我们身边支持，与我们同进退。这不就是我们大雁团队的精神吗？这不就是我们雁子们心中所坚信的信仰吗？我们如同大雁一般向着共同的目标前行，彼此依存，共同凝聚着团队的力量。当某只雁子偏离队伍时，他们会立刻发现，排除一切阻力让其归队；当某只雁子生病或受伤时，他们也会不离不弃、协助和保护她。无论是困境还是顺境都能彼此维护，互相依赖，再艰辛的路程我们也不惧怕遥远。其实，生命的奖赏是在终点，而非起点。在人生旅程中可能遭尽坎坷，甚至还会面对失败，但只要团队相互鼓励，坚定信念，就一定能够成功。

拓展训练虽然结束了，但留在我们心里的震撼却是永恒的。它不仅仅是一项简单的训练，而且还是一种文化、一种精神、一种理念，同时也是一种思维、一种考验、一种气概。

在训练中接受的挑战和磨练，就正如我们在工作中所经受的挑战和磨练。回到日常，手术室的工作琐碎而繁重，每天单调地重复着看似相同却各具挑战的工作，或许在患者的眼中我们就是一项蓝帽子、一个绿口罩、一身蓝工作服和一双冰冷的眼睛，但其实我们的内心是温暖而丰富的，每个生命里蕴含的故事都深深地震动着我们的内心，感人的故事每天都在手术室轮番演绎着。一个同为手术室护士，但由于胸腔纵隔肿瘤而不得不暂停工作，在手术前一刻还捧着书本学习的年轻女孩，术后她又重返了热爱的工作岗位；一位长年受肺动脉高压困扰的"蓝嘴唇"患者，在面临绝望之际，心肺移植给了他重生的机会，使他兑现了与妻子"执子之手，与子偕老"的承诺……

这些感人故事的背后，离不开我们手术室每位同事的汗水和付出。你们知道吗？当他在为一个的孩子做手术时，他的孩子却在家发着高烧。你们知道吗？当他在为别人的亲人做手术时，他的一位亲人也同时在旁边的手术间里进行着手术。你们知道吗？当他在迎接新生命的诞生时，他的一位亲人却永远离开了。因为工作，我们无法陪在亲人身边，因为工作，我们忍受两地分居之苦，但幸运的是我们有一群不离不弃的家人，这群"后天的亲人"在前进时与我同行，在掉队时将我拉回。没有阳光，就没有生活的温暖；没有雨露，就没有五谷丰登；没有水源，就没有生命；没有你们，就没有现在的我。"羊有跪乳之恩，鸦有反哺之义"，感谢你们的陪伴，我爱我们的家——大雁团队！

作者：陈杰霞，广州医科大学附属第一医院

雁子成长记

岁月匆匆，离开大学校园已经整整4个年头了。毕业时从护理前辈的手里接过神圣的燕尾帽的那一刻起，我便开始了护理工作的生涯。还记得当时入职填志愿的时候，我想都没有想就填了手术室，因为手术室，是一个神秘又充满节奏感的地方，对于我们这些刚毕业的小鲜肉来说，可真是一个刺激的挑战呢！

记得，刚进入科室的时候，领导曾经问我们："请问有哪位不是自愿进手术室的？"当时没有一个回答，领导便说了："都是自愿就好，我最怕就是强迫进来的。"领导就是怕我们不是自愿进来的，怕我们以后工作得不开心。如果要用些形容词来形容我们手术室的护士，那就是干练、爽快、专业。而对于我自身而言，就只能用"柔弱"来形容了，我好像离手术室护士的标准差太远了！当时真的怕自己会跟不上。后来一步一步地跟着带教的老师学习怎样外科洗手、怎样开无菌器械包、怎样穿脱无菌手术衣、怎样铺巾、怎样穿针带线、怎样准确无误地传递每一个器械……仿佛每一个动作、步骤还是昨天发生的事，历历在目。殊不知原来光阴已经渐行渐远，4年过去了。我也已经从屁颠屁颠地跟着老师上手术台的雏雁，成长为今天能够自己独立上手术台上，从容地对待每一台手术的小雁了。

后来，我发现，只有不小看每一台手术，不小看自己，才可以变得更加强大。记得有一次，我是当日值班的机动护士，晚上8：30我刚下班不久，就有急诊手术电话需要我在30分钟内返回到医院，那会我还庆幸，还好没有出地铁，不然就浪费了两块钱地铁费。于是我马上赶回医院，这是一位心脏破裂出血的患者，患者已经进入失血性休克期，心脏骤停，持续进行着心外按压，需要进行紧急开胸手术。针对此类心脏破裂须进行紧急开胸止血的手术，大家已经有条不紊地准备着手术需要用到的血管活性药、体外循环机，通知血库紧急备血和床单位准备。而我作为器械护士，核心工作就是快速按要求准备好开胸的器械和建立体外循环的用物。接患者那一刻，"入世未深"的我此生难忘——一位医生跪在病床上给患者持续进行胸外按压，另外两名医生不断地为患者推血给药，旁边伴随监护仪的警报，为患者开放绿色通道进行紧急手术！这个只有从电视的屏幕里看到的场面，第一次活生生地出现在我这个初生雏雁的面前！

"刀、锯、牵开器、缝"这就是当时手术医生给我说的仅有一些话。当时大家各司其职，麻醉医生监护着患者的生命体征，巡回护士配合着医生及时补充患者的血容量，负责体外循环的医生及时为患者建立体外循环，手术医生拿着虹吸清除患者胸腔的血液，认真查找出血点。"快，除颤板！"患者出现了室颤，我立即递过除颤板给医生进行心内除颤，当恢复窦性心律不久，手术医生找到了出血点，立即用血管线进行缝合。手术医生一句"止住了！"大家都在心里长出了一口气。随着患者的生命体征逐渐稳定，这场惊心动魄的抢救最终顺利地拉下了帷幕。

现在回想起那一刻，心里都会有强烈的震撼。如果当时没有麻醉医生、没有手术医生、没有手术室护士，没有他们训练有素的专业协作，真的不敢想象患者最终的结局。我非常感谢科室对我日积月累的培养，让我们的工作没有变成盲目的服从，而是在工作中逐渐拥有价值和地位。经历让我们的羽翼更加丰满，越是在紧急的时刻，越是"上者能战，战者能胜"！

感谢大雁团队陪伴我成长，让我从雏雁成长为小雁，您养我长大，我陪您灿烂。如果你问我，这辈子你后悔当护士吗？我会很直接告诉你，不后悔！这辈子我就当护士！我就当一名手术室护士！

作者：陈木茵，广州医科大学附属第一医院

幸运儿

如果说父母是一个人生命的起点。那么她——我们的领头雁就是我生命的转折点，是我最大的"幸运"。因为她，我确信我是个幸运儿。

所以，我想说说有关她的故事、她与我、与我们的故事……

她，为我们提升专业、提高地位、开阔眼界；她，教我们沟通技巧、处世之道、人生道理；她，带领我们不忘初心，勇往直前，攀登高峰。有了她，我们的心安定了、干活踏实了、团队凝聚了。她强大的气场、独到的眼光、敏捷的思维、敏锐的洞察力、无与伦比的专业技能让我钦佩和敬畏。她如长姐般对我们的关怀呵护，让我们感到无比的温暖，羡煞旁人。

有那么一段时间，我深受一些私事的困扰，无法自拔。在一个值班的夜晚，办公室还亮着灯，我看到她在那认真地看着书，我心头一震：那么晚了！她还在。我犹豫了一下，还是没忍住走进了办公室。面对她，我的心酸不自觉地一股脑涌上来，在她面前终于将情感释放了出来。经过她的开导，我感觉如释重负，一切事情都迎刃而解了。

有一次，我碰上了一个血管不好找、静脉穿刺困难的手术患者，两次穿刺失败后，我正沮丧地去搬救兵，刚好碰上她来巡视，她说让她看看，我诧异地看着她竟很快地找到了血管，并且"一针见血"，穿刺成功了。一个每天在训练专业技能，拥有十几年临床经验，视力5.1的"资深护士"，竟被一个戴老花镜的、临床技能不知已"荒废"多少年的人打败了！遇上功力如此深厚的高手，我也只能甘拜下风。我甚至怀疑她戴的不是老花镜，是"透视镜"。没错，肯定是"透视镜"，要不然她怎么看什么事情都能如此准确，如此通透呢？

我的文笔写不出她所有的好、记不完她所有的事，但我却深深地感受到她为我们所带来的"幸运"。她就是我们手术室大雁团队的领头雁——王莉护士长！我们亲爱的莉姐，我们人生最大的"幸运"！

作者：陈淑玲，广州医科大学附属第一医院

我们都是好妈妈

2010年，孩子1岁1个多月。孩子的爸爸回了200千米外的家乡工作，帮忙带孩子的婆婆因思念家乡也想借这个契机回去。倔强的我坚持把孩子留在身边，婆婆认为作为手术室护士的我在工作之外要把家和孩子都照顾好是不可能完成的任务，想着我很快会投降。就这样最后只留下小宝宝陪我坚守在广州。我们娘俩从此开始了一段充满笑与泪、艰辛又温情的峥嵘岁月。

为了能兼顾孩子与工作，我有了个让自己都吃惊的大胆想法——找幼儿园接收这个远不到入园年龄的小宝宝。在多次碰壁后终于找到了一所愿意破例接收他的幼儿园。刚学会走路不久的孩子就这样早早地翻开了幼儿园生活的篇章，成了全园最小的孩子。直到他2岁1个多月大时，他才也回了200千米外的家乡，留我一人坚守在广州。由于做儿科医生的爸爸要在总院和分院两边轮转，回家乡后，孩子又先后跟着转了3所幼儿园。在2015年7月10日孩子幼儿园毕业那天，我百感交集，怀着感恩与愧疚的心情，以孩子的口吻写下了一篇文章并发表在微信朋友圈：

今天，我5岁10个月大，我从幼儿园毕业啦！因爸爸妈妈工作的原因我读过4所幼儿园，有4个小书包，很厉害吧！我1岁2个多月大时，妈妈就央求园长让我上了幼儿园，那时还穿着纸尿裤、带着奶粉上幼儿园的我已能跑得很稳很快。我是那里最小的孩子，也是到园最早、离园最迟的孩子之一。曾试过幼儿园只剩我一个孩子，老师把幼儿园门关了带着我在门口等着妈妈接；还有一次妈妈干脆让我在老师家过了一夜。我是班上最小的小不点，我胖嘟嘟的小脸蛋被调皮的小朋友咬过两次，而那两次都是舅舅来接的我。妈妈上夜班时，我就投宿舅舅家，舅母照顾我和表弟两个。

无论多晚，妈妈睡前都会把家里的地板、玩具搞干净，好让我第二天放学回来干干净净地玩，还把我的鞋子擦得干干净净，书包收拾得整整齐齐，好让我第二天干净、帅气地上幼儿园，妈妈说老师喜欢干净的孩子。其他家长看到我都很惊讶得说："那么小的孩子都上幼儿园啊！"妈妈会告诉我："阿姨说你那么小就能上幼儿园，超级棒！"

妈妈每次来接我，无论早晚，都会告诉我："妈妈一下班就马上赶来喽。"因为每个早上妈妈都会抛下一句："妈妈一下班就会马上来接你。"妈妈告诉我大人是要工作的，小孩子是要上幼儿园的，幼儿园是和小朋友玩、跟老师学东西的地方。我也很坚信妈妈一下班就会来接我回家，所以经过了一个多星期的过渡，我上幼儿园几乎不再哭闹。

妈妈每天忙得晕头转向，手机忘了充值，停机了，碰巧我在幼儿园发烧，爸爸的电话也一直没人接听，老师一整天都找不到家长，妈妈很晚才来接我，老师把妈妈教育了一顿。这场病也让妈妈崩溃了，病好后妈妈帮我退了学。这是我就读的第一所幼儿园，从2010年11月1日到2011年4月30日，刚好5个月。接下来，妈妈把我送到了姨妈家。姨妈、姨丈、哥哥、姐姐都非常地疼爱我，妈妈每个月坐5~7个小时的火车来看我一两次。就这样我在那里很吃好玩好开心地乐了几个月。2011年9月份我回家了（爸爸的家乡）。然后，我换了第二、三、四所幼儿园。第二所幼儿园妈妈从没去过，第三所她只去过一次，第四所她去的次数也是屈指可数。换幼儿园对于我来说就像换个游乐场玩一样平常，我几乎没再为上幼儿园的事哭闹过。这段时间里，我无数次很失落地跟要回广州上班的妈妈说再见，只试过一次抱着妈妈的腿哭着不让妈妈走；妈妈难得送我上幼儿园，我也只试过一次在课室门口哭着不想进去。

今天，我从幼儿园毕业啦，妈妈说，我要长高啦，长成大孩子了，暑假出去玩也可能要买1.2米半票了！

我的故事也许只是个特例，但因工作而对孩子对家庭照顾缺失的遗憾，相信每个手术室护士都感同身受，都同样对孩子有着很深很深的愧疚，但我确信我们也是好妈妈。因为我们让孩子看到了我们对工作的坚持与热爱，妈妈对工作的态度对孩子来说应该也是"一碗好鸡汤"。

当父母需要我们的时候，我们在手术室；

当孩子需要我们的时候，我们在手术室；

当患者家属不理解我们的时候，我们在手术室。

我们的职责就是坚守在患者身边……

《最美的时尚》，一首手术室护士之歌，道出了无数手术室护士的职业精神和工作生活状态。

即使噙满泪水，也请依旧坚信：我们是手术室护士，我们也是好妈妈！

作者：陈淑玲，广州医科大学附属第一医院

你所不知道的故事

　　手术室是一个神圣又神秘的地方，如果把医院比作人生，那么手术室就是人生当中浓墨重彩的一笔。也有人将手术室比喻成"杀戮场"，充满了血腥之气，四面密闭的围墙，三尺不锈钢的手术台，一张绿色狭窄的手术床，无数此起彼落的警报声，一袭严实的洗手衣，一顶闷热的手术帽，一张绿色防护口罩遮住的脸庞下露出两只明亮的眼睛，使进入其中的患者充满恐惧而敬畏。

　　但其实，手术室对于我们来说是一个充满着汗水和欢笑的地方。一个个紧张而忙碌的背影，一张张专注而认真的表情，一个个熟练而利落的操作，有多少苦在我们肩上默默地扛着，有多少泪在我们心里默默地流着，但是我们永远只有一个信念——患者的安康就是我们工作的精神支柱，我们的心是温暖而柔软的，患者的康复就是我们最大的愿望。这就是手术室，这就是我们的家——一群雁子们的家。

　　或许在很多人的眼中，手术室的主角永远是外科医生，手术室护士的工作只是简单重复的辅助工作。但有谁知道当你们和家里人坐在一起吃饭的时候，我们还在默默地工作，甚至都不知道原来已经错过了吃饭的时间。空闲间隙赶着吃饭时，那些冰凉的饭菜提醒着我们能吃上家里热腾腾的菜肴只是一个奢侈的愿望。还记得刚进手术室工作的时候，家人还会在晚饭前打电话询问："要回家吃饭吗？"渐渐地，电话铃声不再响起，因为他们知道我们的回答永远是："不回来吃，不用等我了。"这已然是种默契，一种习惯了。

　　2018年1月6日，我们迎来了2018年第一场雨，迎来了一年一度的医院登山日，还迎来了2018年第一台心肺移植手术。一个电话，让已经在登山路上的同事立即返回医院为移植手术做准备，他们没有一丝的犹豫和抱怨，他们不只是医护人员，更像是随时准备作战的战士，义无反顾地为患者的健康浴血奋战。我们在白云山登高，他们却"自嘲"着：我们也在登高，在手术室里攀登着另一座大山——心肺联合移植——医学的珠穆朗玛峰！是的，虽然这假"爬山"

爬了10个小时,但却永远改变了一个患者的命运。当看到第一个心电波出现时,终于明白了"人生若只如初见"的那份美好。

这就是我们的工作,永远都充满着未知和变数。即便是同样的手术也充满了差异,因为每台手术患者的情况不一样,手术的方式和备物也随之改变。一台前置胎盘的剖宫产手术给我留下了深刻的回忆。一看到通知单上写着"边缘性前置胎盘"我的脑海已经敲响了警钟,随时做好抢救的准备。幸运的是整台手术都还算顺利,宝宝虽进行了气管插管但生命体征都平稳,妈妈虽出了不少血但也顺利地关腹了,眼看着伤口已经关上最后一层,贴上伤口贴了,我们紧张的神经刚松下来。忽然间一声急促的"宫缩乏力,准备切子宫抢救!"将室间轻松的气氛再次打破,对于当时我这个怀孕5个多月的巡回护士而言,想处变不惊面对这紧急的场面真的有点难。但庆幸的是我拥有一帮团结的家人,他们一听到抢救都纷纷过来帮忙,甚至领导派的支援也即刻到位了,紧接着开无菌包、消毒、点数仿佛就在一刹那间完成。抢救虽紧张但有序,在这种情况下身边的一位同事对我说了我永远忘不了的一句话:"你就做好抢救记录和台上数目清点就可以了,其他的工作交给我吧。"这句话犹如春风般温暖着我,使我原本慌乱的心也安定了下来,多么坚强的后盾!那是一种无法用言语形容的感动。是的,这就是我的家,这就是我的家人,看到家人有困难我们总是会义无反顾,总是会毫无保留地给予帮助!

生命是神圣而脆弱的,在生命面前我们永远都会把患者放在第一位,留下的只能是对家人太多的亏欠。孩子,你知道吗?妈妈是多么地想在你幼儿园亲子活动时陪伴着你,见证你的成长;老公,你知道吗?老婆是多么地想陪你看完一部完整的电影,享受我们的芳华;爸妈,你们知道吗?女儿是多么地想每次在你们生病的时候能第一时间赶到你们身边,照料你们的安康。然而你们每次的期待换来的只能是我的一句句"对不起"。感谢你们回报我的总是一个个"没关系"的微笑,就是这样的微笑充满了对我的理解和信任,化解了我无法陪伴的歉意。我很幸运,能有你们这样的家人,让我能够毫无顾虑地在手术战场上浴血拼搏。

这就是我们的工作,只有上班时间,没有下班时间。当你们进入梦乡的时候,我们还在手术台上为患者的生命分秒必争;当你们晚上关掉手机睡觉的时候,我们必须24小时开机待命,随叫随到;当你们休息和家人欢聚的时候,我们仍在无影灯下废寝忘食。虽然这当中的苦和累我们无法诉说,但患者的笑容就是我们工作动力的源泉。有多少小确幸才能让我成为这大雁团队中的一员,我为能在手术室工作而骄傲!

作者:陈思玮,广州医科大学附属第一医院

不忘初心，继续前行

手术在一分一秒紧张进行着，不知不觉已至深夜。窗外寒风呼啸，万物寂寥。手术室内，无影灯下，只有医生和护士还在兢兢业业、一丝不苟、有条不紊地忙碌着。忙着为谁？忙着为何？只为不忘初心，继续前行。

1 不忘初心——不懈进取

回想自己工作已将近有3年的光阴。初来乍到，手术室的工作对我来说是全新的，不仅专业性很强，而且对能力经验要求很高。实习期的一个月，时间短却又弥足珍贵。工作之初，满脑子都是"它认识我、我不认识它"的各种手术器械、各种机器设备、各种手术缝线和手术耗材，这对我提出很多很高、很严格的工作要求。在科室领导和同事一言一行、一手一脚的指导下，我好像渴望甘露的枯苗，竭力汲取知识的养分，每天学习着不同的新鲜知识。

夜阑人静时，我都静下心来写写手术笔记，像放电影般回放一天的工作。聚沙成塔，积累经验。皇天不负有心人，随着每天不断地学习和积累，我在无数次教训中成长，也在无数次失败中成功。渐渐地，我跟上了大伙的脚步；慢慢地，我达到了专业要求；缓缓地，我也成为独当一面的手术室护士。

"工作久了就会有经验，经验多了就成为专业了。"这是护士长莉姐对我们的谆谆教诲。只有专业的强大，才能让我们收获尊重。我们每天的工作都包含很多的专业知识，触类旁通、融会贯通可以让我懂得更多，懂得更透。当医生在手术中讨论相关专业知识时，用心聆听，可以让我更清楚手术的进程，提前预知步骤并主动配合，同时能获得更多的专业知识，丰富临床经验。我们每天面对的患者都不一样，患者进入手术室会焦虑、会害怕、会紧张、会无助，我们只有把患者当成是自己的亲人一样照顾，多点关心，多点关注，患者才能得到舒解，感受到家人般的温暖，才能认可你的工作并为你的专业态度点赞。当我们全身心投入一份工作并得到认可时，内心强烈的成就感就会油然而生。

2 继续前行——砥砺奋进

团结友爱的大雁团队让我收获爱和包容。我很荣幸工作之后能加入手术室的大雁团队中。在这个团队中，大家就是一家人，一起进步，一起努力，一起成就专业，一起愈加强大。当我有疑惑的时候，同事们都很乐意提供帮助，也会详细而耐心地给予我解释。所谓"心有灵犀一点通"，我们在工作中成为合作无间的伙伴，相处久了，一个眼神、一个动作就能明白对方在表达什么。每个人在工作的时候都难免会犯错，关键在于我们犯错之后能总结经验吸取教训，并在下次面对同样情况的时候处理得更好。

"沟通从心开始"。特别是我们医疗工作者，沟通不容丝毫差错，生命不由得半点疏忽。良好的沟通让我成长得更好，每天的工作可能是类似的，一旦出现与以往情况不一样时，心里多打几个问号，多问几个为什么，想出问题的解决方法，又或者主动的沟通，这样不仅能让我们少走很多歪路，更重要的是能传达精准的状况和需求，更是以人为本，对患者负责。

每天我都在追求进步，我坚信量变终会实现质的飞跃。我会继续成长，在这个平凡的岗位上，给患者带来更多的曙光和温暖。

不忘初心，"学道须当猛烈，始终确守初心。纤毫物欲不相侵"。

继续前行，"吾生有涯而学无涯，路漫漫其修远兮，吾将上下而求索"。

作者：邓丽珍，广州医科大学附属第一医院

平凡并美丽着

人生的历练，时间的沉淀，让我在生活中、工作上都能淡定与从容。广州的三月透着浓郁的春天气息，在这充满希望的季节里，我带着希望，带着激情，克服着生活里、工作中的每一个困难。

"健康所系，性命相托"是我的工作使命。我是一名护士，一名手术室护士。"七上八下"是我的工作常态，有时甚至只有上班时间，没有下班时间。无论是工作上还是生活中都有欢乐也有无奈。每天面对着拥有各种病痛的患者让我深深知道没有什么比健康的身体更加重要。除了健康，什么都是浮云，健康是人生的第一财富。只有健康，才能得到幸福；只有健康，才能做好工作。

每天清晨，天刚亮我就已经踏上了去往医院的路，等到下班时却常常繁星满布，街上已是一番霓虹的光景。月亮下的天使，说的大概就是我们这些最亲近月亮的人儿了吧。在医院手术室这个平凡的工作岗位上，我也跟所有平凡的人一样拥有梦想和坚持。在医院工作了十几年，我深深地感觉到护理工作的重要性，人们可能更多地看到的是医生做出的贡献，而我觉得护士的工作是和医生的工作同等重要的。"三分医疗，七分护理"，医生解决了主要的问题，护士需要去解决剩下的琐碎事情，护理方面出了问题，和出现手术事故的后果是一样的。我们应该明确护理存在的重要性，我们学习人际沟通，学习护理心理学，学习医学诊断，学习人体解剖，我们必须具备基本的医学素养，良好的专业基础才是我们不断发展的源泉。

曾经我并不喜欢这份工作，但现实既然不能改变，我只能改变自己。我每天告诉自己：选择继续从事护理工作就不能抱怨，有力气抱怨还不如把这份力气化作正能量，努力学习专业知识和技术，把最好的护理献给患者，那才是对患者最大的尊重，才能不负于当年挑灯夜读的努力付出。你给自己的定位决定了你的地位。

在这平凡的岗位上，在这平淡的生活中，正如杨绛先生所说："和谁我都不争，和谁争我都不屑。"简朴的生活，高贵的灵魂是人生的至高境界。我们曾如此渴望命运的波澜，到最后才发现人生最曼妙的风景，竟是内心的淡定与从容；我们曾如此期盼外界的认可，到最后才知道世界是自己的。

最后，感谢我们的大雁团队，感谢团队给我的每一次成长机会，我将满怀感恩之心去工作，让自己平凡并美丽地活着！

作者：符金云，广州医科大学附属第一医院

蔚蓝天空，展翅翱翔

1 我是一名男护士，我自豪

小时候，我在放学的路上目睹了一场"和死神的赛跑"。一位老人突发心肌梗死摔倒在地，医护人员赶到现场后，在路边实行紧急抢救，整个过程紧张肃穆、有条不紊。这个场景给我当时小小的心灵带来了无法言喻的震撼与感动，是什么样的人才能参与和死神的博弈？这是多么了不起的人啊！从此，一颗小小的理想"种子"在我心中生根发芽。

在15年前那个充满着理想和激情的九月，我怀揣着护理学院的录取通知书开启了我的大学生活。我生长于普通工农家庭，作为家中的独子，父母更希望我能去选择一份"了不起"的职业。"护理就是伺候别人的工作"，"不好好读书的孩子才会去读护理"，"当个护士没什么出息的"……在周围人的眼中，男生从事护理工作，更是有些"天方夜谭"。身边的男同学，大学专业多半都是理工类专业。但是，我从未动摇过要当一名护士的决心。在我看来，护士就是一份"了不起"的工作。护理是高度专业的科学性学科，考验的是理论知识水平与临床实际工作能力，更是个人素质和品德的综合体现。没有文化，不可能成为护士；没有品德，无法做一名优秀的护士。

2 我是手术室大雁团队的一员，我荣幸

2009年的10月份，是丰收的季节，也是我人生中、职业生涯中的一个重要转折点——我非常荣幸地加入了广州医科大学第一附属医院的手术室护理团队。手术室护理工作让我的个人工作能力、专业水平都得到了极大的提升。从最初开始认识器械，到独立上台配合一些基本手术，再到独立配合各种复杂大型手术，薄积厚发，每一步的成长都印证了我的每一分努力。在医院各级领导的培养以及科室同事的支持下，我已经是一名手术室专科护士，承担二线值班

的职责。同时，作为普外科组长，我还是肝移植手术护理团队的重要领头人。肝移植手术时间常在深夜，且为突发性，患者全身情况一般较差。当接到"任务"时，不管何时何地，我都会在最短的时间内赶回科室，集结小组成员有条不紊地完成每一项术前准备工作，为手术的顺利开展打下重要基础。我能取得今天的成绩，离不开医院以及科室对我的培养，尤其要感谢大雁团队里每一位前辈老师的悉心带教，让我在专业知识的道路上一路前行。希望我能以最优秀的工作表现，回报团队对我的栽培，为团队、为医院、为护理事业争光。

3 我是一名护士，我感恩。

从踏进护理行业开始，我的大部分时间与精力都投入在临床工作中。患者那么多，而时间却是那么宝贵，不容一点迟疑，每次在下班后接到紧急电话，不管身处何地，都必须以最快的速度赶到工作岗位。在这里，我真心感恩我的父母，感恩他们理解我的工作，从不抱怨我回家的次数太少，相处的时间太短；在这里，我真心感恩我的妻子，感恩她一直默默支持我的工作，把家里打理得井井有条，让我能够安心工作；最后，还要感恩我的孩子，感恩他那么懂事，从不责怪爸爸工作太忙，甚至在他生病时也无法陪伴在身边照顾他。需要感恩的人和事很多很多，我希望自己每天都能带着感恩的心来生活与工作，不忘初心，一路前行。

作者：高飞，广州医科大学附属第一医院

"B班"狂"响"曲

如果说手术室的护士是天使的话，我想，"B班"的手术室护士就是折翼的天使。所谓"B班"，就是备班，全天24小时处于备战状态，哪里需要你，你就要出现在哪里，何时需要你，你都要随叫随到。手术室护士们通常被称为"月亮天使"，一开始我还不理解，后来我懂了，因为，他们总是见不到太阳。他们总是在夜深人静的时候，守护着患者的生命安全，他们总是在太阳还没升起时，便顶着寒风出门，他们总是在不为人知的时候，默默地与战友一起并肩作战，从死神的手中，病魔的口中，抢回患者的生命。

加入手术室的"大雁团队"一年半，我从一个懵懵懂懂的"雏雁"，已经长成了能扑腾着上路的"小雁子"了。"B班"总是充满了未知的精彩，但在这摸爬滚打的一年，我遇见了精彩，也总是有着心酸的忧虑。总忧虑，在夜深人静、午夜梦回时，那突然响起的手机铃声，绝对堪比"午夜凶铃"。总忧虑，在家人朋友聚会时，那突兀急促的手机铃声，硬生生地将我从这欢快喜悦的气氛中抽离出来，快速转向前方剑拔弩张的战场。对于"B班"，从一开始的"与有荣焉"，到过渡期的"心有戚戚"，再到如今的"看淡四方"，很多的故事有欢笑、有泪水，酸甜苦辣混于一谈，谱成了一首喜怒哀乐的"B班"狂"响"曲。

当我还是一只"雏燕"时，对于我来说，"B班"就是中午可以休息两个小时，"B班"就是中午可以优雅地享受午餐。因为还是一只"雏燕"，有些手术还无法熟练配合，午休之后，有时候在各个手术室间帮帮忙，收收尾，便愉快地下班了。晚上被叫回去的概率也很小，那会儿觉得"B班"真好，中午还可以休息。下班时的状态简直就是《最好的一天》中的歌词："多么新鲜多么新鲜，今天是最好的一天。"

慢慢地，我成长为毛羽初长的"小雁子"了。这个时候的"B班"，就开始显示真正的威力了，午休的两个小时，成为一天中弥足珍贵的时刻。午餐时间也变得紧张起来，快速解决，抓紧时间休息，因为睡醒之后，还有着很多未知的精彩还在等着我，有时候是深夜的"惊喜"，有时候是离手术结束的"遥遥无期"。还记得有一天手术量比较大，下午7点收工下班，赶着去与同事在外吃饭小聚，聚会结束回到家已是晚上9点多，11点半我正准备进入睡眠状态时，一阵突兀的电话铃声响起，我撑起沉重的眼皮，得知有急诊需要"B班"护士出动，我顿时清醒，马不停蹄下了楼，打车回科室，报了地点之后一句"师傅，快！"让师傅踩紧了油门就如射箭般飚了出去，突然间胸膛涌起一股豪言壮志之感，《都选C》的歌词充满了此时此刻的氛围："为梦想灼伤了自己，也不要平庸地喘息。"需要进行急诊手术的患者，是卵巢囊肿蒂扭转，幸好有惊无险，手术进行顺利。结束回到家时，疲累感一赶之前的自豪感，汹涌而来。此刻《夜空中最亮的星》是最主要的旋律："每当我找不到存在的意义，每当我迷失在黑夜里，黑夜中最亮的星，请指引我靠近你。"此时此刻，患者的生命安全，就是夜空中最亮的星。

周末的"B班"，又让我有了很多无奈的经历。有一次，约好与许久未见的老朋友们相聚，下午5点多正准备出门时，一通急诊的电话，我只能推去与他们的相聚。家人聚会如果约在了稍微远一点的地方，我也是不能参加的，因为怕离医院太远，无法在规定的时间内回去。我的亲戚朋友们一听说我是在手术室上班的，总是觉得手术室的护士，就是工作轻松、赚钱不少，还不用值夜班。只有身边熟悉的朋友才知道，在平时的工作日里，我们根本不敢约相聚，拿一句玩笑话来说就是"学医的都没朋友"，因为我们都很难约，因为我们永远没有所谓的"下班时间"，因为患者才是我们的第一选项。只要患者还在，我们就必须坚守在患者身边，即使患者已经进入麻醉期，我们也是隐形的天使，每时每刻守护着他们。直到患者苏醒，在亲属及医生的护送下安全回病房，我们才会安心地离开。作为90后，一个放荡不羁的90后，也曾梦想仗剑走天涯，看一看世间的繁华，我年少的心中总有些轻狂，而今我以医院为家，却未曾后悔过，走在勇往直前的路上，一路相送，有难过也有精彩。

这份职业带给我的，除了与生俱来的自豪感、特殊感，也有很多的心酸与无奈。那时候，我的母亲要做一个手术，虽然在我看来是一个小手术，但是对于一辈子鲜少去过医院的人来说，她因未知而担心恐惧，此刻最需要的就是陪伴在身旁的家人。但是因为我在手术室，在战火纷飞的手术台上，我在救治另外一个生命。因为无法通电话，不知道母亲的情况，从挂号到就医，我无法帮到一点忙，以至于母亲等候了医生一个小时，我也无法通知她，因为那时，那位医生还在手术台上与她的女儿并肩作战对抗病魔。手术当天，我又刚好是周末"B班"，无法走远，只能通过手机给她心理上的支持。为此，母亲也没少埋怨过，我对家人的愧疚，总是在某些时刻，化成心酸的泪水。我感谢母亲的理解与包容，因为还有更多这样的"母亲""孩子"需要我们手术室护士去帮助与守候。

不管是以前的"B班",如今的"B班",还是未来的"B班",都没有什么能够阻挡我对这份职业的执着!穿过"战火"峥嵘的岁月,我也曾感到彷徨,当我低头的瞬间,才发觉脚下的路,已经走了这么远。毕竟,再苦再累,这都是我最初的梦想,怎么能在半路就返航?只有实现了最初的梦想,才算到过了天堂!更何况,身边还有这么多的雁子一起飞行,相互扶持,不会让谁掉队,我们要一起飞向更好的远方!

"B班"狂"响"曲,未来还会有更加跌宕起伏的乐章,而我,愿意做其中的一个音符,与你一起弹响重生的节奏!

作者:洪悦子,广州医科大学附属第一医院

致吾儿

儿行千里，母担忧。
常教导，
为人诚信极重要；
奈若何，
非吾愿作"撒谎人"；
言无信，
内心愧疚语凝噎；
儿可知，
甘为灯下"蓝精灵"；
已注定，
朝夕忙碌为工作；
苦不堪，
对儿承诺难兑现；
恰幼年，
生活工作难理解；
但坚信，
时过境迁终能明；
那一年，
汝身亲历吾工作；
苦难堪，
身所经历方能明；
工作事，
不论大小须认真；
生活中，

难免历经艰困苦；
自明白，
生活工作以何分；
信诚义，
真假谎言自当明；
盼吾儿，
常怀感恩宽容心；
为人世，
诚信道义责任重。
致吾儿，
唯愿吾儿安与乐。

作者：黄间崧，广州医科大学附属第一医院

一朝护理梦，一世护理情

——致广州医科大学附属第一医院手术室的天使们

清晰地记得，
2011年那年六月，
从高考填报志愿那一刻起，
护理专业便一直成为我的第一志愿。

因为我有一个梦想，那是白衣大褂的救死扶伤，
因为我有一个梦想，那是白衣天使的真诚守护；
我用青春来追逐梦想，
我用芳华来谱写人生。

2015年那年夏天，
我告别守望着我们往来教室的华佗像，
正式从广东医学院的护理学院毕业了，
踏上了寻找护理梦的征途。

那年七月，
带着青春的脸庞以及些许的稚气，
飞奔于一场又一场的招聘会，
朝着自己梦想的医院和岗位努力着。

当得知自己有幸进入广州医科大学附属一医院手术室工作的那一刻，
油然而生的兴奋从心脏的各个角落汹涌而出；
在手术室大雁团队的里，

我的梦想触手可及。

那年八月，
我穿上简洁整齐的手术衣，成为一名手术室护士；
那一年，我在手术室遇见了你，
那一年，我在手术室遇见了自己。

一袭蓝色洗手衣，
一顶彩色手术帽，
一个防护口罩遮住脸庞，
这也许就是手术室护士的形象。

但这普普通通的装扮下，
跳动的却是一颗颗守护生命的心；
那些不期而遇的温暖，
一直在默默地上演。

手术台上，无影灯下，
没有耀眼闪烁的华丽，
没有赏心悦目的表演，
有的只是挥洒汗水的青春。

每次器械的传递，
每个眼神的交流，
都是心与心之间的守护，
永远那么地坚定

开始的开始，
第一次上台配合，忐忑不安的心情；
第一次出血抢救，紧张慌乱的神态；
第一次穿针引线，瑟瑟发抖的双手；
第一次穿刺注射，毫无自信的心态。

后来的后来，
收获的是医生的称赞和表扬，
同事的信任和支持，

患者的微笑和感激，
护士长的肯定和鼓励。

每一次上台剖宫产术，
我们见证了新生命的第一声啼哭，迎接新生命的到来；
每一次上台肺肿瘤切除术，
我们普及了ERAS & Tubeless的理念，促进患者术后早日康复；
每一次上台心脏房室间隔缺损封堵术，
我们用小切口的微创技术，为先天性心脏病宝宝的健康成长保驾护航；
每一次上台心肺移植术，
我们开启了新的生命心电波，给了患者重生的希望。

在这里，
我们始终秉承"一切以患者为中心，以质量为核心"的服务宗旨；
在这里，
我们始终遵循"目标一致，朝着一个方向不断前进"的大雁精神；
在这里，
我们始终围绕"学习、服务、创新、科研、活力"的团队目标。

灵活的双手，带着动感的节奏，
团结一致却又独树一帜，
思维在这里升华碰撞，
治病救人不再是梦想。

春风化雨，
我们有一批兢兢业业、孜孜不倦的良师诤友，
"以老带新，高级责任护士指导初级责任护士"，
发展专科特色，强大手术室护理专业。

雏雁在此起飞，梦想已然翱翔；
青春在此停留，思想即刻出发；
跨越前进，挥洒汗水，
跳动的心音是左右房室的共鸣，
这才是风华正茂的青春。

我们来自五湖四海，
只为一个共同的护理梦想，
只为一份共同的护理情怀；
眺望未来的今天，
希望你我同在，
不忘护理初心。

在这里，
让我们一起肩负手术室护理重担，
并肩同行，
心怀梦想，
砥砺前行。

作者：黄漫萍，广州医科大学附属第一医院

无影灯下的青春

2015年6月，我20岁。带着青春的梦想和对白衣天使的崇拜，我顺利地从清远职业技术学院的护理学专业毕业了；2015年7月，我如愿地成为一名手术室护士。工作至今2年多来，我已经习惯每天穿着整洁的洗手蓝衣，奋战在不同的手术间里，在圣洁的无影灯下与外科医生、麻醉医生密切配合，共同为每一位手术患者保驾护航。

手术室里的工作是繁忙的，有时下班回到家已是夜深人静，爸妈早已进入梦乡。我小心翼翼地打开家门，生怕吵到他们休息。我曾无数次地问自己，是如何在繁忙的手术室工作中坚持下来的？是如何从一名"菜鸟"磨练成一名合格的手术室护士的？随着时间推移，答案逐渐明朗。在每天的工作中，我开始明白了自己肩上所担负的责任，明白了自己作为"大雁团队"一员的意义所在；明白了只有通过不断的努力，不断提升业务水平，用心与患者沟通，我们才能赢得患者的理解与尊重，才能安全顺利地完成每一台手术，从而保障患者的生命安全。

当配合手术连续站立十几个小时的时候，我知道了什么叫累；当为了抢救患者弄得满身血污的时候，我知道了什么叫脏；当为了手术顺利完成而等到下午两三点才下台吃饭的时候，我知道了什么叫苦；然而，当剖宫产术中听到婴儿的第一声啼哭，见证新生命诞生的时候，我知道了什么是幸福；当抢救结束，患者得救的时候，我知道了什么是快乐，当同事带病工作或因为虚脱而昏倒的时候，我知道了什么是崇高；当看到准妈妈们挺着大肚子还在手术台上挥洒汗水的时候，我知道了什么是奉献。大爱让我忘记了累、脏与苦，在幸福、快乐、崇高与奉献中，我找到了生命的坐标、人生的支点，那就是爱患者，爱团队，爱工作。

有一天我记忆深刻，那天我上"B班"（在手术室，"B班"就是24小时候命，也叫备班）。一天繁忙的手术下来已让我体力透支，下班回到家已经是晚上10点多了，我匆忙洗完澡就上床休息，可刚睡没多久，突然一阵电话声闯进了我的梦乡。特殊的工作性质让我清醒地知道，应该是科室有急诊手术。果不其然，电话里值班同事说有一台急诊肠梗阻手术，叫我马上回去医院协助抢救手术。凌晨1点多，我毫不犹豫地换好衣服立马赶回科室，因为我知道，这又是一次生命与时间的赛跑。回到科室，我迅速换上洗手衣，投入到紧张的抢救战斗中去。先前充斥着整个大脑的困意，在容不得一点马虎的手术台上一扫而空，立马打起十二分精神气，认真配合手术。时间一分一秒过去，经过了3个多小时，手术顺利完成，患者抢救成功，此时我的心里涌出一种狂热的喜悦和激动。患者的生命就是首位，一切的辛苦都是值得的！

从2年多的工作实践中，我深刻地体会到"生命大如天"的道理，从而把救死扶伤作为自己的神圣使命，希望能用满腔的热情以及专业技能知识去缓解患者的痛苦，挽救患者的生命。"有时，去治愈；常常，去帮助；总是，去安慰。"我会默默地守护自己白雪般圣洁的梦想，努力去实现自己的人生价值。

我的选择，我无怨无悔。著名作家冰心曾说，爱在左，情在右，在生命的路两旁，随时播种，随时开花。作为一名普通的手术室护士，我愿意用自己的青春为手术室护理事业献出我全部的赤诚和智慧，用满腔的情和爱，用精湛的技术唱响青春之歌，让青春在无影灯下闪闪发光。

作者：纪晓琳，广州医科大学附属第一医院

我的工作感悟

2011年7月，王莉护士长带我来到了手术室，踏入手术室的门，才知道，原来进入手术室是有很多规矩的：自己的鞋和随身衣物都要放进指定的柜子里，然后要换上入内鞋和统一洗手衣，从头到脚要好好整理一遍，把头发全部装进帽子里，口罩的两条带子要两两系好。随后，跟着王莉护士长从五楼生活区经过楼梯走进四楼的工作区。刹那间，我突然感受到这里的深沉和严肃，我立即不敢随便乱走乱动，紧张的心里，宛如上了一条紧绷的弦。

王莉护士长把我交给了带教老师，带教老师给我讲解了科室里的制度、流程和工作的环境。慢慢地，我开始对自己的工作有了一些了解。经过带教老师的培训后，我也开始逐步踏入手术间，接触临床手术护理。从观摩到动手，从懵懂到熟悉，从生疏到熟练，从不习惯站着到站着忙着忘记时间，忘记外面是白天还是黑夜，就这样日积月累，我从当初那个什么都不懂的小年轻，变成现在可以独立跟台手术，独立值夜班的人了。可是，每天重复的手术、重复的手术器械、重复的体位让我逐渐地失去了好奇心，失去了求知欲，甚至变得有些麻木了……

命运之神仿佛知道了我糟糕的心理状态。那一次，我记得那是一台腔镜下盆腔包块切除且包块与子宫粘连的手术，我按照手术通知单上写的常规备物去拿器械，手术开始后，主刀医生尝试将盆腔包块与子宫粘连分开，几经尝试后，子宫开始出血，医生立即改变手术方式要求开腹进行止血。然而我并没有准备开腹手术的器械，幸好我的搭档迅速帮我拿齐了手术器械，紧接着进行手术器械清点，通知血库紧急备血，术中我的内心很不安。虽然后来出血止住了，手术也顺利完成了，但我也清晰地认识到，如果手术前我能多为患者考虑，对手术进行预见性的思考，就不至于对突然的变化没有任何的准备！

经过这次事件，我努力反思自己，也许每天我跟台的手术都是一样的，但是每个患者都不一样，手术方式也会随着患者的不同进行相应的改变。我不能用定势思维去对待每一位手术患者，他们都是独立存在的个体。也许时间会消磨人的意志，让人失去耐心，但是我需要永远铭记当初的那份紧张，那颗像弦一样紧绷的心。从五楼走到四楼，一层楼的距离，隔开的却是两片天地。踏进手术室的那一刻，我们就要做好面对患者、直视生命的准备。我们要对得起白衣天使的称号，拿起手中的那杆秤，用爱称量珍贵的生命，用我们的热情，燃起心中的那团炽热的火！

不忘初心，方得始终！

作者：邝晓清，广州医科大学附属第一医院

护士的一天

　　有人说，护理的温度就是医院的温度，护理的厚度就是医院的厚度。有这么一群护士，他们不穿白色的护士服，他们没有固定的下班时间，他们的手机24小时开机，遇到突发情况随叫随到。他们是"战斗"在手术室里不可或缺但又少有人知的手术护士，是无影灯下的"天使"。

　　手术室里的护士，他们戴着口罩、帽子，只露出一双眼睛，虽然看不到表情，但他们却用眼神、语言、肢体动作给每一个面临手术而感到恐惧的患者予温暖和力量……在广州医科大学附属第一医院就有这么一支手术室护理团队，它有个响当当的名字——大雁团队！

　　而我就是这个团队里普普通通的一员。作为一名手术室护士，每天上班，忙碌的脚步像一个不停转动的陀螺，在这个岗位上一转就转了18个年头。今天就随我一起，见证手术室里一天发生的故事吧。

　　广州的冬天虽然来得迟，但冷起来也"要命"。今天值班的我，还有点小庆幸，毕竟手术室里永远都是"四季如春"，18个年头，无数次经过院前的那条马路，院前的工人雕像，无论白昼或黑夜，都见证着每一代广医一院人美好的梦想。

　　07：30，部分同事早已到位，准备今天的日间手术。在五楼更衣室里揭秘一下除了手术衣，"天使"还有两大变身法宝——美丽的手术帽和预防静脉曲张的弹力袜。七彩缤纷的帽子能给原本"冰冷"的手术室带来一抹温暖。

　　07：50，在四楼工作区的楼道间里，各种醒目的奖杯、奖状和大雁团队温馨的生活照，让我们无比自豪的荣誉感油然而生。在工作区的左侧墙上，有一张"今日择期手术一览表"仿佛在说："一天的工作即将开始啦。"身为值班护士的我，默默地在心里祈祷着，希望今天的手术都能顺顺利利！

　　08：00，七号房间一般是妇产科手术间。这里也是我今天上午工作的地方。术前我和同事黄漫萍都认真准备着：首台患者是一名37岁的特殊孕妇，因胎儿脑膜膨出，在外院行利凡诺羊膜腔外注射引产术。娩出死胎后，手剥胎盘未果，为进一步治疗，以"产后两天，胎盘残留"收入我院。考虑患者有开腹多发性子宫肌瘤剔除史、三次清宫史、剖宫产史。妇产科的两位资深专家决定联手为患者施行"开腹子宫切除术"。和往常一样，漫萍早早地洗手上台，有条不紊地整理着台上的物品。多年的工作经验告诉我们，今天的手术复杂、难度高：盆腔粘连严重、解剖改变、子宫增大等因素，都可能增加凶险性出血的风险。麻醉医生李子健早早地备好了术中用血，我们一起认真核查着血液信息，"三查七对"贯彻着我们整个的医疗行为，每一步都一丝不苟。

09：30，手术开始了。在手术室内部流传着外科医生、麻醉医生、手术士"三剑客"的说法，而巡回护士的作用，就是连接外科医生和麻醉医生之间的重要纽带。

11：20，患者术中出血2000 mL，是正常"全子宫切除术"出血量的10倍。及时拿血输血，迅速补充台上物品是我的首要任务。看着两位主刀医生专注的眼神，知道这又是一次和时间的赛跑。

12：50，历经3个半小时的努力，手术顺利完成。紧张的气氛也缓和了下来。台上的医生们也和往常一样，早把吃午饭这码事抛诸脑后了。

14：30，午休过后，在五楼休息区，我们科室两位孕妈妈在聊天，感谢她们的付出，因为我也是妈妈，知道这并不容易。

15：00，在四楼护士站，一眼就能瞧见我们的张泽勇护士长，他负责我们AB区的手术调配，当然护士长的工作远不止此，但仅这一项就够烧脑的了。站在他旁边的是我们的其中一位主班护士王栓石，他负责无菌室物品的调配工作，早上比我们来得早，为我们默默地准备着首台手术的手术包，现在正在写着我们明天手术单里每一台手术的常规备物。过道里，我值班的搭档梁桂香，她正在清点抢救车的物品。

15：30，离接班时间还早，作为今晚的值班护士，我需要关注每个手术间的手术动态。我们的工作缺乏规律性，只要一上班就不知道什么时候可以下班。忙起来，一连工作十几个小时很平常。我们的工作紧张而忙碌地进行，我们始终面带笑容，无怨无悔。

18：10，拿过张泽勇护士长的"小纸条"，看到上面写的"直"字，代表着这些同事已经连续工作12小时了，现在还要继续"直落"下去——为了患者的安全着想，加班已经是我们的"家常便饭"了。接下来，我的工作就是要做好AB区手术的调配工作，处理一切突发事情。

21：10，随着宝宝"哇哇"的哭声，最后一台手术也顺利完成了。除了应对手术，值班护士还有夜间常规的工作要求，等一切都忙完了。时间刚好划到22：12，抬头看着科室的"网红钟"，习惯性地拍照留念一下，这个钟记录着每一个手术室人的心路历程。

　　23：00，我的晚饭：一碗粥和一个粽子，简简单单，却实实在在。夜深人静之时，也正好整理一下这一天的思绪。心中感慨万千，多少个日日夜夜，我们与医生并肩作战，密切配合，同死神作斗争，同时间争分秒，抢救患者的一线生命。感谢默默支持我、理解我的家人，是你们给了我坚实的依靠，让我能安心做好我的工作；感谢我可爱又任劳任怨的同事们，是你们让我不再孤单；除此之外，还要感谢那无论几点都能订得到的外卖。此时，一个温暖的被窝，一声轻柔的问候，一碗热乎的粥，都成了冬日夜里最温柔、最贴心的存在。

　　平凡的一天里，我们总是默默地坚守，但就是这看似平凡的岗位所赋予的神圣职责，却让我们成为生命的见证者和健康的守护者，所以我们才有了一个美丽的名字——天使！

　　18个年头，没有惊天动地的事迹，只有奔忙不息、平凡与琐碎，组成了工作里的点点滴滴。每一天的努力只为让患者看到生命的希望。我们愿做一只传递健康与快乐的鸿雁，将青春奉献于无影灯下，把柔软和温度带给那些紧张、害怕、焦虑的患者们，见证每一个平凡却无比伟大的手术室故事。

作者：劳静怡，广州医科大学第一附属医院

温暖以待，方能前行

　　最近在网络上看到一个帖子，说的是一名外卖小哥在凌晨4点，骑行10多公里冒雨送餐，而顾客却因熬夜工作，实在太累睡着了，没有接听外卖小哥的电话。寒风中，外卖小哥只能推着没电的电瓶车步行3公里回家。心灰意冷下，他给顾客发了一条信息，"谢谢你，让我告别这一行"，然而他遇到的是一个能理解他的善良顾客，在寒冷的雨夜里给了他最温暖的答复，让他又重新燃起坚守的信心。每行每业都有着各自的心酸及不易，但是如果我们都能被别人理解，温暖以待，那么我们对我们的职业，对我们的生活就能永存初心，继续前行！同样，我作为一位医务工作者，一名手术室护士，肩上更担负着守护健康的使命，也希望被家人、朋友乃至社会上的人理解并温暖以待。

　　选择做一名护士不是我的理想，但是做一名手术室护士却是在我成为护士之后的第一选择。还记得入职那年，护士长莉姐对我们说的第一句话就是"你们是自愿选择手术室的吗？"当时我很坚定地回答说："是，我想成为一名手术室护士。""那既然选择了，要做就要把这份职业做好，做得专业！"，护士长的话至今都还不时萦绕在我耳边。

　　在外人眼中，大家都觉得手术室护士很神气也很神秘。因为手术室那扇自动门隔绝了手术室外的喧嚣与手术室里的冰冷，给我们披上了一层神秘的面纱。他们可能觉得手术室护士就是给手术医生穿穿手术衣，擦擦汗，传递器械这些简单的工作，但其实在那一扇自动门后面，充满了无数人默默辛勤的汗水与付出。我们都是那默默的耕耘者，不被别人熟知，也不被别人理解，但是我依然选择在这岗位上坚守自己的初心！

　　手术室的护士必须禁得起长时间作战：下班时间不定，吃饭时间不定，休息时间不定；忍得了饥饿，忍得住屎尿！在手术室里更多的是天天加班的人，这是手术室工作的特性。手术的不确定性，突发的急诊手术……这些都会让你一工作就是十几个小时，或者在你休假的时间被调回来上班。即使偶有抱怨，但当看到患者们被安全地送出手术室就是我们最大的欣慰。手术室护士都是把微笑挂在脸上，把心酸留在心底的人。

手术室的护士必须禁得起24小时手机on call（待机），特别是B班（备班）的时候。已经忘记曾有多少次在跟朋友吃饭时，或者是在凌晨两三点的睡梦中，因为急诊手术被"call"回去，每次手机铃声响起，小心脏就像被悬空一样，一看不是科室电话，紧张的心才会放松下来。所以B班的你，手机一定要保持有足够的电量，并保持接收通畅，人也不能离医院太远了，因为你赶回医院的时间不能超过30分钟！

手术室的护士必须禁得起各种突发状况、惊险抢救的场面，要有强大的适应能力，适应突来的移植手术，适应工作临时的调动……我们在温室里面工作，但却不是温室里需要被人呵护的花朵。我们是呵护者，去呵护那些被疾病折磨的病患们，给他们带去心里的安慰，送去温暖，守护他们的健康。外面无论是刮风下雨还是阳光明媚都与我们无关，低头抬头间，那明亮的无影灯点亮了无数患者的希望，见证了我们一班埋头苦干的伙伴们。这些跟我们同一战线的伙伴们有外科医生、麻醉医生，还有我们的手术室护士，只要有手术室的"三剑客"在，各种凶险的场面我们都能应对。

此外，手术室护士还需要有着慎独的职业精神，我们工作与人们的健康绑在一起，容不得马虎，也容不得有任何借口。或许在电视上看到台上的器械护士有条不紊地给医生传递着器械，穿针引线，你会觉得很酷。但手术前的准备，术中的有效配合，以及术后的整理，这些都需要我们不厌其烦、一丝不苟地检查再检查，复核一遍又一遍。

这么多年来，我很感谢我的朋友们，感谢我的家人，有时会收到他们的埋怨：电话不接，信息不回，那么久也没联系了……请原谅我当时正忙于工作，无法接听。等我下班了，或许我真的忘了回复你们，又或许我真的是累了，只想回到舒服的床上好好休息……

现在我也即将成为一名妈妈，但是我依然坚守在岗位上，因为我后面有一个强大有爱的团队，每当遇到困难，我的兄弟姐妹们都会向我伸出援助之手。即使有时会感到辛苦，但想到他们给我的温暖，就是我坚持下去的动力，上班的步伐都变得轻快！我也希望我的宝宝能跟妈妈一起感受手术室护士的生活，能理解妈妈的工作。或许以后我会错过你人生中很多重要的时刻，但是妈妈希望你能温暖以待，理解妈妈，也希望得到朋友、家人，以及这个社会对我们手术室护士的理解。

温暖以待，方能前行！

作者：梁晓玲，广州医科大学附属第一医院

多样的意义

夜幕来临，华灯初上，我每天如常站在必经的十字路口等红灯，街上人来人往，车水马龙，脑海里不仅仅是疲惫，还会细细体味入职以来手术室护士这样一个职业带给我多样意义的乐趣。

那天下午，我们接到通知做一个急诊剖宫产的手术，当手术顺利完成，我们整理好手术用物时，新妈妈因为对药物过敏，突然出现寒战，心率加快，麻醉医生马上给药，慢慢地，新妈妈的心率逐渐恢复，寒战情况也减轻，但是在暖风机和棉被的保暖下仍然觉得很冷，我站到了这位新妈妈的旁边，拉起了她的手，轻轻握住她安慰道："放松一些，现在感觉好些了吗？"这位新妈妈看着我，颤抖地点了点头，我感觉到她的右手一边在冷到颤抖一边尽力握紧我的手，当我试图松开她去检查她右手背上的留置针情况的时候，她颤抖着说："姑娘，你刚刚握住我的手我就没感觉那么冷了，你不要松开吧，我怕你松开了我又觉得冷了。"我回答："是吗？那我就不松开了，你放松一点，麻醉医生给了药，你慢慢就没那么冷了。"

我和这位新妈妈就这样一直握着彼此的手，直到她的寒战消失，心率正常可以送回病房。当车床正要被退出手术室门口时这位新妈妈对我说："谢谢你们啊，姑娘，辛苦了。"没有想到一个轻轻的握手会神奇地让患者放松，情况好转，会让她完全信任你，依赖你，甚至感谢你。我想这也许就是被信任的意义。

又一天，我来到手术室门口接患者，和病房护士交接好以后，便协助患者过床，这是一位患有多种基础病，并有阿尔茨海默病的老婆婆，身上还有多处陈旧性骨折，她坐在轮椅上，看着我说："你和我打招呼啊，我不认识你啊，虽然你的衣服和他们不一样，可我知道你是这里的护士。"当我走过来协助她过床的时候，她居然向我伸出了双手，像幼儿般要大人抱的姿势，眼神充满了信任，于是我和另外一名护士把她抱到了车床上，老婆婆一直很安静，直到要进行麻醉时面罩盖住她，她觉得不舒服，就开始不配合了，想坐起来，我拍拍她的肩膀，安抚着她，她也不说话，就自己就拉着我胸前的衣服着慢慢躺了下来，也就配合麻醉了。没想到一件蓝色的手术衣可以使患者如亲人般相信我，也没想到一件蓝色的手术衣可以使患者安静配合。我想这或许就是被依赖的意义。

手术室有时候也会出现抢救患者的情况，也许我只是帮忙去输血科拿了一下血，帮忙记录了一下抢救而已，但是当我看到麻醉机上显示的患者生命体征平稳时，我会感受到很大的满足和喜悦。或许很多时候护士不是主导者，但是我们是重要参与者，正因为我们是护士，我们可以利用所学、所能，去协助医生守护每一个弥足珍贵的生命，守护每一位手术台上的患者，我想这或许就是守护生命的意义。

这份职业带来的不仅是忙碌和疲惫，还有多种意义，也正是领悟到这些不同的意义，我才感受到这份工作的乐趣，被患者信任，依赖，感谢……这些都使我愿意在手术室护理这条路一直走下去，我相信我会发现更美的风景，更多的意义。

作者：林琳，广州医科大学附属第一医院

移植感动

23岁那年，带着青春的梦想，我踏入了社会，成为一名白衣天使、一名手术室护士。穿着蓝色手术衣，戴着彩色手术帽，那是我最值得骄傲的形象。转眼5年已经过去了。在这5年手术室工作中，我深深地感受到了护理工作平凡中的伟大、艰辛中的快乐。在那么多的手术中，移植手术总能触碰我心底的感动。患者重生的希望，背后是医护人员奋不顾身的战斗。

2015年，我参加了我们医院第一例心肺联合移植术，还记得患者进入手术室的那一刻，氧气面罩下是那因血氧饱和度过低紫黑的嘴唇，嘴上一直喃喃地说道："谢谢……谢谢你们啊。"而她的老公就在门口给她加油："静，没事的，我等你出来。"这一幕仿佛发生在昨日，坚强的意志总能让人格外地感动。因为合并肺静脉高压，所以心肺联合移植手术是阿静唯一的出路，虽然我们做过很多例肺移植手术了，但是心肺联合移植还没有启动过，为了能给阿静带来生命的希望，我们一直在努力争取机会。同时，为了保证效果，我们多部门也共同准备了"心肺联合移植临床实验"。

那天，我被通知要准备物品去做心肺联合移植实验，去给一只实验猪进行心肺联合移植。当时一到实验室我就懵了，地上的两只猪就是我的两个"患者"，实验室的味道使我不得不戴上两个口罩，我人生中第一次给猪打针和插导尿管，所有准备就绪，实验开始了，所有的步骤都是那么地小心翼翼，当心电图又有了新的波动，我们成功了。接下来的第二次、第三次第四次实验，一次比一次顺利，这给阿静心肺联合移植手术的开展奠定了坚实的基础。

2015年9月3日，是阿静重生的日子，那天的阳光格外明媚。经历了8个小时，当阻断钳打开的那一瞬间，新移植的心脏重新跳动了，新移植的肺重新呼吸了。此时此刻，我们都欢呼了，为了那一瞬间，所有人都曾经那么地努力。

日复一日、年复一年战斗的手术台是我们与死神搏斗的地方，是我们与病魔较量的地方，是我们迎接新生命并送上人生最初关爱的地方。在手术室工作，我们几乎每天都在与时间赛跑，与死神战斗，而我们每个人却总是义不容辞，为生命护航。

工作上有很多感动，也正因为这些感动，让我骄傲地喊出：我是一名手术室护士！四方手术间，三尺手术台 ，一袭蓝色洗手衣，一顶彩色手术帽，一张绿色防护口罩遮住的脸庞仅露出两只明亮的眼睛。手术室护士，一个响亮的名字，一份不为人知的工作状态，一个患者康复的幕后英雄！

作者：刘晓莹，广州医科大学附属第一医院

如果让你重新选择，你还要当手术室护士吗？

那年，你23岁。医院岗前培训后填报志愿，你不假思索地把"手术室"三个字写在了第一志愿。

你被实习时春节前手术室的经历骗了，你以为手术室的工作很清闲，节假日和公众假期都能愉快玩耍；你以为手术室很干净，接触每个患者前都会做好标准预防，不会接触到各种各样的病菌；你以为手术室的气氛很轻松，只是面对外科医生和麻醉医生，不用接受患者家属的各种要求和唠叨。

然而，在入职一个月后，你被现实唤醒了。原来手术室很忙，每天工作"直落"10个小时是常态，"直落"12个小时也不稀奇，要是节假日或公众假期遇上24小时在班，你只能乖乖待在广州市区，甚至在半夜睡梦中也会被叫起，时刻准备着在接到急诊电话的半小时内赶到工作岗位上；手术室还挺"脏"的，就算你做好标准预防，也有可能会碰到患者体液、血液飞溅的情况，也可能遇上各种感染手术；手术室更是紧张的、快节奏的，应对术中的突发状况，远比面对患者家属劳累。

你的爸妈很心疼你，你是不是也有点后悔成为手术室护士了。

那年，你24岁。你第一次做临床带教老师。

经过了一年的学习与积累，你刚刚通过了医院和科室的转正考核，成为了广州医科大学附属第一医院一名正式的手术室护士。第一次被分派了带教任务，要从学生过渡到老师，你惴惴不安，虽然转正考核前你才刚复习完专业知识，但带教前一晚还是想"临时抱佛脚"，急忙复习开无菌包和外科洗手等基础操作的要点，温习手术配合笔记，还想着要如何应对学生有可能提出的各种刁钻问题。耐心带教了一个星期，你带的小师妹居然在出科前给了你一封"情书"。

第一次得到学生的肯定，你开心了一整天，第一次在工作中找到自信，你庆幸当初没有放弃做一名手术室护士。

那年，你25岁。你第一次参加科室组织的户外拓展训练活动。

你们四五十人一起在寒风中挥洒汗水，在翻越毕业墙的时候，你们每个人都落下热泪，或因为辛苦，或因为感动，或因为完成壮举的激动。那天你们很累，但很快乐，因为你们不仅是工作伙伴，也像相互信任的家人，更像互相支持的战友。

你坚定了与这个大家庭风雨同路、并肩前行的决心。

那年，你26岁。你去了急诊科和心脏外科进行轮科。

曾经以为连手术室那样不见天日的连续10小时的工作都能坚持下来，在病房还有接班呢，应该不在话下。可是你忽略了一点，已经工作了3年的护士，在病房理应能独当一面了，可是作为一个有着3年工作经历的手术室护士，到了病房你只有新人般的工作能力，却要背负"老人"的责任——独立当班。没有上级老师的指导和庇护，工作只能战战兢兢，步步为营，生怕出差错。后来到了心脏外科，护理患有先天性心脏病的小朋友，又担心自己会不会可能只因在护理过程中令小朋友哭了而成为医闹新闻中的主角。最后平安结束了半年多的轮科生活，你特别感恩患儿家属的体谅与配合。

你回到了大雁团队，工作得心应手，与"家人"久别重逢，原来你在想念"家"的时候，"家人"也在想念着你。你越发爱这个"家"了。

那年，你27岁。你成家了。

但就在你过门那年，家婆的腿摔骨折了，因为你认识骨科医生，而且家婆是来"娘家"做手术，因此她在康复过程中一直得到医生的关注和无微不至的专业护理，这让家人安心了不少。当其他亲人朋友有病痛时，你也能给他们提供专业意见和介绍优秀医疗团队了。

你感受到了工作给你带来的便利，你能更好地照顾家里人了。

如果没有得到过学生的肯定，你可能不会在工作上找到自信，感受到为人师表的成就感。如果不曾参加团队的户外拓展训练，不曾在风雨中与战友们一起挥洒汗水、在热泪下互相表达衷言，不曾到其他科室轮转过，你不会在这个团队中找到家的归属感。如果没试过在亲人抱恙时，向你身边的医护朋友们寻求专业帮助，你不会意识到你的工作与专业对家庭有多重要。

如果让你重新选择，你还要当手术室护士吗？这个问题还需要问吗？

作者：陆慧敏，广州医科大学附属第一医院

我骄傲，因为我是一名男护士

　　时光荏苒，如白驹过隙，一转眼参加工作已近10年时间，在人们的传统观念中，护士是女人干的职业，是伺候人的差事，堂堂男儿岂能弯下七尺之躯做些喂饭、擦脸、换床单之类的琐碎事，而我偏偏就选择了男护士作为职业。

　　2005年8月我收到了沧州医学高等专科学校高级护理专业的录取通知书，当时根本不清楚"高级护理"是做什么的，只知道毕业以后是要到医院工作。就这样我带着疑惑迈进了校门。在学校学习一段时间之后才了解，毕业后我将成为"伺候"患者的男护士。受世俗观念的影响，我的心里打起了退堂鼓。好长一段时间，总觉得自己就是一叶孤舟，没有方向地在大海中漂荡，前途一片渺茫，未来不知踪影。

　　2007年我进入了实习阶段，初次踏入陌生的医院环境，开始充满了好奇心。随着与护士老师和护理工作接触增多，我异常兴奋，我对护理工作有了更深一步的了解，深深感受到护理职业的神圣。生命的降临和结束都离不开护士，护理工作具有很高的专业性、专科性，更是医疗行业中不可或缺的一部分，俗话说"三分治疗，七分护理"，这句话深深体现出护理这一专业的重要性。

　　2008年毕业后，我来到广州，通过投简历、面试和层层考试我进入了广州医科大学附属一医院，被分配到了急诊科。在工作中我充分发挥自己的优势，过去需要四名女护士给患者翻身的工作，而我和一名女护士就可以完成了。面对一个个危重患者投来的无助眼神，我知道患者把生命托付给我们，我们只有不断提高自己的业务水平才能得到他们的信任。可护士这份职业并不轻松，作为一名男护士，我尚且这样觉得，更何况是那些女护士，特别是在急诊科上班，倒夜班，加班，工作内容烦琐，甚至有时还得不到患者亲属的理解，想想那些在护理岗位上工作一直到退休的前辈们，不禁产生一种敬佩之意。在急诊科工作的这8年锻炼了我，让我养成了吃苦耐劳的工作精神。

　　2017年由于种种原因我转到了手术室工作，加入了"大雁团队"，一个充满正能量的大家庭。来到手术室后我很快适应了手术室的工作环境，我总是想：急诊那么困难的工作环境我都能做好，还有什么不能胜任的。我很喜欢手术室这一专业，因为手术室可以让人充满成就感，也使我开阔了眼界，手术室的工作更强调一个手术团队的协作精神，每一台手术都由优秀的外科医生、麻醉医生和手术室护士合作完成。能配合医生做好一台手术，医生满意，患者脱险，患者亲属开心，那种成就感难以言表，也深深体现出护理工作的意义和自我价值。手术室护士的专业技术含量很高，只有不断学习，不断更新结构知识，才能在手术配合中愈加得心应手。

　　我会用精湛的技术、慈善的爱心、崇高的责任心为患者减轻痛苦，挽救更多的生命。我要向所有人大声说："我骄傲，因为我是一名男护士"！

作者：孟凡勇，广州医科大学附属第一医院

无影灯下的"芳华"

关于芳华，我见过的最好的解释是："最美好的生活方式，不是躺在床上睡到自然醒，也不是坐在家里无所事事，更不是走在街上随意购物；而是，和一群志同道合的人，一起奔跑在理想的路上，回头有一路的故事，低头有坚定的脚步，抬头有清晰的远方。"我想我是幸运的，来到这座城，遇到这群"志同道合的人"。我们喜欢站在无影灯下，喜欢做无影灯下那个没有翅膀的天使，守护着生命的净土，在无影灯下度过属于我们自己的"芳华"。

2017年12月26日　21:30　暴雨

窗外下着倾盆大雨，世界仿佛都安静下来，只剩下顽皮的雨点在奋力敲打着玻璃窗。我刚做完两台急诊手术，麻利地换好衣服准备百米冲刺跑去地铁站。广州至佛山三水区最晚一班汽车的发车时间是22:00。由于各种原因，我像许许多多的"广漂族"一样，每天在广州—佛山两点一线间与时间赛跑，因为家里还有一个等着我检查作业的女儿、一个刚满一岁需要照顾的儿子、一个长期与糖尿病、高血压抗战的婆婆。

忽然，一阵刺耳的电话铃声划破了黑夜的宁静，急诊电话又来了！我的心一沉：今晚又不能回家了，女儿会怪我又没在作业本上签名吗？婆婆身体不好，照顾两个孩子，身体能熬得住吗？但是没能容我多想，我已飞快地换上洗手衣，直奔手术室。

一例骨创伤外科手术，患者，女，40岁，车祸，骑着三轮车时被撞，被撞时双膝盖跪地，为保护怀抱里的背包。患者被推进来的时候，她的双膝已经血肉模糊，疼得蜷缩成一堆，在不停地打颤，她那么安静，没有哭喊、没有呻吟、没有哀求，静得只有她的冷颤声在回荡。麻醉之后首先清创，我快速有序地配合医生对患者伤口进行冲洗、浸泡、消毒，我把无影灯调到最佳的亮度，可以很清楚地看见患者皮肤以下的组织——骨头都露出来了！

"疼的话可以告诉我们，放松点，不用紧张，有我们陪着您呢！"看见她紧咬着嘴唇、脸色苍白，我心疼了！

"不疼的，姑娘，别给我用太多的药。"

"为什么？"

"用药要很多钱吧？"她小心翼翼地问道。

"怎么受伤的？"我转移了话题。

"骑三轮车，被小车撞的！"

"为什么不护着头？为什么膝盖和手都护着背包？"

"背包里面是钱！"说到钱，她明显有了一丝骄傲。

"钱重要还是命重要？您怎么活了几十年了还没有弄明白呢？"为她的糊涂，我几乎要生气了！

"我女儿今年要高考了，老师说要利用寒假补习补习，上重点没有问题。女儿说不补，我要她补，一定要补，妈妈有钱，妈妈有钱……"她说到女儿，眼睛亮了。

"我女儿的梦想是当一名医护人员，她从小就很崇拜白衣天使，就像你一样，姑娘！"

"我女儿读书成绩可好了，可争气了，就像你一样，姑娘！"

"白衣天使能救人啊，就像你一样，姑娘！"

"女儿想救人，妈妈不能拖后腿啊！"

"妈妈有钱，妈妈有钱，妈妈有钱……"

麻药让还在喃喃自语的她进入了梦乡。

这时，我哽咽了，突然有种幸福感，莫名地发自内心而起！

后记：

无影灯下，捂得严严的口罩帽子、宽大的手术衣，遮住了青春的色彩。已经不曾记得多少次传递手术器械；不曾记得多少次看着患者麻醉醒后那浅浅的微笑；也不曾记得多少次把生命从死神手中抢过来。我曾经很羡慕那些可以在纤纤玉指上涂满五颜六色指甲油的女孩；曾经很妒忌那些朝九晚五准点上班下班的白领一族；曾经很向往那些自由的家庭主妇，可以参加孩子在学校的各项活动，陪伴孩子的每一刻成长。殊不知，原来还有那么多人在用生命筑建着"白衣天使的梦想"，在羡慕着我们。就如当年的自己，怀揣着"白衣天使的梦想"，经过了多少年的寒窗苦读，多少年的孜孜不倦。

无影灯下，不忘初心，砥砺前行，只有这样，才能无愧于患者的那一句——"就像你一样，姑娘！"

作者：莫结芳，广州医科大学附属第一医院

一个男护士的救赎之路

  时间如白驹过隙，一晃9年就过去了。想起2009年7月13日第一天踏入广州医科大学附属一医院的那一刻，仿佛就发生在昨天。第一天入职的时候，我记得护理部的老师给我们每个人发了一个小纸条，小纸条上面有3行空白，老师让我们根据自己的意愿写出自己最想去的3个科室。我环顾了四周，与我一起入职的，还有大学时候的三个好基友，其中一位好基友说他最喜欢急诊的氛围，所以他想去急诊，剩下两个说，听说呼研所（广州呼吸疾病研究所）很好，在全国都很有名气，去那里肯定有好的平台可以发展。他们问了我，想去哪？我的选择有且只有手术室。他们问我为什么，其实我的理由很简单也很现实，不想三班倒，不想接触太多生老病死的患者，休息时间比较固定，过年过节可以请假回家。

  两个星期岗前培训后的第一天，就是定科室的时间，记得那天早上在工会，一个眼睛不大，但是却仿佛有洞察一切能力的护士长首先站上了讲台，她自我介绍她叫王莉，大家都叫她莉姐，是手术室的护士长，是过来选人的，当她念到我名字的时候，我内心翻起了千层浪，像中了彩票一样，高高地举起手，用火箭般的速度冲到了前面，朝着莉姐笑了笑，这是我们的第一次见面。最后，我们四个来自广州中医药大学第一届本科护理学专业的大男生，都如愿以偿地进入到自己心仪的科室。

  莉姐带着我和其他一起进入手术室的新人，熟悉环境，介绍同事及手术室的工作职责。经过一段时间的接触后，眼前这位更像大姐的领导，不单只是在工作上指引我们，更是在生活上给了我们无微不至的照护。工作上，通过一些解决问题的思维方法，打开了我对手术室专业的认识。印象最深的莫过于莉姐在整顿手术室护士应不应该执行麻醉医生口头医嘱的问题上，莉姐按照规章制度说明，只有在抢救的时候麻醉医生才可以下口头医嘱，除此之外如果麻醉医生想让护士给药，就必须下达临时医嘱，有医嘱护士才能够执行。然后莉姐就甩给麻醉医生们一堆临时医嘱单。而后，在莉姐的坚持下，这项制度一直顺利执行着。我在想，原来，方法总比问题多。莉姐的专业与思维能力，是最终解决这个问题的根本。由于我们都是新入职的护士，第一年就只有工资可以拿，没有奖金。莉姐在第四个月的时候就跟我们几个新来的说，只要你们肯干，科室是不会亏待你们的，于是在月底我就拿到我人生的第一笔奖金，2000块，为此，我窃喜了好久，因为其他科室的同学都没有，而我已经有了第一笔奖金。莉姐的领导力、沟通能力、亲和力每时每刻都在影响着我，让我似乎找到了家的感觉。

或许男护士一直以来都不是自己所向往的职业，在工作上我也是得过且过，几乎毫无作为，就像温室里面的小草，一直都在原地踏步。在浑浑噩噩经历了好几年之后，发现其实在内心深处我还是无法正视和接受这个职业，渐渐地我陷入了职业的倦怠期和迷茫期，不知道往后的路应该怎么走，该何去何从。

直到那一天在办公室，莉姐问了我一个问题："知道为什么李咏当主持人当得这么好，最后却要去学校当教授吗？"我摇了摇头，莉姐补充道："因为他想为他的女儿做一个榜样，毕竟主持人当得再好也不及一个大学教授当得体面。"忽然间，我茅塞顿开，感觉这么多年的心结突然之间就打开了。我可以不喜欢我的职业，但是我不可以不喜欢自己，我所做的一切都代表着我的个人修养，代表着我自己专业。护士也是一种职业，尽管很多时候作为一个男性无法直面这个职业，但是通过时间，通过努力，通过专业，通过沟通，通过学习，我一定可以使自己变成一个有学识、有专业、有内涵、有能力的专业人员。无论时代如何变迁，无论社会如何动荡，始终都需要医护人员，始终都会有我的立足之地，而且以后当我可爱的女儿问起，我还可以跟她说其实我也是一个老师，我的专业是手术室护理学。

即将踏入工作的第9年，虽已过而立之年，但实际上我的职业道路才刚刚开启，希望我的救赎之路能够一帆风顺，不辜负莉姐的悉心栽培，不辜负大雁团队所给的平台，不辜负女儿的期望，而我现在所做的一切，只是为遇见将来更好的自己，加油！

作者：王滨，广州医科大学附属第一医院

一次难忘的"登山"活动

　　2018年，开年的第一个星期六，恰逢医院一年一度的登山节活动，丰富的文娱活动年年都吸引着我。一大早起床我化了个小妆，准备在娱乐活动中大展一下身手。作为一名外科护士，尤其是手术室护士，最不缺的就是体力和精力了，不然怎么应付抢救、24小时在线和隔三岔五的常态型加班呢？早上7点，我从家出发，40分钟后在地铁里打开手机才看见昨晚23:30微信群里的信息，今天有台心肺联合移植手术，患者大约在早上10点钟会被送来手术室。心情犹如过山车从最高点滑落——我得转程回医院做手术了。心情的小失落伴随着的是另一种小雀跃。其实这种情形的转变是工作中的常态，对待多变的急诊手术不变的是以"患者为中心"，于是乎我毫不犹豫地奔赴医院。这是我们医院移植团队的第3例心肺联合移植手术，但却是我职业生涯中第一次目睹并配合心肺联合移植手术。愿今天的手术一切顺利。

　　回到医院后，我习惯做的第一事情就是查看患者住院记录和各项检查资料及信息，评估术中可能出现的状况，做好用物准备。患者，男性，38岁，诊断为特发性肺动脉高压，慢性肺源性心脏病失代偿期，是心肺联合移植手术适应证患者。该名患者于2011年已被确诊为患有肺动脉高压疾病，距今已有近7年之久。中国古语道：三十而立。如今而立之年的他只能长期卧床，并进行家庭氧疗来勉强维持呼吸，一个幸福的家庭陷入困境。2017年7月该名患者在亲友的帮助下特地从河北慕名来到广州求医，等候供体已有半年。等待对于这样的患者来说就是考验，许多类似的患者因为没等到合适的器官，最终出现心力衰竭而与世长辞。供体的及时出现给了患者新生命希望的曙光——一位20岁年轻的男性，三天前因车祸头部遭受重创抢救无效被宣告脑死亡。家属希望逝者的生命以另外一种方式得以延续。这不仅是家属的希望，也是逝者的希望，更是幸存者生的希望。对于我们而言，这是一份沉甸甸的寄托。移植手术工作的核心意义正是搭建生命间的桥梁，让生命更好地延续。

上午11时，患者戴着氧气面罩半坐在病床上，连同床、氧气瓶及监护仪一起被推进了手术室。我们和患者聊天，了解患者的心理状态。他话语之中透露出很强的信心，那是对我们工作团队最大的鼓舞。当患者开始接受麻醉的时候，我已经准备好了手术所有用物，手术物品清点完毕，等待供体的消息。今天的人体器官获取组织（organ procurement organization，OPO）将在另外一个手术间进行捐献器官摘除手术。透过手术屏蔽门中间的玻璃小窗，猛地抬头我看见许多同事推着另一个患者从我眼前匆匆而过。那位就是捐献器官的人，他身上还插着各种生命维持的管道，无论监护仪上的数值多么正常也掩盖不了他已经临床死亡的事实。那一刻，我对他表示心痛和惋惜；那一刻，我对他的敬意由心底而生；那一刻，我深深地感觉到什么是"生死边缘"—— 一边是生，一边是死。器官捐赠者将逝如烟花，幸存者要生如夏花。这就是我们移植手术工作的意义。

在医生确认供体器官完好，完全符合移植需求的时候，我们"打开无影灯"手术开始了。手术医生开始争分夺秒地进行器官移植手术，评估好时间，使两边器官的摘取、灌注、移植完美衔接，最大限度地缩短供体器官的缺血时间。手术4小时后，主动脉、上下腔静脉及支气管已经吻合完毕，放开主动脉的阻断钳，血管重新开放！血液开始流经新的心肺器官，监护仪上出现了心脏在"新家"跳动的第一波形，大家内心长舒一口气，经支纤镜检查支气管吻合口也是缝合完美，肺复张得漂亮，这个心肺联合移植吻合成功了。

很多时候亲戚和朋友都会问：手术室护士的工作是不是就是在手术台上给医生递手术刀和剪刀。其实，手术室护士的工作远远不止递器械这么简单。所有的手术医生都是专科性的，而我们是全科性的，所有的手术器械和用物我们都要比手术医生更熟悉，即使准确地提供最合适的手术器械，可以大大提高手术效率。在配合手术的过程中，我们需要做到眼观六路，耳听八方，还要对手术过程密切关注，提前准备好手术医生下一个手术步骤需要用到的器械，清楚手术医生的习惯、手术方式及用物等。聚精会神地跟着手术医生的思维走，才是器械护士的工作重心。心肺移植吻合完毕后，止血过程是责任重大而耗时的过程，因为术中使用体外循环，伤口渗血的情况需要一点点处理，止血完毕后缝合胸骨关闭切口。收拾完手术器械已到了晚上8点半了，打开手机微信朋友圈看见医院大外科群里同事们登白云山时各种趣味的照片，感叹自己今天的登山活动以另一种更别致的方式完成了。心肺联合移植手术在全世界范围也并不多见，被誉为医学界的珠穆朗玛峰，而今天我登的"山"就是医学界的"珠穆朗玛峰"！

术后3周患者恢复迅速，已开始下床进行康复训练。看见他虽然戴着口罩，但是露出那笑嘻嘻的、弯弯的眼睛，所有参与手术及治疗的同事们都由衷地为他感到高兴和幸福。时间犹如白驹过隙，多年的工作经历让我由一名小护士成长为一名手术室专科护士，也让我深深体会到生命的珍贵。匈牙利诗人裴多菲说，生命诚可贵，爱情价更高，若为自由故，两者皆可抛。每当我看见患者因疾病卧床制动而痛苦的表情时，我内心就笃定：其实健康的身体、顺畅的呼吸、快乐的奔跑才是生命最珍贵、最真实的意义。

这次"登山"是我们日常工作的一个小缩影，因为职业的特殊性，很多时候工作重要过家庭和生活，因为我们的工作就是围绕着患者的生命和健康的职业。还记得护士授帽仪式上的誓词：我志愿献身护理事业，奉行革命的人道主义精神，坚守救死扶伤的信念，履行"保存生命、减轻痛苦、促进健康"的职责。性命所托，职责所在，我是一名护士，我为我的职业骄傲和自豪！

作者：王丽丽，广州医科大学附属第一医院

生死"器"约，感恩生命

　　人最宝贵的是生命，每个人都希望自己的生命光彩绽放，然而也有生命因无奈而凋落。有那么一群人，在弥留之际自愿把自己的器官捐献给因为各种疾病困扰而濒临死亡的人们，缔造生死"器"约，让生命延续，让自己重生！

　　永远不会忘记那是2018年元旦后的第一个周末，新年伊始，万象更新。适逢医院开展全体职工白云山登高，喜迎新年活动。细雨蒙蒙，诗情画意，突然一阵急促的电话铃声响起，"今天有心肺联合移植手术，十点钟接患者，回院完成手术，有无问题？"护士长说。"没问题"我说。没有多一句话、一个字，理解支持流露于字里行间，这是多年来我们手术室大雁团队应对急诊移植手术的一种默契。

　　接到手术安排后，我第一时间回到了手术室，因为是周末早上，手术室里除了值班人员外，没有手术，静悄悄的，像是为即将来临的心肺移植手术在默默等待。我来到了移植手术间二室开始了术前准备的各项工作，开启层流净化模式、铺置手术床、准备和检查各手术仪器设备，确保功能处于完好状态，陆续有麻醉科的同事和小雁子们回来，大伙都在为这个特殊的手术而默默精心准备着。

　　10点，患者被病房护士准时送到手术室门口，这是一个38岁的男性患者，术前诊断为原发性肺动脉高压、慢性肺源性心脏病失代偿期。多年来他饱受疾病的折磨，消瘦的脸上布满和年龄不符的皱纹，一呼一吸都非常费力，像是喘着他人生的最后一口气。然而今天的他，满脸笑容，轻松淡然，眉宇间透着希望和坚定，因为他知道，在这里他将浴火重生。

　　术前准备有条不紊地进行着，手术室团队把每个工作细节都做到极致，确保心肺联合移植手术顺利进行。器械护士认真准备好术前需要的所有物品后，第一时间洗手上台，和巡回护士一起检查移植器械、敷料、一次性物品的数量和完整性，按照要求布置心肺联合移植手术台，一目了然、井然有序。我为患者盖好棉被，设置暖风机到36摄氏度的舒适温度给患者保暖，全程和患者交流，时而告诉他我们正在为他服务的内容，时而聊聊家常，用自己的一言一行为患者病驱除冬日的寒冷和内心的恐惧。麻醉诱导，全身麻醉完成后，麻醉科方主任 用食道超声检查心血管的情况，杨医生 应用纤维支气管镜检查气管情况，大家各司其职，完成术前各项准备，手术即将开始。

在另一个手术间，也有一群忙碌的身影，他们是供体组的彭医生和王护士，各项工作准备就绪，大家怀着最无比崇敬的心情向捐献者沉痛地默哀悼念，深深地鞠躬后，器官获取工作正式开始，整个过程大家没有说一句话，刀起刀落间都是对捐献者的无比敬畏与感恩。

手术于上午11点开始，何建行院长主刀，进行气管和血管的吻合，他们聚精会神，一丝不苟，因为他们深知医生的每一刀、每一个操作都不可能重来。

我们的器械护士，是整个手术台上的灵魂，把控和管理整个手术过程，她专注的样子格外迷人。她配合熟练，是我们移植护理团队的骨干。今天的她，不苟言笑、全神贯注，用娴熟的护理操作诠释着对这次心肺联合移植手术的感动。

手术历时8小时，顺利完成，新心肺移植后的第一个心跳波形，美极了！预示着新的心脏正式在受体胸腔开始工作，这是多么神圣、庄严和令人感动的一刻。术后麻醉手术科与重症监护室的同事进行交接班，大家事无巨细，面面俱到。患者顺利度过了手术难关，而恢复之路还任重道远。手术结束后，大家虽然疲惫不堪，但久久不想散去，都在为这一天的工作仔细回味。

心肺联合移植手术被称为医学界的"珠穆朗玛峰"，难度之大、承载之重可想而知，为了不辜负捐献者的伟大情怀，不辜负受体患者的坚定信任，我们的医护人员仁爱精诚、不辞辛苦、勇攀医学高峰。生命至大，我们用无比虔诚的心和双手连接生和死，缔造生死"器"约，为新生命的延续做出最大的努力。祈祷他尽快康复，为另一个"他"呼吸每一口空气，让心与心从此一起跳动！

作者：尹鹏英，广州医科大学附属第一医院

我是一名手术室护士

在你眼中的手术室是什么样子的？是那灼眼的无影灯下默契传递器械的影子，还是那监护仪中响起的"滴、滴、滴"心脏跳动的声音？是一间充斥着消毒水味儿的房子，还是救死扶伤的神圣重地？记得我实习时刚进入手术室时是这样的印象：巡回老师的脚下个个都像踩着风火轮，健步如飞，台上洗手老师穿针引线，配合手术行云流水，无影灯下的身影叫人好生羡慕。

到后来，我很幸运地进入了手术室，以前看老师做的现在全变成了自己的手头功夫，也慢慢领会到了健步如飞的脚下是使命，穿针引线的手上是责任。有多少个深夜，被急诊电话惊醒，不管是雷电交加或是天寒地冻，都得赶回医院，站在救死扶伤的最前线；又有多少个深夜回到家中，看到孩子熟睡的面庞，愧疚之情油然而生。但是，每当看到患者一张张无助的脸，家属满怀感激的一声声"谢谢"，我知道生命所系，性命相托。

犹记得一位来自偏远地区的母亲，患上了肺动脉高压，俗称"蓝嘴唇"，在病魔的折磨下，她长期呼吸困难、气促、胸闷，最终只能卧床，甚至躺卧都难以维持她正常的呼吸。那时的她，只有等待供体进行心肺联合移植手术，才能看到一线生的希望。幸运的是，这位母亲很快就等到了合适的供体，手术通知单也在第一时间送到了手术室。这是一场与时间与死神较量的竞赛，供体取到之后必须以最快速度移植到受者体内。备药备物、点数、摆体位、麻醉消毒，每一个步骤、每一个细节都务必要做到完美，无影灯下静谧得只有刀剪碰撞的声音，台上台下每个人都不敢有一丝懈怠，随着气管、支气管、上下腔静脉、主动脉的缝合完毕，在阻断钳打开的一瞬间，第一声心跳声在心电监护仪里响起，一个新的心脏开始重新跳动，手术间里凝重的气氛也被洋溢的欢呼打破。

这是广州医科大学附属第一医院完成的第一例心肺联合移植手术，这时距我们接到急诊电话通知回院已经超过了12个小时，台上的器械护士连续配合近

10个小时，连午饭也没顾上吃。后来，当我们将这位母亲送出手术室门口时，我们看见了她的先生和两个孩子，孩子还小只是跑到转运床边喊妈妈，而她的先生，眼中噙着泪水激动不住地道谢。在那一瞬间我们突然明白这不单是生命的传递，更是大爱的传递，是信任的相托，是职责的所在。

是啊，手术室里常亮的无影灯，照亮的何止是一方手术台，那穿越生死的温暖，在每一个人的心中都炽燃成生命的烛炬！在手术室里的十年又十年，一辈又一辈人，他们的汗水与付出从未停歇，他们把对家人的爱与思念转化成了对一个个残缺生命的呵护。所以，亲爱的你，当这夜幕降临、华灯初上时，你会记起这一张张可爱的脸吗？

作者：张博文，广州医科大学附属第一医院

秤子随笔

　　窗外又淅沥沥下起了小雨，南方的梅雨天气好像又来临了。伫窗独思，转眼已毕业8年有余。偶尔同学聚会，大家问我的工作情况时，我总是笑答："上班嘛，一年四季，穿着大拖鞋，套着长裤短袖，眼睛一睁一闭，日复一日呀！"

　　是的，这就是我最常见的状态，以至于当我按外界温度穿上各类衣服的时候，往往只能在走出电梯那一刻，其他部门同事才突然回过头来："哎呀，换掉手术室衣服，还没认出你！"

　　这就是手术室——我工作的地方！在这个没有硝烟的战场里，我们和病魔一次又一次地进行搏斗，用刀光线影，演绎着生命的光芒。为了给患者提供洁净的手术环境，我们每天都穿着经过高温清洗、干燥、消毒后的拖鞋，不去理会鞋子的不适；我们每天都穿着经过消毒、漂洗、高压灭菌的手术服，不去理会满身的消毒液味；我们每天都佩戴着经过灭菌的医用口罩和帽子，不去理会过敏的面部和日渐稀疏的发际。剩下的就是那一双双灵巧的小手和那一对对明亮的眼睛，他们穿针引线，密切观察，废寝忘食，为患者生命保驾护航。

　　"天秤座，生于秋中，性温凉，意淡雅，沉溺和谐与美，于静谧喧嚣中修身养性，闲适自得；处世之道，自成一格，以退为进，风平浪宁。"文绉绉的描述，恰似我的内心。平衡，是和谐与美的象征，在错综复杂的手术室里面，如何坚守初心，把握平衡，是秤子自我管理的重点难点，也所幸，秤子性格本如此，因此在人潮汹涌的手术大潮中，秤子也算是拿捏得有点味道了。

　　承担手术室手术运营管理至今，已有4年多的光景。每天，我坐在护士站的位置上，总有一股博弈厮杀的感觉油然而生。手上的每一张通知单，都幻化成一段段时间的碎片，可爱的同事们，个个都是手持利刃的战士，收复了一块块碎片的战地。直至华灯初上，人群逐渐褪去，剩下偶尔斑斓的无影灯，映射着急诊手术值班者模糊的身影。在秤子眼里，周围都是天平。有时进、有时退，只为时时维护天平的平衡，使心中得以安宁。绝对的公平是不存在的，只能相对而已。在手术室里，最典型的就是手术安排和人力协调。当秤子把手术分组、手术医生出诊时间、手术科别查房时间、手术类别、手术估计用时、手术设备调配、手术医生特殊要求、相对手术日、急诊预计、护士出勤人数、护士专科组搭配等"小问题"思考完，天平也就能达到相应的平衡，完成手术及人力的安排。当然，天平也经常被"打扰"，因此，秤子每天最苦恼的就是居高不下的电话数量。"您好，手术室！"作为电话热线专员，手术医生、麻醉医生、手术护士、病房护士、门卫配送、供应室……每天总能绕成一圈，上百个电话变成一条条信息，充斥着秤子的大脑，直至消化落实。

很多人问秤子，你不累吗？这是一个很好的问题，但我永远回答不出来正确答案。"打鸡血"是上班的我一种最形象的比喻。或许，因为我还年轻；或许，因为我需要工作。无论如何，当我换上那一袭蓝衣，踩上那双拖鞋时，自豪感就油然而生！在这里，我可以尽情释放我的青春和热血，可以无畏无惧地直视生命，穿梭于人间万象、悲欢离合。我想，我不累，是因为我深深爱着这片神秘的土地，爱得深沉！我想，我不累，是因为我深深爱着这群可爱的同事，爱得心疼！我想，我不累，是因为我深深爱着我的家人，爱得愧疚。手术室护士的工作是上班起早，下班摸黑，披星戴月，他们都很努力，努力去不辜负家人，不辜负患者，不辜负工作。能坚持在手术室工作的，都无法离开家人的大力支持。这份爱，唯有努力用心工作，实现专业价值去回馈。因此，纵然时光周而复始，年复一年，我仍身在其中未知累，。

在头雁的带领下，飞行中的大雁团队目标一致，总是一字排开朝同一方向不断前进。"大雁大雁一家亲"是我4岁的女儿自然而然说出来的话。感恩科室的头雁莉姐的引路与教导，在她的庇护与指引下，我们这些雁子多了安全与呵护，秤子也会继续成长。

天空上那一抹蓝，渐渐闪亮。

作者：张泽勇，广州医科大学附属第一医院

中山大学孙逸仙纪念医院手术室护理团队

很多时候

很多时候，我觉得手术室是个无情而又迷人的地方。

很多时候，我们尽力地挽救一个生命。但是，我们没有成功。
很多时候，我们看着滴滴鲜血，我们心跳加速，我们屏住呼吸，我们不懈努力。但是，我们挽回不了那鲜红的血液。
很多时候，我们心情沉重。
很多时候，我们感叹世事的无情。

很多时候，我们为生命第一声响亮的哭声而喜悦。
很多时候，我们为一个生命的重生而欢呼。
很多时候，我们心情愉悦。
很多时候，我们感叹生命的顽强，我们因每一次妙手回春而发现医学的迷人。

作者：陈泓，中山大学孙逸仙纪念医院

碎片

记忆，唤起了幸福也唤起了辛酸。

——题记

2007年4月16日　星期一　晴

下午做了一台骨科手术：第4、5腰椎人工椎间盘置换术，手术选择前方入路，腹膜外进，不入腹腔。器械准备可谓充足，C臂机在一旁伺候。手术非常顺利。然而,在手术过程中却出现了一个让人为之疯狂的小插曲——"飞针"，对，针掉了！就在医生把带有缝针的持针器递回给器械护士时，针突然蹦飞了。

由此，我们开始了漫漫寻针路。由于飞针方向不确定，只能是无方向寻针。先是看，台上看手术野、敷料，怕的是针在手术衣或敷料上，结果见的只有绿色布上的斑斑血迹。台下趴在地上看，结果见的是花花地板，条条黑线。看来光用双眼看是有没结果，得借助工具，立即拿来寻针器（磁铁材质），满地板滚，滚啊滚，那情那景竟有点像"鬼子扫雷"，结果仍以失败告终。于是开始翻垃圾桶，检查台上扔下来的使用过的纱布，一块一块纱布认真地看、仔细地摸……连鞋底也翻过来看，可是"针"仍躲在秘密的地方。

10分钟过去了，15分钟过去了，手术不可能无休止地进行下去，此时唯一方法是透视，结果在患者身上没有发现缝针！可有些时候，C臂机也不一定能够发现缝针。缝针仍有可能在患者身体里。无论如何都要找到这枚针。时间一分一秒地过，手术医生着急，麻醉医生着急，我们更着急，我们开始重新翻垃圾，抖纱布……连鞋底也再次翻过来看。找不到这枚针，不能关闭手术切口。这是手术室板上钉钉的规定，是外科前辈们用血的教训总结出来的经验。动员了一切可动员的力量，仍未见缝针。半小时后，就在我们即将崩溃倒地时，奇迹出现了，像狂风暴雨中突然天晴出现彩虹。敏老师接班，在准备进入寻针行列时，在靠近手术间门口的墙边，奇迹般地发现了缝针，经我们和医生共同确认，正是手术中不翼而飞的小圆针。

于是，在一片感叹声中结束了这段惊心动魄的寻针历程……

有的时候，在手术中寻找一样东西就是这么困难，但再难，也要将它找出，为己为人。所以做一台手术你必须眼观六路、耳听八方，必须拥有一颗比最小缝针还细小的心。科室有一套既成熟又严格的规章制度，手术物品清点制度就是其中的重中之重。护士长在你身边走过路过都经常会考一下你。手术开始前，巡回护士和器械护士清点器械和纱布，并且会一一登记在点数单上。什么手术用什么器械包，这个器械包里有多少器械多少纱布，都有相应的规定。手术中临时增加的器械或者纱布均需要器械护士和巡回护士共同清点，再由巡回护士记录在点数单上。有时候，小手术没有配备器械护士，就由巡回护士和手术医生一起清点。

老师们会常常强调，我们不能让上一台的点数物品在下一台的手术间残留，点数单是手术室护士的生命线，数目要准确清晰，所有物品的去向必须一清二楚，必须确保零失误。既为患者安全，也为自己安心。

2009年7月3日　星期五　多云

昨晚，急诊的电话铃声划破了值班室原有的寂静。睡梦中我迷迷糊糊地听到儿科医生焦急的声音："患儿，4个月大，肠套叠，病危！术前准备已完成，马上送手术。"来不及思考很多，我赶紧起床，脸不洗，牙不刷，马上通知麻醉医生，准备手术。

10分钟后，孩子被送到手术室。接孩子时，孩子的母亲红着眼睛一直在为他唱歌谣，母亲不舍得放手，却又不得不放手把孩子交给我们。

接过孩子，关上手术室大门后，医生说原本可以保守治疗的，结果却被家属辗转转院拖到需要手术解决。一翻惋惜后。珊（化名）站在手术床边轻轻地拍着孩子，孩子很乖，不哭也不闹。躺在手术台上，逗一下他，他竟对我们笑了，很开心地笑。他不知道他已经被报了病危，他也不知道有一把手术刀在等着他，他更不知道他随时会有生命危险。他没有意识地笑着，天真、不含半点杂质。家人们在门外为他担心，为他无声地哭泣。一边是笑容，一边是眼泪。隔着一道门，笑者为所有人笑，哭者为笑者哭。

1小时、2小时……透过后走廊门上的玻璃，我们看到了天空深邃微白，毫无悬念，我们通宵了……送孩子出手术室将孩子归还到母亲怀里后，孩子家人不停地道谢。珊说："他妈妈终于没那么伤心了。"是啊，我们一夜通宵也只为还你天真无邪的笑颜，只为让你的家人再也不在你的笑容背后哭泣。

2015年10月25日　星期日　多云

早晨，睡梦之中，被护士长一通电话喊回科室帮忙，手术室搬新大楼，需要人手协助整理手术间。原本昨天答应女儿今天带她出去玩的，如今只能再次搁浅。

北院（分院区）来了很多同事，其实大部分都认识，有几个新面孔，应该很快也会熟悉。每个人都有自己的分工，大家都想着法子把自己新的工作环境整理得更好。

正当我帮着整理各种文件夹时，我听到有人喊我，回头一看，是叶老师（化名），一位与母亲同龄的老师。将近10年未见，她布满皱纹的脸上笑容依旧。回想刚参加工作时，叶老师还在手术室上班，每每与她搭档，她总是站在三脚台旁边，指导着我，像一颗定心丸，让作为新护士的我安心，所以有叶老师在时我配合手术也会得心应手，不用担心被医生责备。每到饭点叶老师都会关心我吃没吃饭、喝没喝水。闲聊时，她常常不经意地教我一些生活小秘诀，初入社会，她总能让我想起母亲。

而今，她已退休多年。回到手术室上班也不再是当初的岗位。作为手术室的辅助工友，叶老师推着装满无菌物品的车子，17个手术间依次添加备用物品。在十一室里，我站在无菌柜旁边，看着叶老师贴心地将每盒缝线的包装盒剪个缺口后再把纸板反折，这样方便我们拿取缝线，又不容易刮伤手。柜子里的每一样物品都整齐地按日期排放。她絮絮叨叨地讲着，什么东西该多放，什么东西该少放，什么科的医生喜欢用什么样的东西，什么东西放哪方便我们拿取……仿佛一切又回到了10年前，她仍不忘跟我分享她的经验，她没有因工作性质的改变而怠慢这份工作。

手术台旁的30几年，所有的规章制度、无菌原则已在叶老师心里根深蒂固，她没有让自己多年积累的经验就此荒废，这是一名老护士对手术室工作的挚爱。

2016年7月6日　星期三　阵雨

自从当上巡回护士后就很少上台了，经常都是在台下跑，一天下来走个一两万步绝对不成问题。刚搬新大楼不久后的一天跟曹老师（化名）搭台，曹老师看我忙前忙后走个不停说："昨天我看谭护士长走了一万多步，护士长健身么？还是在手术室里走的？"我说不知道，但是手术室那么大，走个一两万步很正常。于是曹老师打趣说："每天一万步，在手术室工作真是上班健身两不误。"

难得我今天不用上班健身两不误了。护士长安排我上台，而且是乳腺外科的手术，这简直就是器械护士中的"贵宾待遇"。可是往往高兴过头就会有悲伤。陈凯医生手术没有一助，于是我这个器械护士就理所当然地兼职了"拉勾"。在手术临近结束时，他发现了一条小血管出血，不用说赶紧拿血管钳钳夹后用电刀笔电凝，负责"拉勾"的我就变成了提血管钳的了。电凝的声音响起，我的手指突然一阵刺痛。手套破了，我的小拇指上多了一个小焦痂，那是一种十指连心的疼痛。所幸患者的各种检查均为阴性。伤口没流血，简单地清洗包扎后，我又洗手上台了。我还没有时间心疼自己，便接着完成手术。

　　每一台手术我们都必须百分百保障患者安全，可有时候我们却保障不了自己的安全。每天与锐器打交道，虽然总是小心翼翼地保护自己、保护他人。可往往受伤的总是自己。常常因为走路太快被器械台、车床、圆凳……撞一下膝盖，偶尔也会在处理完患者后一抬头被手术灯撞一下，可每次都还没来得及查看自己碰撞后的身体，便要立即进行下一项护理操作。手术医生等不了我们，麻醉医生等不了我们，患者更等不了我们。我们用纤弱的身体支撑着手术室这个承托着生命重量的地方。

<h3 style="text-align:center">2017年10月19日　星期四　多云</h3>

　　小学生作文常常会写《我的妈妈》，记忆中我也写过《我的妈妈》，且不止一次地写，我笔下的妈妈一直是那个最爱我、最关心我、最能陪伴我左右的人。小时候，每次我把作文给母亲看，她总是眉开眼笑，甚是满意我笔下的自己，而现实中母亲也确实如此。

　　今天，女儿在学校课堂上写的作文，老师要求带回家修改，作文的题目便是《我的妈妈》。当我满怀期待地拿起自己女儿写的《我的妈妈》时，我却呆住了。作文中女儿写道："我的妈妈在医院手术室上班。有时候我一整天都看不到妈妈。"这跟我想要的相差甚远，谁不想听到孩子对自己的夸奖与肯定，于是为了让自己能做一名女儿作文里有爱的母亲，我让她重写了，我让她仔细想想妈妈平时是怎样爱她的。

　　于是第二次，她写道："妈妈在医院手术室上班，我有时到医院给妈妈送饭都没有看到妈妈。有时我一天都看不到妈妈，妈妈她很忙。"看来，经她再次在脑海里搜索整理后发现，妈妈不是一天都没看到，而是一两天都看不到，还需要她到医院送饭，即使把饭送到了也见不到妈妈。但是执着的我还是想看到孩子对我的表扬或者是不切实际的歌颂。于是一翻洗脑后我又婉转地告诉她，你的字写得太潦草了，不如我们再重写一遍，顺便把作文再修改一下，让它变得更好。

　　当她第三次把作文递到我面前时，我湿了双眼，孩子依旧写道："妈妈在医院手术室上班，我有时到医院给妈妈送饭都没有看到妈妈。有时我一两天都看不到妈妈，妈妈她很忙。"我问她，你为什么一直强调"我一两天都看不到妈妈"，女儿说："我想每天都能看到你。"是啊，孩子渐渐长大了，她不再满足外婆每天无私的关爱与陪伴，她想要的是妈妈。试问自己，从2010年女儿呱呱坠地，我究竟陪伴了她多少时间？早出晚归，一整天不回家更是家常便饭。每天出门上班时孩子没起床，下班回到家时她早已在外婆的身边进入梦乡。在手术室上班说是每天工作7小时，但是往往只知道上班时间，却不知道下班时间，一切充满变数。手术没做完你不能走；手术做完了，手术间没整理好，你不能走；明明手术做完了，手术间也整理好了，可这个时候却来了个急诊手术，所以你还是不能走；晚上、周末、节假日随叫随到。女儿上了3年幼儿园，我接送她的次数十个手指头都数得过来，现在女儿读小学二年级了，我也仅仅是在她成为小学生的第一天送过她去上学。我不否认自己是个不合格的母亲，上晚班时，我完全可以起来为她做一顿早餐然后牵着她的小手送她去学校。可是我没有，因为我必须保持像打了"鸡血"一样的状态在手术室中冲锋陷阵，我必须保证我的患者在我精神饱满的状态下完成手术，我必须保证我的工作万无一失。

　　昨天下午，谭淑芳护士长说为《手术室护士故事》写一篇文章吧，最真实的故事就好。晚上，我坐在电脑前，望着空白文档中闪动的光标许久。手术室里没有惊天动地的故事，我们也仅仅只是在完成自己平凡的工作、过自己简单的生活而已。于是我翻开日记，在日记中忆起这些年来自己在工作、生活中的碎片，形成此文。谨以此文献给仍然坚持在临床一线的手术室护士。

作者：陈泓，中山大学孙逸仙纪念医院

常有感动伴我前行

一盏洁净明亮的无影灯下，有一抹绿，日出而作，日落无息，一丝不苟地默默工作。

在手术室工作近两年的时间，我切身感受到手术室工作的特殊性，这个被外界看似冰冷的地方，却时常有感人的故事发生。每一份感动，都让我如沐春风，难以忘怀。在我身边的绿衣天使们，对待工作兢兢业业，一丝不苟；对待患者细心呵护，关怀备至；她们每天都在与生命赛跑，与死神抗争。

夜已深了，明月当空，繁星点点。就是这样一个宁静的夜晚，一位躺在手术床上的患者，有一群医护人员废寝忘食，不知疲倦地为他跟死神战斗，守护着他的生命。

窗外夜色撩人，手术室却灯火通明。时间已是夜晚10点，手术室间内，手术医生、护士、麻醉医生齐心协力，仍在为这位右肝巨大肝癌并有多处肠转移的患者做手术，从下午1点开始直到晚上10点，大家依然不知疲惫战斗在手术台第一线；当我抬起头与主刀医生四目相对时，尽管没有片言只语，却感受到医生眼神中传来的那份坚定，于是我的内心充满了力量，继续做医生坚强的左膀右臂。

肚子里发出的"咕噜咕噜"的响声，打破了室间的寂静，到了晚上11点半，我终于等来了接我班的人，终于下了手术台，拖着疲倦的身躯，心里暗暗埋怨着直到现在才可以吃晚饭。但当我到了餐厅，看见还有很多盒晚饭整齐有序地摆放在餐桌上时，心里的怨气释然了。我似乎忘了饥饿，想着还在台上挨饿奋斗的同事们，鼻尖竟酸楚了起来。也许我付出的仅仅是一时的饥饿劳累，但是对于患者来说，手术却影响他的一生。

凌晨一点，我已筋疲力尽，却辗转难眠。我曾以为自己很刻苦，我曾以为自己很无私，我曾以为自己很敬业，但我不知道的是在这样的深夜，还有多少饿着肚子继续在手术台上奋斗的同事们，为患者宝贵的生命而竭尽所能。这次的经历，只是我们日常工作的一个小小缩影，或者多年以后，我会忘记今夜所发生的事情，可同事们工作时的那份坚持、那份认真将让我终生难忘！

每天在手术室里我都能看见很多感人的故事，因为手术室里有一群热爱生命、废寝忘食、始终不渝坚守在工作岗位上的医护工作者。我很庆幸自己能来到这个温暖的科室，跟着大家一起做患者生命的守护神！

手术室就像一个永无休止的战场。也许你已进入梦乡，但仍有人为了挽回患者的性命而不眠不休！人间正道是沧桑，为白衣天使们点赞！

作者：李少蓉，中山大学孙逸仙纪念医院

敬畏生命

　　你是怎么称呼护理行业中的男性工作者的呢？男护士？男姑娘？还是男丁格尔？不同的人会有不同的答案，甚至有人会反问，有男性护士？而大家更好奇的是为什么会有男性从事护理工作。这也是我自大学开始一直疲于回答的问题。

　　为什么我会选择护理学这个专业？抱歉，在我大学二年级之前我也不知道为什么，在此之前，我每天纯粹是机械地完成所谓的学习任务。因为我不喜欢这个专业，那段时间我很迷茫，不知所措。然而，在某一天的基础护理课上，老师在上完一节课后突然很严肃地对我们说："我知道你们当中很多同学都不是自愿选择这个专业的。换句话来说，很多同学都不喜欢这个专业。但不能因为这样你就可以马虎地应付每一次专业课、每一次操作、每一次考试。说实话，我也不喜欢现在这份工作。对我来说，这份工作只是我养家糊口的手段。但我不会随便应付每一次备课、每一次操作示范，因为我要对你们负责，不管你们当中以后从事护理工作的人有多少，都需要对每一位患者负责，而我的工作也是间接地对每一位患者负责。所以，我不管你们喜不喜欢这个专业，我都希望你们认真对待这个专业，工作之后认真对待每一位患者。"

　　我不知道当时有多少同学真切听到了老师的这番话，反正我听到了，而且记住了。所以，从那时候开始，我就觉得自己为什么会选择这个专业已经不重要了，因为无论怎样我都要认真对待。同样也是这个原因，毕业之后我选择了尝试从事护理工作。

　　幸运的是我从一开始就在手术室工作，为什么说是"幸运"？因为实习的时候男性这个身份给我带来了很多问题。虽然我不在乎，但还是给我的实习带来了很多不必要的麻烦。而手术室是一个性别相对模糊的科室，甚至男性在工作上更有优势，所以说我是幸运的。

　　刚参加工作不久，我遇到了一位男性患者，依稀记得他30岁左右，拟行右

148

半结肠癌根治术。做手术的那天早晨我把他接进手术间，准备好所有用物，常规进行三查七对之后，开始对他进行留置针静脉穿刺，穿刺之前我像往常一样对患者说："这个针比病房的粗，会痛一点。我现在开始给你打针了。"由于患者几天前就开始进食减少，血管的情况比较差，穿刺有点困难，患者也因此有意见，毫不客气地说："你打针怎么这么痛！如果在外面你早就被我打了！"我是第一次听到有患者这么对我说，当时就懵了。以前那么多的穿刺经历，没有一个患者说痛，现在竟然被威胁了！但我还是耐着性子、心平气和地跟这位患者解释，并且进行了口头道歉，毕竟自己的专业技术还有待提高。这次之后我会有意无意地观察高年资老师的穿刺手法并且不断请教，后来慢慢地，有患者开始当面夸我穿刺的手法很好，一点都不痛。这些小小的称赞也成为我不断追求进步的动力。

回到开始的问题，为什么我会从事护理工作？现在我的回答是：不仅是要对自己的选择负责，更多的是出于对生命的敬畏。世界是斑斓多彩的，生活也是如此，好与不好都摆在你面前，辨别权永远取决于你思考的角度以及深浅。很多患者是怀揣着最后的生命希望进入手术室的，他们对手术室里的每位工作人员都毕恭毕敬。在接触了越来越多的患者之后，我真诚地敬畏患者的那份生存意志，慢慢地，我越来越在意自己有没做好今天的工作，有没有对患者多一点关怀。

应该怎么称呼男性护士？这已经不重要了。无论男女，我们是一个集体，我们都对生命怀有敬畏之情。

作者：罗祥辉，中山大学孙逸仙纪念医院

守护心灵的温度

在医院中有这样一群护士，不同于"白衣"天使，他们身着绿衣、没有燕尾帽，整日被手术帽与口罩武装着，留给你们的只有一双眼睛，争分夺秒、抢救生命是他们工作的日常，通宵达旦、解除病痛是他们工作的常态，心无旁骛、情系医患是他们工作的写照，他们就是手术室护士，无影灯下的"绿衣"天使！

提到手术室，大家的第一印象是什么呢？害怕、神秘还是忙碌？我回访了许多术后的患者，让我出乎意料的是，收获的答案却是一个字"冷"。为了保障手术的顺利进行，手术室的温度和湿度必须控制在一定范围内，例如温度要维持在21 ℃~25 ℃，是不是光听这个数字都觉得有点冷？除此之外，麻醉药、静脉输液、皮肤消毒等都会导致患者热量的流失，这样就有很有可能会导致患者体温降低，让患者"冷"。

我还记得多年前的一天，我正在手术室间工作，忽然麻醉医生气冲冲地向我走来说："上一台的患者在恢复室恢复3个小时了。"我诧异地问："为什么？"他大声吼道："为什么，还不是发生了低体温……"听到这里我脑袋嗡的一声炸开了，思绪被拉回到几个小时前，那是一台经尿道膀胱镜检查手术，短短几分钟手术就结束了，快到我根本没来得及认真对患者做保暖措施，手术结束后，患者生命体征一直不平稳，开始我认为是患者年纪大了，才会出现这样的问题，没想到竟然是我的疏忽所致，万千懊恼涌上心头，我不停地对自己说，如果当时房间里温度能上升一度，如果当时我能为患者多加一层被子，如果当时冲洗液温度合适，如果……如果……可惜没有如果……

在这之后的每一天，我上班第一件事就是调高室温，检查患者有没有盖好被子，不时地用双手去感受患者的体温，竭尽全力地做好每项保暖措施，让低体温远离我的患者！

随着工作时间的推移，我对患者的保暖护理也更加娴熟，但令我不解的是，即使所有的保温措施我都做到了位，甚至有时可以看到患者的额头已经布满了一层密密的汗珠，可他们还是不停地说："姑娘，我冷。"直到有一天，我去参加一个非常重要的面试，在炎炎的烈日下，我依旧紧张得瑟瑟发抖，口中不停喃喃着"冷"！忽然患者的脸庞浮现在我的脑海中，长期以来困扰我的谜题瞬间解开，原来紧张也会让人感觉"冷"啊！长期以来我竭尽所能保暖了患者的身体，却没有守护他们心灵的温度！

找到问题的根源后，我马不停蹄地回到医院，去看望明天手术的患者，一位妇科患者，通过与她的交谈，我得知她是因为不了解手术室才感到紧张，于是我向她详细地介绍了手术室的环境，解答了她的困惑，分别的时候我握着她的手对她说："明天见。"她的手，很温暖。

第二天上班，我看见她在患者等待区缩成一团，心想："不好，她很冷"。马上走过去和她打招呼："你好，我是小李，还记得我吗？"她抬起头，暗淡的眼眸一下子迸发出了光芒，她开心地握着我的手说："记得，记得，看到你我就不紧张了。"那一刻，她的手，很温暖。

手术非常成功，三天后患者就出院了，出院前，我又去看望了她，四目交汇的一瞬间，她红了眼眶，握着我的手连连道谢，她的家人在一旁也不住地说着感谢，临别时我和他们一一握手告别，他们的手，都很温暖。

但我的心，更暖。原来，一个真挚的眼神，就可以打消患者的忐忑；一次热情的解答，就可以消除患者的紧张；一声关切的问候，就可以守护患者心灵的温度！

美国著名医生特鲁多在墓碑上写着"有时，去治愈；常常，去帮助；总是，去安慰。"我将这三句话作为自己的座右铭。随着从业时间的延长，我越来越能体会这句话背后的含义，我们或许无法治愈所有的患者，但是当面对病魔时，我们可以握着他的手告诉他，别怕，我们在这里，我们会竭尽所能帮你，当痛楚袭来时，我们可以站在他身边告诉他，放心，你不是一个人，我们在一起战斗！

作者：李瑛，中山大学孙逸仙纪念医院

月亮天使

——谨以此文献给所有共同奋斗在手术室前线的兄弟姐妹们

我相信
天使落到凡间
应该就是你的模样
我的月亮天使

细致审慎
大爱无疆
总能在紧急关头
给人温暖和希望

三尺的无影灯下
是你的主战场
与医生并肩
共同把病魔阻挡

绿色是你的信仰
当无影灯开亮
仿佛号角吹响
你早已整装待发奔赴战场

勾，镊，钳，剪
刀，枪，针，线
是你手中的武装

专业精准阻敌于前方
从清晨到夜深
由年少到白头
岁月晕染了你的发梢
时光将容颜写满沧桑

有时心里迷茫
为啥天使也会受伤
因为落到凡间
便是人类的模样

纵使前路困阻
无悔当初理想
心中爱念永藏
应使人间无殇

作者：邱逸红，中山大学孙逸仙纪念医院

蜕变

手术室是进行疾病诊断、手术治疗及抢救的重要场所，一年365天，日日夜夜，从没有停止运转的步伐！这里，一天24小时，分分秒秒，从没有停止接台的旋律！这里，是没有硝烟的战场！

早上8时，随着第一批患者被送入手术室，我们忙碌的一天开始了，接待、安抚患者，舒缓他们的焦虑情绪，做好安全核查，准备各种手术用物，聚精会神地配合各种手术，经常一站就是十几个小时，在这期间不吃不喝。因为我们深知患者以生命相托、自己不能有任何一个小小的失误。

就是这么一群朴实而优秀的护士，有着不一样的成长故事。

我是一名刚入职的护士，他们都叫我小佳。第一天上班时，迎接我的是热情的护士长，她给我们介绍手术室的专科特色、护士培训计划以及对我们的期望。护士长带领我们熟悉手术室环境，从温馨的生活区到整洁的手术区，一种眼花缭乱、焕然一新的感觉扑面袭来。传说中的一体化手术室，没想到这些高大上的仪器现在触手可及。护士长说这里进行的手术可以同步播放到3楼的大会议室，还可以进行全国网络直播。还有术中放射治疗仪，在进行术中放射治疗的时候，医护人员只需站在监控室就可以看到手术室间的情况，既保证患者的安全又可以做好职业防护。在接下来的一周里，护士长亲自对我们进行了详细的入职培训。

经过一周的培训，我已经初步掌握了一些基础操作，能够在老师的指导下熟练地摆台，正确地点数，老师也很满意。还记得我第一次上台配合手术，尽管已经做好了充分的准备，但心理还是七上八下的，我不断地问自己："我可以吗？我可以吗？我可以吗？"医生的行为已经回答了我的问题。在手术过程中，我由于紧张连续3次传递错器械，医生只是默默地把器械放下，但是那无声的举动充分表达了他的无奈。在老师的指导下，这台手术总算结束了，但是沮丧代替了最初的兴奋与期待，我完全被失落的阴影笼罩，我希望自己可以做好。师姐告诉我，失败并不可怕，可怕的是向失败低头。以后还会有很多培训，只要多看、多听、多学，一定会有收获。

在老师们的指导下，6个月后我终于能够很好地完成一台大手术的配合。主刀医生每一次赞赏的眼神、每一句肯定的话语，都是激励我成长的动力。保持初心，和大家一同进步，我相信自己可以做到更好！

很快，我就进入了夜班工作，我的搭档老师是阿亚师姐（化名），一名工作4年的护士。经过科室3年多第一阶段和第二阶段的护士培训，她已经能够熟练地完成各专科的巡回护士和器械护士的工作，基本掌握了各种急诊手术的应对处理方法，也已经跟随老师轮值夜班两年多。当我第一次和她一起上夜班的时候，她告诉我她的心里很忐忑，既兴奋又担心。夜晚接班之后，她要根据手术专科特色协调好各位同事的工作，合理安排余下的择期手术，随时准备应对急诊手术。今晚不再有老师提醒她该注意这个，不要忘了那个。今晚，我们要独立地完成夜班的工作。她不断在心里祈祷，希望今晚能平安度过。

凌晨1点多，我们终于忙完了工作。普外科总住院医师的电话划破了夜晚的宁静，有一位肝破裂的患者需要进行紧急手术。

"师妹，现在有一台肝破裂的急诊手术准备在12号房进行。你先去准备手术器械，我来通知麻醉科值班医生并进行房间的准备。今晚将有一场硬仗，我们一起加油！"

患者很快就被推入了手术间，并进行手术。患者生命危在旦夕，抢救工作有条不紊地进行中。时间一分一秒过去了，患者终于被抢救回来了。看着患者安全地离开手术室，我们悬着的心终于落了地。

心有多大，世界就有多大！小小的肩膀，也可以承担重任！

普外科专科组长泽华老师（化名），在手术室工作15年，从事普外科专科工作也已经有10年，参与过各种大大小小的普外科手术，包括巨大肝癌切除、血管重建、肝移植等。普外科涉及的诊治范围很广，手术方式多样化，所以普外科手术的器械也种类繁多。作为专科组长，她经常定期检查器械是否齐全，与各科教授沟通不同手术的体位摆放、手术中配合的注意事项，并将这些信息总结制作成工作指引，供其他护士们参考，更好地完成工作。她还定期进行护理查房，针对专科特色对护士进行各种仪器及体位摆放等的培训。一些年轻的医生和护士喜欢称呼她"泽华老师"，可能是因为她平时喜欢给我们讲一些手术相关的解剖、护理配合要点。她说希望能够将自己10多年的经验告诉更多的人，让大家有所受益，更快地成长。

无论是阿亚，还是泽华老师，他们都是在日复一日的工作中不断蜕变成长。她们的今天也是我不断努力想变成的明天。

无影灯下，生命相托，平凡岗位，奉献拼搏，是我们工作的写实。相信在大家的共同努力下，手术室护理的明天会更好！

作者：王素芳，中山大学孙逸仙纪念医院

有天，我将成为你

　　你见过什么样的护士？是穿着白色制服，戴着燕尾帽的天使，还是说话轻声细语，举止温婉尔雅的女神。可你见过手术室护士吗？有人说，手术室护士就像医生的左膀右臂，无影灯下他们与医生并肩作战，密切配合，争分夺秒，守护生命。他们在传递物品时，主动敏捷，天衣无缝。他们心有大局，忙而不乱。他们每天穿着一袭绿衣，虽然看不到彼此的脸庞但他们坚毅的双眼仍传递着生命的力量。比起温婉，他们更追求严谨；比起轻柔，他们更享受节奏。他们的工作支撑起手术室最烦琐、也最严谨的日常……一切的一切让新入手术室工作的我望尘莫及，但我相信，只要我不懈努力，有天，我也能成为他们。

　　凡事总有过程，而我要成为他们的过程并不容易。从我进入手术室第一天起，就开始进行系统的理论学习与操作培训，护士长亲自示范各项手术室基础操作。外科洗手并没有书上描述的那么简单，为了零菌落培养，我们必须一丝不苟。利索地穿手术衣，规范地戴手套，还有那一步到位地摆台都需要严格遵循无菌操作原则。培训的日子充实而又紧凑，我们认真地听、勤奋地练、努力为接下来的工作打下扎实的基础。

　　然而现实并不美好，一周的培训后第一次上手术台的我，对手术流程还不熟悉，反应常常慢半拍，三番五次递错器械，医生虽然沉默不语，但严厉的眼神已经让我感受到了对我手术配合的不满意。手术瞬息万变，那一刻我意识到单靠模拟练习是远远不够的，最后在带教老师的耐心指导与讲解下，我勉强完成了这台手术。

　　下台之后我带着满腹疑虑寻求带教老师的帮助，他耐心地一一解答，还教会我要用心观察老师们平时的工作细节，认真总结每次手术的配合经验；工作之余，与小伙伴们交换手术笔记，分享手术配合心得。有了这样的准备才有足够的把握踏上手术台，才能逐渐在手术室工作中独当一面。

　　于是，在接下来的三个月里，我成为"见到月亮比见到太阳机会更多"

的人。正所谓师父领进门，修行看个人。带教老师只是针对每个类型的手术带着我们配合一两台，以后就全靠我们自己了。为了让自己能尽快得到医生的赞许，同事的肯定，每天早上07：15我便到达科室开始准备手术物品。物品齐全了，我的手术配合也就成功了一半。每天下班后我都会查阅第二天的手术病历，了解患者病情，回家后再查看相关的解剖及手术配合指引，总结整理当天的手术笔记，第二天及时与带教老师探讨。逐渐地，我的手术配合得心应手，老师批改的手术笔记红笔修改的内容也越来越少。

终于有一天，我发现我配合手术时，医生不再回头看我、我递上的器械他们不再默默地放下。我也从刚开始时，因估计不了手术时长担心中途上厕所，每天早上我都不敢喝水。到后来一看手术名称及病历就能预计每台手术大概需要的时长。我告诉自己，作为手术室的新鲜血液，我终于对得起这一身绿衣，对得起带教老师的循循教导。但这只是第一步，庞大的手术室护理体系，有着太多太多的内容需要我不断地学习。无影灯下，患者生命相托，各类手术、各种突发情况的配合和处理，失之毫厘，差之千里……我必须做到胸有成竹。

以前的我们仰望专业的手术室护士，而有一天我们也终将成为他们，把博爱、崇德、求精、奋进的精神传承下去。

作者：王素芳，中山大学孙逸仙纪念医院
陈泓，中山大学孙逸仙纪念医院

一个手术室里 "不称职" 的可爱妈妈

今天，女儿终于踏入广州市第6中学校门，终于成长成为一名高中生啦！我心花怒放，异常高兴！庆幸女儿能考入理想的高中。

上午12点多，手机铃声响起，"喂，您好！" "您好，请问是陈茵茵妈妈吗？"

我："是的，您是？"

"我是6中的老师，姓奚，是茵茵的班主任，想向您了解茵茵小学及初中时，在班里或学校的任职情况，以便我们更好地掌握学生整体情况。"

我："老师，您好！"

我一边拼命在脑海里搜索，一边对老师说："感谢老师在开学第一天就这么尽职尽责，对学生进行摸底，茵茵在学校或班级的任职情况，我……真不好意思，奚老师，我，我，我不太清楚！老师，对不起……。"

那一刻，我感到无比愧疚，无比懊恼，仿佛还能感受到老师的失望与惊讶！老师心里肯定暗暗感叹：世间竟然有这样 "可爱" 的妈妈！但奚老师还是非常善意地安慰我："茵茵妈妈，没关系的，我们也知道有些家长工作很忙，今天只是了解一下情况。"

挂了电话，我陷入了沉思，在女儿成长的路上，作为一位妈妈，这些年，我都做了些什么？付出了哪些？女儿的学习情况如何？取得了哪些成绩？无论我怎样费力地在大脑的信息库里搜索，都提取不出任何有用的信息！人生说长不长，说短不短，一直以为还有时间去陪伴、去感受女儿的成长，可是瞬间发现其实那些你以为还有的时间早已在你眼皮底下悄悄溜走。

手术室里我可以将全部身心在患者身上付出，可以看不到看不到下班时间继续加班、可以随叫随到，却一直 "吝啬着" 对女儿的爱。如今，女儿长大了，在她脸上已经鲜少看到矫情的容颜，她表现出了越来越多的独立与坚强。

女儿告诉我："妈妈，在我记忆里每天早上天刚蒙蒙亮，你就叫醒我，洗漱，更衣，匆忙出门，按响幼儿园门铃，把我托付给幼儿园老师，然后你转身就去上班；有时我刚要叫一声"妈妈"，就已看不见你的身影。晚上呆呆望着幼儿园的大门，看着小朋友们一个一个被家长接走，可我总是等啊等，就是没看见妈妈你出现，幼儿园里的拼图我拼完又拆，拆完又拼，终于等到爸爸来接我了！回家后我睡着了，您都还没回来，您总是妒忌我跟爸爸无话不说，显得更亲近。可这能怪我吗？陪伴我更多的是爸爸，等你下班了，我又睡着了。但我知道，您都是为了工作，为了患者，手术没做完，你就不能下班。妈妈，说真的，小时候我挺埋怨您的，但现在我为您感到自豪，你们用弱小的肩膀肩负着每一个患者对你们的期盼！"

听着你"秋后算账"地述说，听着你善解人意地告白，我有点心痛，但更多的是欣慰，感谢家人一直理解及支持。我只是手术室里的一分子，只是我们手术室里那些"不称职"的可爱妈妈们一个普通的缩影。

手术室护理工作平凡但又不简单，在救死扶伤第一线，我和所有同行们一样心里记挂的往往只有患者的安危，争分夺秒认真负责配合医生完成手术就是我们的天职。

当每天拖着疲惫的身躯，望着夜空的星星点点，走在回家的路上，心里暖暖的，在华灯璀璨的夜晚，感恩生活，守护生命，我是一个手术室里"不称职"的可爱妈妈。

作者：赵海璇，中山大学孙逸仙纪念医院

心灵感悟——人文关怀伴我行

从事手术室护理工作20年，总有那么一些患者能触动你的灵魂。还记得那天，心情非常沉重，皆因第一台手术是一名6岁小男孩的截肢手术。

小男孩因病魔折磨已接受了各种治疗，一有医护人员摸他的手，就条件反射般地颤抖、挣扎，不愿意跟随护士进入手术室，在手术室门口抓住妈妈的手哭着、喊着，那清澈、无助的眼神深深地刺痛了我！我心里在暗自叹息，协同患儿的妈妈，安抚并告诉他："小宝现在脚很痛，但来到这里，医生伯伯给你摸摸，一会就不痛了！"说着说着，我都心虚了，不敢想象小男孩在手术清醒后，发现自己没有了一条腿，不能像其他小朋友一样正常行走，不能像其他小朋友一样玩耍，他那幼小的心灵如何能接受这样的现实？那时的他会是怎样的心情！

这头安抚完患儿，将他接入手术间后，那边患儿的母亲在患儿离开怀抱的刹那，瘫倒在地上，之前为了安抚孩子而强忍住的眼泪此时就像断线的珠子，哗哗流下！一边抽噎，一边诉说："老天爷为什么这么不公平，他还这么小！"

我知道，此时所有安慰的言语对这位母亲来说，都是那么的苍白无力！我拥着她的身体，握着她的手告诉她："身体生病，不是我们所能控制的，但既然生病了，就要相信医生，配合医生进行治疗，每一项治疗都是医生们经过深思熟虑、再三考量后做出的最好的策略。只有生命才是最重要的！孩子现在更需要您，他需要您的鼓励、关怀和照顾，这个时候，您必须坚强、必须勇敢面对，必须给孩子最有力的支持……"

患儿妈妈渐渐冷静下来，深吸了一口气，握紧拳头，重重地点了点头，脸上露出坚毅的神情。而我沉重的心情在此刻也逐渐舒缓，是的，在患者与疾病作斗争的路上，我们医务人员一直与患者及家属同在。

手术室的工作环境是封闭的，对绝大多数患者来说，这里绝对是一个既恐惧又神秘的地方，很多患者是第一次来到手术室，第一次经历手术，也许他们一辈子只经历这一次！孩子可以用哭闹来表达他们的恐惧，而大人呢？所以面对患者的这种体会及感受，我们手术室护士应运用专业知识，运用人文关怀理念，创建温馨和热情的服务环境，结合患者的实际情况，给予有效疏导，在手术全程用通俗易懂的语言、得体的行为、精湛的技术，从细节入手，让患者切切实实感受到来自护理人员的真诚与关爱，感受到来自手术室里的温暖。

人们常说"没有关怀，就没有护理"。护理因为融入了人文关怀，其内涵才丰富和深刻，而护理工作也因融入了人文关怀才显得伟大和高尚，并被人们所称颂。关怀每一位患者，善待每一个生命，说到底就是一句话——一切以患者为中心。

正如冰心老人所说：爱在左，情在右，走在生命的两旁，随时撒种，随时开花，将这一径长途点缀得香花弥漫，使穿枝拂叶的行人，踏着荆棘，不觉痛苦，有泪可挥，却不是悲凉。

作者：赵海璇，中山大学孙逸仙纪念医院

我要让手术室不再冰冷

提起手术室，很多人就会觉得恐惧和神秘，担心手术是否顺利，担心是否疼痛难忍，担心手术的愈后如何；提起手术室，人们马上会想到冰冷的色调：冰冷的手术台，冰冷的器械，冰冷的仪器和严肃的医生护士以及令人窒息的气氛。在我心中，一直有一个声音在呼喊，我要让手术室不再冰冷！于是，在19岁那年，带着青春的梦想，我主动申请到手术室工作。如今我已是一名有18年工龄的手术室护士，在这18年中，我一直默默地在平凡的岗位上用真诚的心、温热的手为患者送温暖，为手术室贡献自己的一点余热。

1 孩子别怕，手术室里很温暖

记得2010年的冬天，我接诊了一个1岁5个月的宝宝，准备行骨盆截骨内固定手术，我和麻醉医生来到手术室门口准备把宝宝抱进手术间进行麻醉。但宝宝好像知道自己将要独自面对一场生命的赌博，进入一个恐怖的世界似的，双手和双脚紧紧地缠绕住妈妈的身体，哇哇大哭，那闪着泪花的大眼睛一眨一眨的，好像在对我诉说："阿姨，我害怕，我要妈妈！"简单的诉求：她只想要妈妈陪着。

但是，手术室的行业规范不允许，强行抱进去会对患儿幼小的心灵造成创伤，可能会影响他日后的人格发育，怎么办？这时，宝宝好像读懂了我心中的困惑，居然停住了哭声，然后目不转睛地望着我，我心头一热，尝试着伸出手去摸摸宝宝的手，可能是我那温热的双手在寒冷的冬天里，在寒冷的手术室门口所特有的吸引力吧，宝宝居然主动顺着我的双手爬到我怀里来，很快又很不舍地想扑回妈妈怀里。我深知这是一个良好的开端，决不能轻易放弃，于是我把口罩摘下来，让患儿能更清晰地看到我的微笑，感受我的真诚，我把患儿紧紧地拥入怀中，像抱着自己的女儿一样一边轻轻地摇晃着，一边来回地走着，慢慢地，患儿被我的"温暖"感化了，一双惊恐的大眼睛望着我这位不是妈妈的"妈妈"，情绪渐渐地安静下来，乖巧地躺在我怀里，不哭也不闹，眼神里流露出对我的亲近和信任。

终于，患儿在我怀里睡着了，我们可以顺利地抱进手术间麻醉了。当做完手术把患儿送到门口时，妈妈第一时间抱起宝宝，摸摸宝宝的手，摸摸宝宝的脚，原来紧锁的眉头舒展开来，眼里闪着泪光说："好暖啊！真心感谢！"一句简单而又平凡的话语，竟使我流下了热泪。一刹那间，一股从未有过的体验蓦然涌上了心头：手术室在患者和家属的眼中是冰冷的，但一个微笑、一个眼神、一个小小的动作就能使患儿忘却恐惧，备感温暖，避免对患儿幼小的心灵造成创伤，影响日后的人格发育。我要让温馨情节经常出现，让人忘却冰冷的手术，感受温暖。

2 小平凡，大温暖

然而，现实并不如想象中那般美好。我们每天面对的是一张张被病痛扭曲的面孔，听到的是一声声长吁短叹，一阵阵抽泣呜咽……但我只是一名普通的护士，我能为患者解决什么问题呢？我能为患者送去什么温暖呢？我苦恼过、迷惘过；苦恼迷惘之后也曾动摇过、退却过。但有一件事深深地触动了我，使我从迷惘中寻回了自我，在退却时坚定了初衷。

那是10年前一个初冬的深夜，当我正甜甜地酣睡在温暖的家中时，一阵急促的电话铃声把我从梦中惊醒，"有急诊手术，快来参加抢救"。

我不得不将舒适、温暖抛在身后，顶着刺骨的寒风向医院奔去。漆黑的深夜，冷清的马路，呼啸的北风，我的心里有说不出的沉重。可当我疾步走上手术台，面对那张被病痛扭曲的面孔和那双祈盼生命的眼睛时，同情之心、爱怜之情却又油然而生。无影灯下，我们和死神作斗争，我们同时间争分秒。手术成功了，患者脱险了，主刀医生拍着我的肩膀说："手术很顺利，幸亏你及时赶到。"

当我们把患者推出手术室告诉家人："手术做完了，很顺利！"一句简单而又平凡的话语，竟使焦急等候的家人流下了热泪。一刹那间，一股从未有过的体验又蓦然涌上了心头：原来我的岗位是如此的重要，它不仅维系着健康、快乐，它甚至维系着一个人的生命。那一刻我深深地体会到，无影灯虽然不是世界上最美丽的灯光，但它一定是世界上最重要的灯光，它点燃了无数患者和家属的希望，为生命垂危的患者带来一丝丝光明。我也明白了一个真理，在平凡的岗位上，同样可以发挥自己的作用，用真诚的心，温热的手，真诚地对待每一个生命，明白平凡也能创出佳绩，使温暖入心田。

创优无止境，服务无穷期。在手术室这个平凡的岗位上，我要坚持以人为本，秉承着"博爱、崇德、求精、奋进"的精神，让人文光辉在无影灯下更加耀眼夺目，用真诚的心、温热的手让患者和家属忘却手术的冰冷，备感温暖，我要让手术室不再冰冷！

作者：张春燕，中山大学孙逸仙纪念医院

生命的摆渡人

每一个镌刻着爱与善意的灵魂，都会成为我们生命里的摆渡人。

——题记

转眼间，到手术室工作已经有3个多月了，回想起这3个月的点点滴滴，内心感慨万千：无影灯下的你我他，在生命面前扮演着什么角色？作为职场的新人，我感受到手术室护士与临床护士不一样的风采。

当人们还在睡梦中的时候，我们踏着晨曦，迎着朝阳，开始一场场生命的接力赛；四方手术间，三尺手术台，刻印着一个个忙碌的身影；一袭绿色手术衣，一顶蓝色手术帽，一张蓝色口罩遮住的脸庞下露出两只明亮的眼睛，这是人世间最美的装扮。我们从容自信地走在守护生命的路上，走在坚信逐梦的路上，我们会成为值得托付生命的人。

作为手术室护士，我们是最容易被患者遗忘的；不同于普通病房的护士，患者可能连手术室护士的名字都不知道；但是在与患者短暂相处的过程中，我们依旧尽自己最大的努力让患者感受到温暖与优质服务；不管怎么忙碌，对于患者，我们永远保持从容冷静、轻声细语，让手术室变得更加温暖。

作为手术室护士，我们具有丰富的专业知识、娴熟的操作技能；无菌技术与原则牢记于心，因为我们深深知道这是保证手术成功的必要条件；每次手术开始之前，我们根据手术方式、医生习惯，正确高效地准备；手术安全核查是一项庄重的仪式，麻醉实施前、手术开始前、患者离开手术室前的每一项核对都是为了确保患者的安全，每一个细节都是对生命的承诺。手术开始前，穿手术衣、戴手套一气呵成，铺巾建立无菌区域，协助医生开台，如行云流水。每台手术物品我们都要清点3~4遍，每一遍的清点都不能马虎，我们不厌其烦；每一根针、每一块纱布、每一颗螺钉，我们都不敢丝毫懈怠，双人核对一清二楚，做到心中有数。

作为手术室护士，我们与医生并肩作战，配合得完美无缺；手术中，我们全神贯注，一丝不苟，熟知每一个手术步骤及解剖位置；我们掌握各种器械的使用，及时检查器械的完整性，确保手术正常进行。不管手术的大小，我们都右手握着担忧，左手握着希望；每一次准确的传递，每一次精准的缝合，每一次鼓励的微笑，每一双专注的眼睛，每一张认真的脸庞，每一次细心的呵护，就是手术室最优美的舞姿。我们看着灵巧的双手将病痛剥离，手里握着的器械散发着光芒，弹奏着生命的延续，生命在娴熟的技术下得以重生。

作为手术室的护士，我们愿意坚持守护患者生命的第一线，无论手术时间的长短，只要无影灯亮着，我们就在战斗；面对一台又一台的手术，我们无怨无悔；这里没有惊天动地的故事，只有一颗真心，一片真情，一份爱意；手术台上记载着救死扶伤的忠诚与挚爱；对于我们而言，一声医生、护士的呼唤，承载了太多生命的渴望，我们托举起的是生命的重量。

我们与患者相处的时间也不过短短的几个小时，然而却跟他们奔跑在生命的最前沿，与医生并肩作战，创造了一又一次生命的奇迹。无意间看到《摆渡人》里写到的：每一个镌刻着善与爱意的灵魂，都会成为我们生命里的摆渡人。也许当我们披上那一袭绿衣就注定着，我们要为千万个家庭的幸福安康竭尽所能。

作者：张美龄，中山大学孙逸仙纪念医院
谭淑芳，中山大学孙逸仙纪念医院
王素芳，中山大学孙逸仙纪念医院
陈泓，中山大学孙逸仙纪念医院

手术室的夜班

　　还记得上大学的时候，班主任老师跟我们说学了医、当了护士，如果你想不上夜班，除非你在门诊、后勤或者手术室工作，否则就不用想了。那时我一直信以为真，直到出来实习才慢慢认识到其实在医务领域里，根本就没有完全不上夜班的工作。而毕业后我被碰巧安排在手术室工作，才真实体会到了手术室的夜班。现在想想老师的话真的不能全信，就像说"上了大学你就解放了"一样。那么手术室的夜班是怎么样的呢？

　　清晨，从追着公交、挤着地铁、赶着班车到达医院起，夜班之曲就开始奏响，但这仅仅只是前奏。真正的夜班是从17点才正式开始打响。17点接班，如果情况好，只剩几台择期手术，手术做完，收拾完手术间，做好卫生就可以完美收工了。情况再好点，如果夜班之神不来光顾话，那么恭喜你，做完择期手术，你就可以美美地睡上一觉，至于择期手术做到几点，全凭各家运气，美美的睡一觉是大家梦寐以求的夜班，可却是凤毛麟角，当然周末的夜班还是可以奢望一下的。情况不好的话，加上夜班之神喜欢光顾一下的，一整晚通宵达旦，干到地老天荒，干到怀疑人生，然而这却是早已司空见惯，习以为常。手术室的夜班最让人羡慕的莫过于手术做完之余能够去躺着，让酸胀的小腿休息一会。

　　夜班情况如何，全靠夜班之神定夺，夜班之神说我今晚太孤单想找你们聊聊天那不好意思，你的夜班就准备好通宵吧，一个晚上它可以召集所有的什么脑外科、普外科、心胸外科、妇科、产科统统到手术室走一遍，也可以安静得一台急诊手术也不来，如果它不来，你也别想着它会真安静，它可能是到其他科室找人"玩耍"去罢了。

　　为此如果是招黑体质，我劝你还是乖乖地不要碰值班机，上班前烧烧高香，穿条"红内裤"压压体内的黑火，红的不行就豹纹吧！毕竟这都是血淋淋的教训啊！迷信就迷信吧，不要轻易挑战"夜班之神"，记住，上夜班一定不

168

要吃瓜类水果，不然西瓜你是吃得津津有味的，然而不出几个小时，正是坠入梦乡的好时候，值班机就发出清脆悦耳的响声，显示是神经外科的总住院医师超哥，他那磁性的声音有条不紊、快速准确地说："有个高处坠落伤的患者，需急诊手术，做开颅血肿清除加去骨瓣减压术，患者情况不是很好，10分钟后到手术室。"

此刻的你不管睡意多浓也得立马起来去准备东西。果然几分钟后，急诊科的医生护士就急匆匆地推着车床风驰而至，由于是摔伤，患者除头部渗血，全身还有多处擦伤，整个人看上去就是"血肉模糊"。麻醉医生一度不敢给药，生怕麻醉后患者血压更低，情况更不好，只能先用药物控制好血压，待患者情况稍微稳定后，才进行麻醉插管。手术在紧张地进行着，监护仪时不时地发出警报，麻醉医生也时不时地提醒患者血压不稳定。不过庆幸的是手术最终顺利完成，等患者的情况稳定下来，麻醉医生和手术医生才稍微松了一口气。但忙碌过后我们才发现从手术室的入口到手术间，患者一直在渗血，血一滴一滴地滴在走廊的地板上，就像是开出了一条血路，是那样的触目惊心。

本以为今夜应该就是以这样的景象落下帷幕，然而今夜的战火似乎还没有结束。这不师姐刚把患者送去ICU病房，回来就告诉我说还有2台急诊手术，让我去备物，2台急诊手术，做完一台接着做另一台，这就像约好了似的，它们完美地链接上了，丝毫不给你喘息的空间。当忙完所有的急诊手术，天快亮了，又一个通宵，似乎进了手术室的感应门就没有出去过，此刻才发觉这么长时间我们似乎没有喝上一口水，突然就觉得渴得厉害。"师姐，我们把那没吃完的西瓜吃了吧，反正已经这样了，看看还能再黑到哪去？"

凌晨的手术室或安静、或热闹，但往往热闹非凡的景象，却完全没有因为夜幕的降临而褪怯丝毫。你无法想象在凌晨两三点，3台肝移植手术和4台肾移植手术，总共7个手术间都开着，手术室里人潮涌动，大到主任、护士长，小到低年资的医生、护士，走廊上、手术间里都是一副什么样的景象。手术室里常年灯火通明，经常分辨不出是白天还是黑夜，又或许我们这些常年待在手术室的人早已习惯了像"白天"模样的黑夜，所以也不觉得新奇。

在这个没有硝烟却腥风血雨的战场上，每一个医务人员都在默默地奉献着，或发自内心的喜欢，或来自生活的无奈，但我相信每一个还坚守在这个工作岗位上的人都有着自己内心所坚持的信仰、所不能动摇的决心，相信每一个人都会为自己能用微弱的力量去帮助他人而感到自豪，不为什么，只为无愧于心。

作者：陈美琼，中山大学附属第三医院

无影灯下的女人花

　　一袭神圣的绿衣，一顶精致的花帽子，一双真诚的、会笑的眼睛是手术室护士的特征。2018年，是我在无影灯下工作的第13个年头，一路坚持，一路成长，13年的青葱岁月，几经沧桑，人事变迁，心中那份对护理事业的热爱与深情却丝毫未减，且越演越浓。

　　"开台—上台—收台"的循环是我每天的主要工作；打留置针、插尿管、准备手术器械、摆体位、换补液，枯燥的护理操作在我手中完美展现；三查七对、密切配合、忍饥挨饿，我每次都尽我所能为手术医生提供最默契的支持；沟通交流、嘘寒问暖、安慰鼓励，我用优雅的微笑有效地减轻患者的焦虑和紧张。工作中有太多的瞬间，让我深刻地知道自己所从事工作的神圣意义，这份内心的满足和平静，让我一如既往地付出。

　　记得那是在一个冬天的深夜，当我正甜甜地熟睡时，一阵急促的电话铃声把我从梦中惊醒。"有肝移植手术，患儿6个月大，2点在医院门口集合，一起坐车去萝岗分院做手术！"电话同时也惊醒了熟睡的儿子，他爬起来很关心地问："妈妈，是要去做肝移植手术吗？我也要对那个小朋友说加油！"那时，儿子4岁，早已经习惯了我说走就走、不分昼夜的上班模式。每次回到家，他都要问问我今天做了什么手术，成功吗？在他的心里，妈妈的工作是伟大的，让他崇拜的。我也安慰他说："小朋友有了你的祝福，一定会好起来的"。需要进行肝移植手术的患儿是一个先天性胆道闭锁的小朋友，6个月，这是当时我们做过的、最小的一个需要移植肝脏的患者，当我从孩子妈妈的手里抱过这个全身泛黄、骨瘦如柴、因为腹水腹部皮肤涨得通亮的孩子时，他依然睁着大大的眼睛看着我，微弱地哼了两声，我把他紧紧地抱在怀里，心里默默地为他祈祷着。手术持续了7个多小时，"插管、下肝、开放、输血"，在此期间，我们的护理团队一刻也没有歇息过，一直怀揣着最美好的期望在为主刀医生和麻醉医生提供最大的支持和保障。

当东方露出一抹曙光时，手术成功了。当听到主刀医生的这句话后，我们在场的每一个人的心里都涌起一种狂热的喜悦与激动，此时谁也没有注意到自己已经酸痛的双腿和沾满汗水的帽子和口罩。当我们把患者推出手术室时，一句简单而又平凡的"手术做完了，很顺利"，竟使焦急等候的患者亲属流下热泪，妈妈甚至激动地跪在了地上表示答谢。一刹那间，一股从未有过的感动涌上了心头：原来我的工作是如此的重要，它不仅关乎着一个人的健康快乐，它甚至维系着一个家庭、一个家族的生命。

从此以后，每次看到手术室外患者亲属充满期待和希望的眼神，还有面对陌生的环境时患者紧张、焦虑、无助和惊恐的表情，我都会尽我所能，用最真挚的眼神、最亲切的笑容、最诚恳的话语和最利落的动作，让他们安心，让他们知道我们会一直陪在他们身边，守护着他们的健康。

如果能让我为手术室护士代言，我一定要唱一首赞歌。歌颂我们为手术的顺利进行所提供的一切便利和保障；歌颂我们那任劳任怨、救死扶伤的人道主义精神；歌颂我们那"舍了小家护了大家，关心了别人却忘了自己"的团队意识和奉献精神，歌颂我们为增进人类健康所做出的努力和牺牲！

无影灯虽然不是世界上最美丽的灯，但它于对生命而言却是世界上最重要的灯。如花的年纪，燃烧的青春，没有美丽的服饰，没有漂亮的高跟鞋，我们是手术室护士，也是绽放在无影灯下那朵最美的"女人花"。

作者：傅娴，中山大学附属第三医院

平凡的一天

　　还记得在上大学的时候，有一次在课堂上，老师问起，"你们为什么选择护理专业？有多少人是自愿选择护理专业的？"讲台下一片寂静。老师随后又说，"也许你们的理想很远大，准备拿南丁格尔奖，也许有些人只是将护理当做一份可以养家糊口的职业，我想说的是，护士被称为白衣天使，自带着崇高的属性。但这不是别人说你崇高你才认为自己崇高，而是要发自内心地认同自己的崇高，伟大的工作源于平凡的每一天……"当时的我不以为然，没有切身体会，也无法感受到老师说的那些言语的意义。直到现在，才真正感受到老师的良苦用心。

　　我是一名入职3年的手术室护士。入职报名时，领导问起你想去什么科室工作。我直接脱口而出想从事手术室工作。一来，在手术室工作和患者亲属接触的情况相对较少，可以避免很多医疗纠纷；二来，我认为整天在手术室里待着，不用面对复杂的医患关系，相对比较安全。领导直接说，我们手术室的姑娘是当作男人用的，体力要求高，一年要穿破两三双鞋子，要求有扎实的专业技能，等等。刚入职时，感受不深，也没怎么把这些话放在心上。慢慢随着阅历的加深，自己也慢慢感受到了手术室的工作强度。

　　令我印象最深的是2017年的春节，过年期间排班的工作人数较少。那天轮到我上台配合一台肝移植手术，患者是一位小孩子。我出去接到他的时候被吓了一跳，感觉这个小孩好可怜，肚子胀得特别厉害，整个人都是黄染的。他流露出害怕的眼神，眼睛一直盯着我。我将他与父母分开的时候，出人意料的，他却没有哭，眼睛仍然盯着我。我和他一直保持着双目对视，我紧握着他的双手。我内心的感受是五味杂陈的。我也分辨不出自己到底是他的谁，我只是想着要真心地呵护他，不让他哭闹，让他能以最快的速度镇静下来以便做进一步的手术安排。我一直握着他的手，他也攥得特别紧，接受镇静后，他渐渐沉睡了下来，慢慢地松开了我的手。后来我也洗手上台，完成器械护士的工作。但

172

是他的眼神一直印在我的脑海里，那种将所有安全感寄托在你身上的、信赖的眼神，是我从来没有遇见过的眼神。虽说南方不下雪，但是广州3月份的冷雨夜还是比较寒冷的，但在我们的战场上，整个中山大学附属第三医院的肝移植团体一直在战场上，热火朝天地进行着战斗。漫长的下半夜渐渐过去，萝岗东边地平线上露出了鱼肚白，一台艰难的儿童肝移植手术终于完成，之后我拖着疲惫的身躯完成手术器械的处理工作。我看着那孩子沉睡中安详的样子，期待他术后能健健康康恢复成长。

黎明的阳光从窗外射进手术室，整个房间都显得那么明亮。我洗完手，正准备下夜班，准备好好睡个懒觉做个调整。这时，上主班（高年资护士当天负责宏观调控手术室的班）的老师走过来说："郭映，能否再去产科支援一下，急诊剖宫产，那边实在是没人帮忙照看了，想请你过去帮帮忙"。于是，我拖着疲惫的身躯又过去产科手术间做巡回护士地工作。产科这几天也是忙疯了，年宝宝特别多，本科室的医生、助产士也忙不过来。我除了帮忙准备相关东西外，还要帮忙接一下剖出来的宝宝，给宝宝进行称重并将他放进保暖箱。当我接过新生宝宝的那一刻，他从啼哭状态马上就安静了下来，一直盯着我看。新生宝宝眼睛特别大，特别得有灵性，我被他看着的时候，脑内的多巴胺一直在分泌，一夜的疲劳瞬间一扫而光了，我一点也不觉得困了。

在手术室工作，日复一日地忙着，也没有感觉护士这个职业以及自己有多崇高，与在大学里面的憧憬相差了十万八千里。但是经过这个年，每当想起自己抱过的那两个孩子，想起他们的眼神，内心偶尔也涌现出"崇高"的感觉。每个人来到人世间，第一个抱着你的不是妈妈，而是护士。慢慢地，我也感受到了做护士的荣誉感。直到现在，每当看到孩子们天真的眼神，我都会想起那个最疲劳的晚上发生的事情，那两个孩子的眼神深深地印在我的脑海里，那是最纯洁、最纯粹的信任眼光。也许，护理就是这样崇高而平凡的工作吧！

作者：郭映，中山大学附属第三医院

唯有坚持　方能不辱使命

2008年实习时，第一次走进手术室，那种庄严感和神秘感对初入临床实习的我来说显然是震撼的，我屏气凝神地看，心无旁骛地听，谨小慎微地跟着老师走过每一个手术间，心里的敬畏感油然而生，期待某一天自己也能勇敢地站在手术台上有条不紊地配合着手术。

如今也已是工作的第9个年头了，在这个没有硝烟的战场里面，我们每天重复着最烦琐、最严谨的手术护理工作。四方手术间，三尺手术台，一袭绿色洗手衣，一顶可爱的手术帽，一副绿色的口罩遮盖了脸颊，只露出两只明亮有神的眼睛。一个年轻有活力的集体，一个承载着生命希望的团队，一群守护患者康复的幕后英雄，一个掷地有声的名字——手术室。

还记得2018年的1月份的一天，科室人员特别紧张，每天只是择期手术就足以让我们忙得应接不暇，再加上那天又有肝移植手术，而我那天的身体状况确实不是最佳状态，在科室人手特别紧张的时候，我荣幸地被派去做肝移植手术了，忙到晚上10点左右的时候，我的小腹开始一阵一阵地痛，尿频、尿急、尿痛特别明显，上厕所时我发现有血尿，当时心里既慌张又害怕，作为一名医务工作者，疼痛让我没有办法正常思考，第一时间竟然想到的是我不会就这样死掉了吧！眼泪夺眶而出，想着手术间里面正在进行的移植手术，只心疼了自己一秒钟，立马走去泌尿外科急诊手术间，我把自己的情况跟医生说了一下，医生跟我说的第一句话是：你为什么不多喝水，你为什么不多上厕所，你为什么要憋尿！这一连串为什么把我问得哑口无言，心情像极了哑巴吃黄连，只能无奈地说：以后不敢不喝水、不上厕所还有憋尿了。手术室的工作节奏与强度是外人无法理解的，忙起来的时候你还真就没有喝水、上厕所的时间，抢救患者的时候你还真就只能憋到尿失禁。那个在外人眼里无比神秘的地方，有着这样一群坚强、勇敢、有毅力的人，他们个个步如疾风、语如弹珠，比起温婉，他们更追求严谨；比起轻柔，他们更享受节奏。

在这个行业里，我最害怕的是逢年过节，当朋友圈都在晒节假日的欢聚的时候，我们却要守在医院那三尺手术台旁边，准备手术器械和手术用物，建立静脉输液通道，等等，一年365天，我们的大多数时间都被工作占据了，小的时候父母很努力地没有让我变成留守儿童，可如今我却让父母变成了留守老人，都说陪伴是最长情的告白，为人子女，我是不称职的，对于他们，我除了思念，更多的是抱歉与愧疚。

虽然这份职业给予了我们特殊的光环——白衣天使。但我们只是一个普通的人，有着对事业的追求，有着常人的七情六欲，我就是我，芸芸众生中一个有几许追求、有几许多愁善感的普通人，在帮助患者战胜病魔的这条路上，我们医护人员比别人付出了更多的爱心与坚持。我们需要被理解，需要被世人所爱戴，需要得到赞许与肯定，虽说我们也是服务行业，但我们承受的远远超出了服务行业的责任与风险，我们的坚持也需要原动力。

千锤百炼，我们用专业武装自己；持之以恒，我们用精湛的护理技术赢的尊重。有一种坚定，正在你我眼中交汇；有一种力量，正在你我手中传递，我们因爱而生，共守生命。

作者：胡丹，中山大学附属第三医院

无影灯下的蜕变

有一种青春叫作无怨无悔，有一种蜕变叫作无影音灯下的执着、坚韧与沉淀。

1

那一年，我毕业！

我选择留在了自己的实习单位工作，被分配到了全院最繁忙的手术室。从那以后，工作中加班加点成了家常便饭，腰酸了要站得住，肚子饿了要挺得住，眼睛困了要熬得住，甚至有时候需还要通宵达旦地忙碌着。

"阿姨，要两个肉包、一个鸡蛋、一份炒河粉。"我在食堂买早餐，手里还拿着一瓶牛奶。

"又给同事带早餐啊。"阿姨递给我早餐，笑着说。

我微笑着默默地拿着早餐走了。今天要做一台大手术，估计没法准时吃午饭了，这已经不是第一次早餐吃双份的了。

果然，下午4点同事来接我的班了，此时的我又冷又饿，第一时间到餐厅找吃的，看着盒饭里发黄的菜叶，心想，我还是去吃酸辣粉吧！

2

"亲爱的，帮我推一张手术床来。"

"师姐，床来了，这台手术快要结束了吗？"

"还没有呢！"师姐一手托着快要临盆的肚子，一手拿着持物钳摆夹纱。"再帮我打电话给输送中心，说手术室有患者要送到产房。我破水了，快要生了，等我先点完数。"

三个小数后，得到喜报，师姐顺产下一枚8斤多的宝宝。

手术室的准妈妈们即使在临产前都是挺着大肚子跑前跑后，常常被同事们叫住："大肚婆，不要跑！"也许这只是手术室的一个缩影，好多同事也都是这么过来的。

3

护士节前一天，护士长对我说："文娟，你是优秀护士代表，明天要上台领奖，打扮一下，要化妆哦！""好的。"我答。

一下了班我就去买化妆品，想想自从当了妈，工作和小孩就是我的全部，哪还顾得上打扮自己啊。这一天，终于可以漂亮一回了。

在知道要我总结优秀护士"先进"事迹的时候，我真不知道写些什么，我觉得我没什么先进可言，我只不过做了应该做的事情，入手术室前每每给那一双双忧郁与期盼的眼睛带来安慰与鼓励，每每安全地送走每一位下手术台的患者，就是我护理工作的意义。

4

"妈妈今天晚上有肝移植手术，晚上不回来了。"

"妈妈，你怎么天天做肝移植手术啊?"我无言以对。

这已经是这个星期他第三次这样打电话给妈妈了。爸爸也是经常加班到很晚，天天早出晚归，太晚下班的话就干脆住在公司宿舍了。家里就剩一双老幼度日如年。儿子快3岁了，正处于叛逆期，调皮捣蛋，奶奶一个人带着他经常吃不消，我多想在家为她分担一下。可是，科室更需要我啊！

5

我是手术室大家庭中的一员，我所做的正是我的兄弟姐妹们所做的，集体中的每个人都是同样优秀的。

我感谢我的职业，是它让我知道如何平等、善良、真诚地对待每一个生命；我感谢我的职业，是它让我懂得了如何珍爱生命。奉献是一种幸福，在手术室平凡的岗位上，我会以新的姿态展示新的风采，创造新的业绩，在无影灯下尽情描绘绚丽多彩的护理华章！

未完待续！

作者：旷文娟，中山大学附属第三医院

人间世

　　最近又把《人间世》找出来看了一遍。自从当了手术室护士之后，我对所有关于手术室医护题材的电视节目和新闻媒体都会有意无意地更加关注。很多人说，这是一部缓解医护与患者间矛盾的纪录片，大家看后都纷纷感慨医护人员的不容易，而我看到的更多的是生命的脆弱，以及面对死亡的悲痛。医院只是社会一个小小的缩影。处于这个小社会里面的一个角落里，每天都上映着惊心动魄的故事。一次又一次，感觉到生命的脆弱与无力感。

　　令我印象最深刻的，莫过于《人间世》的第3集——团圆。因为类似的故事，在我们手术室里，不间断地发生着。记得有一次，我负责一台肾移植手术的巡回工作，患者是一名20多岁的年轻男性，正准备为他建立静脉通道的时候，他悄悄地问我："姑娘，我的爸爸现在怎么样了？"他瘦弱的脸上布满了焦虑不安。我立即意识到他在为自己的父亲担心。他50多岁的父亲，此刻正在隔壁手术间，医护人员正在为他的父亲进行亲属供肾切除术，为了挽救儿子的生命，父亲的一个肾脏即将要移植到他的身上。为了安抚他焦虑的情绪，我连忙安慰他："没事的，手术很顺利，你爸爸的情况目前一切都很平稳，你放心吧。"听了我的话，他仿佛稍稍松了一口气，自言自语说："那就好，那就好。"脸上浮起欣慰和感激的表情。父母对子女的情感，莫过于我爱你，只愿把我所能给你的都给你。这就是世界上最无私的爱。

　　有人或许会问我，你在医院里面，见惯生死了，应该都麻木了。我只想回答，那不是麻木，那是渐渐学会了以一种更超然的心态看待生死，见惯了，于是学会更加珍惜身边人，珍惜拥有的一切美好与不美好。

　　还记得，《无问西东》里面的一句台词：死者已逝，生者如斯。希望活着的人能更珍惜每天看见的阳光，每天见到的人，好好活着，才是对逝者最大的安慰。

　　很多医疗剧把医生拍得光鲜无比：帅气多金，领带皮鞋，一尘不染的白大褂扣子不系、随风飘扬；而我所看到的，是满满的关于医护的真实琐碎的细节。比如，下台后洗了手，在手术服大腿后侧的裤腿上拍干手上的水，我们确实也都这么干。在一台长时间的手术后，就算是一份已经冷掉的两荤一素的盒饭，我们也会像看到了山珍海味一样狼吞虎咽。

医疗工作也只是一份职业，不一样的是，这份职业让我们承担了更多对生命的责任。有一句俗话说：每个人一来到这个世上，就开始在排队走进火葬场，而医护人员的职责，是防止期间有人插队。这并不是想表达医护人员有多么伟大，我只想说，就算生命即将终结，我也想拼尽全力陪你走一段路。

作者：李宇华，中山大学附属第三医院

今夜无眠

晚上10点，伴随着孩子们均匀的呼吸声，一阵急促的手机铃声突然响起。我慌忙抓起这个随时可能吵醒宝宝们的"炸弹"，匆匆跑出房间，低头一看，果然是科室打来的。按下接听键，熟悉的声音从耳边传来：10点半有两台肝移植手术，现在出发吧。

放下电话回到房间，正准备换衣服，大宝不知什么时候已经醒了，"妈妈，这么晚了，你又要去上班吗？"她揉搓着双眼，奶声奶气地问我。我蹲下身子，轻轻将她抱起放回小床，重新盖好被子，"是呀，妈妈要去上班了，你乖乖在家睡觉，明天妈妈就回来了"。小姑娘似懂非懂地点了点头，闭上眼睛，嘴里迷迷糊糊地嘟囔着："嗯，我会乖乖地，妈妈你早点回来。""好的，一定。"我在她额头上留下轻轻了一个吻，迅速换好衣服，转身出了门。

晚上10点多的广州，马路上依然人来车往，绚烂的霓虹灯似乎在宣告着夜生活的多姿多彩。而我此刻正马不停蹄地赶往另一个灯火通明的地方，在那儿即将上演一场紧张的生死大戏，两个生命也许就能得到拯救。今夜，注定不眠。

一踏进手术室，忙碌的气氛扑面而来。今天两台肝移植手术的受体都是才几个月大的小宝宝，他们因为先天性胆道闭锁受尽了病痛的折磨，肝脏移植是他们最后的希望。虽然我们已做过许多例小儿肝移植手术，但每每看到这些可怜的宝宝们，心中总是充满了怜惜。不知为何，这些等待肝移植的小家伙们都长着一双双水汪汪的大眼睛，当他们望向你的时候，那种对生命的渴望是如此强烈而且清晰。

准备物品，配合麻醉，抽吸药液，输注血制品，观察生命体征，记录出入量……一切紧张而有序地进行着，所有人都忘记了时间，忘记了疲倦，只有墙上的计时器在记录着血管阻断的一分一秒。当血管开放，新肝呈现出鲜红的血色，心电监护仪上的生命体征依然平稳，每个人的心里都默默地舒了一口气：

这个宝宝，很大程度上是得救了。此时再看一眼时钟，已是凌晨4点了。此时脑海中浮现出一则笑话：医生问科比你为什么这么成功？科比注视着远方，长吁一口气说，你知道凌晨4点时你的城市是什么样子吗？医生说我知道啊，我经常值班的。虽然只是一个笑话，但我们手术室的护士又何尝不是经常在凌晨4点还在手术室来回忙碌着呢？正是有了我们付出和汗水，一条条鲜活的生命才得以延续。看着仍在手术台上的宝宝，比我家小宝还要小上几个月，承受的伤痛却比大多数的成年人还要多，无法压抑的母爱和身为医务工作者的责任感驱使着我一刻也不能放松，此时，我们就是守护他的绿衣天使。

时间在流逝，手术也逐渐进入了尾声，每个人脸上都渐渐露出了疲倦却又欣慰的笑容。当患儿被推出手术室的那一刻，当患儿亲属带着焦急地围上来的那一刻，一股暖流涌上我的心口。正是这份感动，让我觉得这所有的艰辛和付出，都是值得的。

再次踏出手术室，阳光已明亮得刺眼。迎着这明媚的春光，我送走了守护了一晚上的宝贝，接下来，我的宝贝们还在等着妈妈回家。妈妈会给你们讲一讲这个晚上发生的故事，希望这个小弟弟和你们一样，健康快乐地长大，这不仅是一个妈妈，更是一名手术室护士最大的心愿。

作者：申文冬，中山大学附属第三医院

雪域情——我的援藏之旅

　　西藏，世界屋脊，雪域莽莽，圣山神湖，神秘而多彩的藏文化，人类最后一块未被污染的圣地，自古以来引来了多少人的向往和膜拜。为响应国家五部委关于医疗援藏的号召，我怀着崇高的敬意，积极报名参加了西藏日喀则市岗巴县的医疗援藏任务，并有幸成为医疗援藏队的一员。我们的任务是为岗巴县医院培养出一支合格的外科手术团队，为藏区人民带去中等优质的医疗服务。

　　岗巴，"雪山附近"之意，位于中国西南边陲、西藏自治区南部、喜马拉雅山中段北麓，紧靠世界屋脊—珠穆朗玛峰，与萨迦、亚东、白朗、定结县相邻，南与锡金雪山接壤。岗巴县总面积为4100平方千米，平均海拔在4700米以上。年平均气温零下7度。辖区内有1镇4乡29个行政村。总人口近1万人。岗巴县风景优美壮观，但是生活环境和气候环境恶劣，水资源匮乏。盛夏的岗巴县时而阳光明媚、白云飘飘；时而寒风暴雨，冰雹倾盆而下，瞬间转转入寒冬，但这已经是岗巴县气候最好的季节。由于饮食不适应加上缺氧导致的睡眠不足，队员们都纷纷出现了轻度的高原反应。心率高于120次每分钟，血氧饱和度低于80%。遇到不适队员们只能靠吸氧和休息来缓解症状。来到岗巴后我才真正体会到：有一种艰辛，叫作克服想念；又有一种艰辛，叫作坚持信念；还有一种艰辛，叫作不辱使命。援藏队员惊讶于这里医疗卫生条件的落后和艰苦，同时也为医疗资源不平衡的状况感到阵阵的心酸，身上肩负的此次对口帮扶工作的使命感愈发浓烈。

　　刚到岗巴县时，我就发现受援医院的环境卫生状况比较差，手术室的护理工作流程、物品摆放及管理等都存在不规范现象。由于白天医院工作比较繁忙且人手紧张，我们只能在下班后带领护理工作者们一起对病区、手术室、治疗室、办公室等地方进行彻底清理。护理工作再小的事都不是小事，一个医院环境的改变是护理工作的第一步。同时，我们也把现有的护理理念和经验都传授给护理部的同志们，比如，七步洗手法、锐器伤的预防和应急处理、输液中要严格执行三查七对等。还要求夜班护士与白班护士在交接班时必须对病区进行一次大查房，让患者及其亲属养成自觉保持病房卫生、整理好个人物品及床头物品的习惯。

岗巴县地理面积大，居民居住分散。援藏医疗队到达后，医院组织了多次下乡义诊活动。初步摸清了当地居民的疾病谱。岗巴县海拔高，常年低温，而且藏民主要从事畜牧业或者重体力工作，膝关节骨性关节炎发病率很高，胃炎、胆囊炎、胆结石、乙型病毒性肝炎高发。在我们的带领下，医院开设了高原地区第一间疼痛门诊，并根据病种完善了相关的诊疗、护理流程和措施。

入藏后不久我们就急诊开展了一台阑尾炎手术。虽然是一个简单手术，对于参与的医务人员来说可是困难重重。这里的手术器械不齐全，器械消毒的方法落后；消毒液、注射液都已过期，就连75%的酒精这些最基本的消毒物品都没有；麻醉机不能正常使用，只能靠一瓶氧气给患者吸氧；没有自来水供应，只能提水进行手术前的洗手消毒；由于长时间没有外科手术，许多手术器械已经不能正常使用。经过协调和处理，最终安全顺利地完成了该院本年度第一台外科手术。患者术中及术后生命体征平稳。由于严重缺氧，对手术室环境评估不足，我们几乎是在一边吸氧一边喘气的状态下完成这次器械护士的配合和带教工作的，我整个人在一种濒临窒息的状态中，这比在家里熬夜完成一台肝移植手术的配合困难多了。术后淳朴的患者亲属给我们送来了一篮子土鸡蛋，虽然言语不通，但是从他们的眼神里面，可以看出他们对我们的感激之情！我们委婉地拒绝了他们的礼物，因为这是我们每位队员肩负的任务，以及作为一名医护人员应该有的职责！

虽然青藏高原上最缺的是氧气，但永远不缺的是西藏精神。短短3个月的援藏之旅，医疗队每个队员的心中都有一个共同的信念，就是要把最好的医疗服务带给藏族同胞们，把自己所学传授给当地的医务人员。七月的一个早晨，岗巴的天气依然寒冷，这一天援藏队员们早早就起床了，简单地吃过早餐后，队员们提早两个小时来到手术室，今天共安排了5台择期手术。我们必须提前开始工作，手术都进行得非常顺利。当我们把最后一台手术患者送回病房的时候已经是晚上8点钟了。这时正好碰到岗巴县委书记扎西旺堆（简称）同志到医院进行调研工作。当听到医务工作者们为了工作还没吃晚餐后，他非常感动。他说："你们真是党的好同志，你们给西藏的老百姓们造福了，你们真的是藏族人民的活菩萨，我代表县委县政府感谢你们！岗巴海拔高，你们一定要保重好身体，好好休息。在生活上、工作上有什么困难一定要提出来。我们一定会尽力解决的。"话毕他一一和援藏队员们握手，并通知主管伙食的部门送来了水果和干粮表示慰问。

经过前期的调研和总结。我不断发现、思考和总结存在的问题，结合当地的实际情况提出了相应的解决方案。对门急诊、病房、供应室、手术室的工作流程和工作制度进行了完善，使其更合理化、专业化和规范化。例如针对器械消毒失败率高，器械、敷料不足无法满足手术量需求等问题。我通过查阅资料，结合高原地区消毒的特点，逐步完善了消毒炉的使用方法和程序，器械消毒合格率到达了100%。通过合理的器械搭配和一次性敷料的使用，使手术室的器械能满足每天6台手术的开展。使得工作效率进一步提高。针对护理人员不足这个问题，根据医院的具体情况，护理部优化护理排班，按照工作量采取机动排班，保证每个岗位的护理工作能够顺利完成；还协助护理部逐步完善和规范护理文案的书写工作，特别是规范《手术室护理记录单》的书写和入档工作；以及落实好手术室的三方核查制度，完善《手术室安全核查表》的书写工作。让医护人员意识到做好安全核查的必要性和重要性。循序渐进地完成手术室护士的培训工作，为今后的医疗援藏任务建设了一个良好的手术平台。真正达到了我们此次援藏的目的。

3个月，我们和藏地医务人员一起学习、工作、生活，结下了深厚的友谊。我们被当地医务人员的默默坚守而感动，是他们用自己的青春和生命在为边疆人民守护着健康。队员们克服缺氧以及生活不便等问题，发扬"艰苦不怕苦、缺氧不缺精神"的优良传统，共计完成30台外科手术。建立了第一个高原疼痛门诊，先后完成400多人次疼痛治疗。给藏族人民带去了中山大学优质的医疗服务，取得了良好的社会效益。

在蔚蓝的天空下，俯卧着皑皑的雪山，秀美的崇山峻岭宛如银蛇，绵绵起伏，路旁吐出嫩芽的高原草垫被融化的雪水滋润，焕发出勃勃生机。依然记得自己一个人蹲在大院里，头顶着湛蓝的天空，面对着雄伟的雪山，迎着刺骨的寒风，在接近零度的冰水里清洗器械的场景，孤独而又那么的荣耀。依然记得与藏地同志们在一起奋斗过的每一天，感谢你们对我们生活的无私帮助，让边疆医疗事业从无到有，从弱小到强大。祝愿我们的友谊地久天长，祝福边疆人民幸福安康！

作者：吴锡华，中山大学附属第三医院

愿安眠，复苏醒

——致肝移植小天使

这是冬天的一个夜晚。2018年的第一个月份，一切都仿佛还是新的开始。

夜在孩子的哭啼之后显得格外宁静。奶睡刚满一岁孩子，欣喜的时间开始属于自己了。赶忙洗漱，准备就寝。躺下不到半小时，一个电话打破了这份宁静。一看是值班机打来的，我心想要回去加班了。电话的那头说值班同事生病了，让我回去顶班。我放下电话，穿好衣服，拉起先生送我去医院。看了看时间是11点半了。

屋外，一丝寒意，小树的叶子在夜风里轻轻摇曳着，抬头可见几点星星闪烁。郊区的夜晚为我们开启了空旷的道路，很快我们就抵达目的地了，时间正当凌晨。

接班之后，发现是个7个月大的"小黄人"，先天性胆道闭锁，需要进行肝移植手术。男孩，7个月大了，体重不到6千克。我回忆着我刚满周岁的孩子，在这个阶段的体重大概也有8千克了。我走近你，透过眼睛保护膜，瞧见了你那长长的睫毛和眼线，小小的鼻梁，黄黄的皮囊包裹着你干瘦的肢体。心中唯愿你平安度过这个黑夜。孩子，你要加油！

这又是一个无眠的夜，看着这个团队的每一员都坚守着自己的岗位。无影灯下是全神贯注的医生们；台前是管着两车器械和几十个小针的台上姑娘；麻醉机前是时刻关注着生命体征的麻醉医生；还有我们忙碌的巡回"小蜜蜂"。孩子，你别怕，我们是你生命的守护者。

一场生死搏斗的手术大概于凌晨4点多结束。看着你干瘦的身躯、横在胸前的肋骨清晰可见。还在麻药作用下安眠的你，苏醒后会怎样呢？不禁感慨生命是有多脆弱又有多坚强。

术毕，我送他出手术室。迎面走来的是焦急等待孩子的母亲。对她来说这扇隔绝死生的门终于打开了，心中的大石终于落下了。她扶着床沿，双手有些

185

微颤。喉咙哽咽着竟说不出一句话来。我瞧见她消瘦的小身板，神色暗淡，面容憔悴，一小撮头发耷拉在脸上。不经意间我瞧见了她眼角的泪，她揉了揉眼睛，又目不转睛地望着她的孩子。短短几分钟的相见，又一扇门将他们隔绝，新的等待又开始了。他们曾经同为一体，如今却各自悲痛。而今天她的悲痛有了新的希望，她的孩子重获新生，只是这个过程太煎熬了。初为人母，我懂你的悲痛。我们都宁愿那个受苦的人是自己。我记得我的女儿出生时因缺氧住了10来天医院，那时一想到她，我就落泪，连做个磁共振成像（MRI）的检查都叫我担心心疼了许久。而这位所经历的要远远比我多许多。可是作为母亲，你不能被击垮，因你是他的城墙，是他的铠甲。

出手术室到移植ICU的路上，短短几百米的路，我的内心一直都很沉重，满心哀恸，却无从安慰。唯愿你重返天真无邪的笑，来回馈你受伤的母亲。

和ICU的护士交完班后，你还是静静地躺着，麻药作用过后，你要经历的太多太多。唯愿你会平安长大，长成大孩子。不要害怕，你是个坚强的天使，你曾跨过生命的洪流与死亡搏斗。这个世界上还有很多精彩待你去探索。愿安眠，复苏醒。

突然，一个婴孩发出了声音，奶声奶气的。忍不住走近一看是个胖乎乎的宝宝，听护士说是个做完移植手术的女宝宝。只见她四肢有力、手舞足蹈，旁边放着红色的球。"宝宝，你起得这么早呀，是不是饿了呀，还是想妈妈了呢？"看着你这般模样，满身的沉重与疲惫烟消云散，我感到一阵暖流注入身体。

离开ICU，那个母亲目不转睛地望着那扇门。微光透过窗户，天亮了，太阳又会升起。

作者：肖连珍，中山大学附属第三医院

我与肝移植的那些年，那些事儿

1 初入手术室，听说肝移植

15年前，作为一个刚刚毕业的菜鸟护士，我来到了中山大学附属第三医院手术室。初入职场的我，每天忙于认识各种人、物，学习各种知识，掌握各种技能。渐渐地，我发现在我下午6:00下班回家的时候，总能看到很多眼熟的医生刚刚进入手术室，许多护士老师虽然已经到了下班时间，但他们在短暂休息后又在各个手术间奔波忙碌。我的带教老师告诉我，今晚又有肝移植手术，他们又要通宵干活了。那时候的我，只是从报纸上看过相关报道，对移植手术的认知还是懵懵懂懂的，只是觉得这些医护老师们的背影充满力量，他们自带光环，他们完成的手术神秘又神圣。我甚至不敢踏进他们的手术间，生怕我这个新手会给他们添乱。但好奇心又促使我，每每经过移植手术间门口时，都要向里张望一番，期待着哪一天我也能荣幸地成为他们的一员！

2 工作两年了，参与肝移植

13年前的某一天，我终于被排进肝移植手术的房间，参加手术配合了。看到排班的那一刻，我又激动又惶恐。激动的是，我终于能够亲身参与移植手术了，顿时觉得自己也高尚了许多。惶恐的是，我只是个工作两年的手术室护士，虽然之前经过肝移植手术配合的理论培训，但是实实在在地配合手术，还是第一次，我能够胜任吗？我心里不停打鼓，和我搭档的老师似乎看出了我的想法，鼓励我说："春儿，没事的，我第一次参加肝移植手术时和你的想法一样，不知所措。回去把培训的课程拿出来再认真复习一遍，把手术配合的流程再仔细过一遍，你肯定可以的！"听了老师的话，我似乎淡定了一些，手术前一晚，我再次查阅资料，复习文献。第二天的手术台上，我熟记流程，眼观六路，耳听八方，全力配合！手术顺利做完了，主刀医生郑重对我们说："大家辛苦了，手术很顺利，谢谢！"那一刻，我觉得自己的专业能力得到了质的提高，真为我们的这个团队感到骄傲！

3　工作10年了，协调肝移植

5年前，我开始担任科室的排班工作，其中最重要也是最困难的一项就是安排肝移植手术的备班工作。因为肝移植手术的复杂性、不确定性、急迫性，这个排班，意味着一年365天，不论何时何地，不论白天黑夜，不论刮风下雨，只要有合适的肝源和受体，医生护士们就要争分夺秒奔赴手术台参加手术。而基于病情复杂程度和手术困难程度的不同，手术时间是不确定的。我们永远只知道是几点钟上班，而不知道是几点钟下班，这也是被家人所不理解的。时间长了，大家也都会有一些抱怨。为了完成移植手术，我们抛下等待约会的伴侣，抛下年迈的父母，抛下嗷嗷待哺的孩子，抛下家里的一切来工作，这些巨大的牺牲，到底值不值得？

在一次统计数据时，偶尔看到长长的供体资料数据表，起初还觉得只是冷冰冰的数字，当我看到供体姓名等信息时，便猛然醒悟，心像万千根针刺一样剧痛。原来每一行都是一个曾经美好的生命。一行行数字都是一双双父母满含泪水呼喊不醒的儿女，都是一对对儿女撕心裂肺捶打不起的父母，都是一个个家庭梦想破裂的碎片。看到这里，我竟像一个丢失了心爱玩具的孩童一样，泣不成声！

手术台上无影灯亮起的瞬间，照亮了受体患者的生命。苍白的肝脏重新获得灌注之后立刻恢复了血色，这大概就是希望的颜色！此刻，关于值不值的问题，似乎已经有了答案。

4　15年回首，感恩感动常在

工作15年来，在移植路上，我遇到过许许多多的人和事，犹记得第一次做肝移植手术，在ICU遇到供体的家人，年迈的老父亲颤抖着对医生说："能捐的都捐了吧，遗体也捐了，孩子生病的时候得到了很多人的帮助，现在孩子救不回来了，让他最后为社会做点贡献！"听到他的话，我的内心充满感恩，种善因得善果，只要人人心中有爱，每天都会充满希望。

让我们默默守护，让爱延续！感恩感动常在！

作者：杨春，中山大学附属第三医院

平凡的光芒

在医院，有一群人，为了患者经常忍饥挨饿、早出晚归；有一群人，用爱的双手减轻患者的痛苦；有一群人，在无影灯下默默奉献自己的青春；这一群人，就是手术室护士；而我，则是其中的一员。

对于护士这个职业，有人说，这工作又苦又累，真不如早点转行；有人说，护理就是伺候患者、打针发药的工作，没什么技术含量；也有人说，护士的地位很卑微，经常不能被尊重；然而，在诸多异样的眼光中，我依然选择了在平凡的工作岗位中坚守，为爱付出，尽我所能帮助病患。

早晨，我总是会从温箱里拿出热乎乎的被子，让患者在手术室不觉寒冷；手术前，我会根据手术特点给患者摆适宜的手术体位，在患者容易发生压疮的部位做好皮肤保护，尽量使患者在全麻状态下保持舒适，预防并发症的发生；手术中，我与麻醉医生配合，密切观察患者的生命体征，用暖风机和加温毯为患者增添一丝温暖；手术后，我配合麻醉复苏，用暖心的言语唤醒患者，让患者麻醉清醒后不觉孤独。

生命总因爱而精彩，而爱不仅体现在上班时间，下班后的我，一个科室的电话就能让我迅速离开温暖的被窝、离开欢声笑语的同学聚会、离开佳节的家庭团聚、离开跟女友的聚餐，迅速回到工作岗位。多少个日夜，我跟手术医生并肩作战，完成器官移植手术，让器官衰竭患者重获新生；多少个日夜，我奔波于胸痛中心，以最快速度配合手术医生疏通闭塞的血管，让心肌梗死的患者转危为安；多少个日夜，我在手术台上用娴熟的双手穿针引线，使出血点得到快速缝扎；多少个日夜，我安全转运危重患者到重症监护室，为患者的生命保驾护航。

即便我们工作再苦、再累，或许得不到鲜花和掌声，有时还会受到患者及其家属的质疑和刁难，甚至遇到恶语相向；面对困难和委屈，我依然聆听患者的要求、耐心解答他们的疑问，用炽热的助人之心对待冷言冷语；我常常提醒自己，换位思考才能走进患者的心灵，才会知晓，面对疾病时患者最需要的是医护人员的关爱；患者亲属在手术室门口等候时间长，难免会产生不耐烦情绪，他们最需要的是医护人员的耐心解答；患者到达一个手术间，心里觉得害怕的时候，最需要的是医护人员的陪伴和聆听。如果我们多一份倾听、多一份耐心、多一份解答，那么，相信患者和家属就会少一些焦虑、少一些抱怨、少一些质疑，让医患关系更加和谐、社会更加美好。

有时，去治愈；常常，去帮助；总是，去安慰。我在平凡的岗位上不忘初心，用踏实的步伐努力前行，让青春在平凡中闪光。

作者：杨挺岸，中山大学附属第三医院

对你的情，我的牵挂

奥斯特洛夫斯基说过，人的生命似洪水在奔流，不遇着岛屿、暗礁，难以激起美丽的浪花。不知不觉，我正式加入手术室团队已经快4年了，从入职那一刻起，我就在一直在无影灯下忙碌。想起第一天到手术室报到的场景，清晰的感觉像是昨天一样。

那年我还在学校读书，家中父亲病重，被告知要进行手术，才可以缓解病情。我亲眼看着父亲被推进手术室，那扇厚重的大门关上后，作为家属，我们只能在手术室门外焦急地等待，直到手术结束父亲被推出来的那一刻，手术医生说："患者手术很顺利，请放心。"我们一家人的心情才松懈了下来。从那时候起，我心里就暗暗发誓，毕业之后我要做一名手术室护士，与手术医生并肩作战，以最大的能力给患者及其家属带来希望。或许，是这情愫一直绕在我心头，让我一路坚持，一路不忘初心。现在我作为手术室的一名成员，深感无比自豪。

仍记得2018年那个深冬的凌晨，1月22日，星期六，茂名市人民医院却是别样的热闹与精彩。这里聚集了无锡的专家教授、外科医生、麻醉医生和手术室护士，大家齐心合力，密切合作，进行了一场与生命的博弈。

当天，手术室被通知将进行一台双肺移植手术，手术室护士长和胸外科医生团队的医生们早早就到手术室做好了手术准备。由于肺源获取途径一波三折，这台双肺移植手术多次被通知取消，手术人员却坚守在岗位上，时刻等待通知准备手术。直到晚上8点多，电话铃响起，说肺源已获取成功，要经过长达4个小时多的运输，才可送达医院手术室。在科室坚守岗位的我们，为确保整台手术的顺利完成，已经忙碌地开展了一系列手术准备工作，。供体的肺源比我们预期到达的时间早了2个小时，听说护送肺源的团队，在高速公路上的行驶速速高达200 km/h，一路飞奔往医院，就为了可以让肺源尽早地移植在受体身上。时间分分秒秒地流逝，在科护士长的指挥下，我们的护理工作有条不紊地进行着，直到下半夜凌晨3点多，我们医院整个医护团队配合无锡的专家完成了粤西地区第一例双肺移植手术，手术过程非常顺利，我们的手术团队也得到了无锡专家和手术医生们的高度评价与认可。我们每天都在与死神抗战，与时间赛跑，我们的护理团队更是一支兢兢业业、心思缜密、敢于奉献、奋力拼搏、技术精湛的特战队伍，在大家眼里，手术室又或许是一个很神秘的地方，看上去充满血腥与恐惧的地方。然而手术室并不是大家所想中的那样，那么，手术室到底是一个怎样的地方呢？作为手术室的一员，现在就由我来为大家揭开手术室的"神秘面纱"。

当微微的晨光半遮脸时，当夕阳已经缓缓落幕时，手术室的护士们都在不分昼夜地工作了，准备当天择期手术的备物，应付突如其来的急诊手术，洗手消毒，穿好无菌衣，戴上无菌手套，一遍遍地重复，一遍遍地核对、清点，把无菌技术做到一丝不苟，我们时刻保持着"零"差误的工作态度。

在电话铃声响起的时候，我们的护士会立刻接起电话，保持严谨的态度。

"你好，手术室。"

"你好，我是产科，有一名脐带脱垂合并前置胎盘的孕妇需立即手术，请抓紧准备。"

"你好，急诊科，外院刚转运来一名肝破裂术中无法止血的患者，正在前往手术室的路上，请准备。"

"你好，神经外一科，有一名患者因脑外伤大出血已经形成脑疝，请抓紧准备。"

没有任何预兆，没有任何防备，我们的工作时刻处于备战状态。在白天，护士长统筹全局，安排好择期手术顺利进行的同时，时刻做好应对急诊手术的准备。到了晚上，我们依然保持着严谨的态度，在电话铃声响起的时候，不敢有任何一丝怠慢，迅速地安排手术。而副班二值的工作人员就在家里24小时随时候命，只要接到科室通知，他们就会立马回到科室准备手术。

正因为这样，我们身为手术室的工作人员，加班成了我们的常态。不分时间，我们都习以为常，我们都记不清有多少次在凌晨被唤醒，多少个夜晚通宵达旦。我们都在自己的岗位上默默奉献，无怨无悔。把患者的生命永远放在第一位，是我们护理团队永远坚持的信念与宗旨。

很庆幸的是，我们作为医务人员，都有这份信念：我们希望，这个社会和谐，每个人都身体健康，每个家庭都幸福快乐。但愿我们可亲可敬的同事们，仍继续执着，怀揣初心，并肩作战。而我，始终会怀着这份情愫，继续走下去，坚守自己的岗位，完成自己的使命。

作者：陈建飞，茂名市人民医院

静夜思

　　参加工作已经5年了，夜班生活似乎已步入正轨，对上夜班我也颇有一些感触。就谈谈最近一次上夜班的感受吧！

　　17:30接完班，迎接我的是胆囊癌择期手术，我的夜班正式开始了。这次夜班的境遇不是史无前例也算是屈指可数，择期手术一直忙到凌晨，一台接着一台安全送走所有手术患者后，22楼内走廊格外宁静，此时的内走廊静得连掉一根针都能听得到。或许是忙碌后的疲乏，又或许是分外享受这一刻的宁静，我在内走廊里驻足了良久，白天一片热闹景象，又成为昨天的回忆。看着墙上的时钟，一分一秒不知疲倦地工作着，或许它都不知道自己带走了多少时光，又带走了多少悲欢，此刻，我思绪万千，也许在大多数人眼里，我就是一个小护士，做着微不足道的工作。我们不是歌手，不能用动听的歌喉歌颂自己的岗位，我们也不是诗人，不能用优美的诗句赞颂自己的职业。我们在平凡岗位上默默地奉献着自己，在黑夜里点亮了一盏温馨的灯。

　　夜班难得的宁静通常都会被一阵急促的电话铃声打破，这一晚也没例外，21楼同事打来电话，原来21楼一同值班的同事收到通知有4台急诊手术要做术前准备，需要支援。夜晚急诊患者病情一般比较重和急，放下电话，我开始加快步伐，根据患者病情及预送时间迅速做好安排。4台急诊，有小孩、孕妇，还有老年患者，其中一台是小孩气管异物取出手术，患儿，一岁半大，建立静脉通道困难，家长急得满头大汗，患儿病情重、变化快，需要我们不但要有敏锐的观察力，还要有很高的责任心，能否快速建立静脉通道、心电监护仪的各项指标是否正常、吸氧管是否保持通畅、预见性的并发症是否发生等，这些都尤为重要。孕妇，瘢痕子宫、胎膜早破、胎心音慢，也需要急送，护士用平车把患者推了上来，看见患者痛苦的面容，还不时地发出惊叫、呻吟声，安全交接后我为患者快速建立静脉通道，监测生命体征。就这样，一台手术接着一台手术，我们像打了"鸡血"一样。

　　时间一分一秒过去了，一个个患者也被有惊无险地安全送离手术室，我终于松了口气，摘掉口罩，虽然很疲惫，但感觉很欣慰。等这一切忙完，时间已经接近早上7点，同事们都已经陆陆续续来上班了，窗外，太阳已经升起，这个夜班的忙碌让我们年轻的脸上有了几分憔悴，然而心里更多感受到的是一种满足，因为生命有我们守护着。

作者：陈沛雄，茂名市人民医院

岁月静好

回首岁月，不知不觉自己已经来到手术室当护士两年多了，从大学毕业后来到厦门，然后再到茂名市人民医院上班至今，每一段时光都是如此美好，充满回忆。有人说我们是没有翅膀的天使，因为我们是用爱心和微笑为患者抚平痛苦，有人说我们虽然没有美丽的容颜，但是我们有一颗温柔善良的心。我们从来不认为自己是天使，因为这些只是我们应该做的工作。

冰心曾说，爱在左，情在右。在生命的路两旁，随时撒种，随时开花，将这一径长途，点缀得花香弥漫，使穿枝拂叶的行人，踏着荆棘，不觉痛苦，有泪可落，却不是悲凉。这就是作为一名护士的职责。

手术间，一个令人感到冰冷和恐惧的地方，让每一个站在手术室门口的人都望而却步。但其实，这里面也有给人温暖和希望的星火，就是那些在和时间赛跑、与死神做斗争的医生和护士们。他们的身上肩负着神圣的使命，他们在为生命而努力，同时他们也是一群可爱的人。我为我自己选择的工作而感到自豪，每当看到患者在医生和护士的救治下重获新生，没有什么比这个更让我感到自豪和开心，不需要鲜花和掌声，患者的一个微笑或者一句简单的谢谢，足矣！

还记得有一天半夜，来了一位小男孩，右腿小腿摔伤急需手术，但只有孩子的奶奶在身边陪伴着，小男孩一直在闹情绪、在哭泣，不肯配合手术。那天晚上，刚好是我值夜班，已经配合了几台急诊手术的我，拖着疲倦的身躯经过患者等候区时，看到了束手无策的老人家。我缓缓地走过去，在小男孩的面前蹲下来，拉起他的小手，对他说："小弟弟不要害怕，姐姐会一直陪在你身边。作为一个男子汉，你要勇敢坚强喔。"小男孩泪汪汪地望着我，点了点头。接着，我顺利地牵着他的手，走进手术间。手术结束后，小男孩慢慢苏醒过来，不停地呼唤我，最后牵着我的手问："姐姐，手术做完了吗，刚才我勇敢吗？""手术做完了，刚才你特别的勇敢，你很棒！"我回答道。类似的事情每天都在我们身边发生，哪怕是小小的感触，小小的收获，这都让我每天充满着冲劲。

生命是有限的，从一定意义上说，我们无法将生命延长到我们理想的长度，我们所能做的就只有提高这有限的生命历程的质量，使这有限的人生旅途更有意义。要珍惜别人对自己的每一份关爱，哪怕只是一句问候，一个微笑。滴水之恩，当涌泉相报，更不能以怨报德。要懂得尊重别人，感受别人，体恤别人。人生在世，更要心存感激，怀有一颗感恩的心。小时候，我们离不开父母的养育；长大了，离不开别人的帮助，我们吃着别人生产的粮食，穿着别人缝制的衣服，住着别人建造的房子；生病了，也需要别人的照顾。我们的衣食住行都离不开别人。所以，要敬重别人、包容别人，常怀一颗慈悲的心去帮助别人。要把关怀别人、救助别人当作自己的天职，变成自己的天性。正所谓予人玫瑰，手有余香。

作者：陈思敏，茂名市人民医院手术室

手术室的"夜"

那是一个冬日的夜晚，寒风凛凛。

凌晨3点，路上的车辆、行人已经很稀少了，窗外静悄悄的，只有寒风呼啸的声音。手术室终于熄灭了它亮了一天的灯光，风稍微小了些，天却冷得更厉害了。忙碌完的我们刚躺进温暖的被窝，终于可以安稳地睡一觉了。寂静的夜里，凌晨3：37，忽然，电话铃声响起，这是代表有急诊的信号。

"喂，你好，这里是手术室。"

"手术室吗？我是肝胆外科的医生，有一个外科ICU的患者怀疑胃穿孔，需要进行腹腔镜手术,患者的情况不太好，请马上做好准备，大概10分钟后就送过来。"

"好的，我们马上准备。请将患者送到22楼手术室。"

我们几个值班人员，马上从被窝里出来，顿时觉得寒气袭人，却也能让人清醒。患者送过来了，带着气管插管。麻醉医生利索地接好了心电监护，紧张的气氛开始蔓延，就像那位医生在电话里说的那样，患者的情况确实不太好，生命体征得指标都不在正常范围内，心率为52次/min，血压为84/48 mmHg，血氧饱和度为84%。在这时，意想不到的情况发生了，需要在麻醉同意书上签字时，原本同意手术的患者家属却犹豫了，拒绝做手术。年轻的我有点不知所措，患者的情况已经刻不容缓了，家属却不同意手术，手术医生非常着急，

"患者很明显是胃穿孔导致的酸中毒，只要手术了，这个患者是有很大可能救得回来的，我去和患者家属再聊聊"。

那我该怎么办？这时，巡回护士老师的存在给了我很大的力量。

"你先把所有的东西准备好，手术医生已经和患者家属在聊了，无论最后患者家属同意不同意做手术，我们都要做好我们自己的职责，对患者的生命负责。"

"嗯，那我明白了。"

197

时间在流逝，我们的心也越提越高，虽然我们已经对患者进行了基本的处理，但那只是治标不治本，越迟手术对患者的情况越不好。

"快，马上手术，患者家属同意了。"

这一刻，手术室里的所有人都松了一口气。

凌晨5:39，手术结束了。看着心电监护仪明显好转的数据，心率62次/min，血压92/60 mmHg，血氧饱和度95%，我们脸上都不由自主地带上了笑容。

夜，马上要过去了，窗外的太阳闪着金光冉冉升起。

作者：柯敏祺，茂名市人民医院

无影灯下的那些事儿

入夜了，又是一个副班，我匆匆赶到家，但还是错过了与孩子嬉戏说话的时光，看着小家伙熟睡中通红的脸庞，额头上还粘着退热贴，眼睫毛湿答答的，我心中的歉意油然而生。就在2个小时前，小家伙还在电话里声嘶力竭地哭着找妈妈，那个时候，我刚做完一台手术，30分钟后还有一台急诊胃穿孔修补术，想到还在发烧的孩子，自己一时半会回不去，趁着空隙打了个电话回家告知一声，谁知道不打还好，打了更揪心。但是这种揪心，经常在投入下一台手术之后立刻会忘得一干二净。像这种情况，对于一个手术室护士来说，是家常便饭。在这世界上，有那么一群人，她们可以欠父母的，欠伴侣的，欠孩子的，欠朋友的，但唯独不能欠也不允许自己欠的，是患者的，他们就是一群整日游走在无影灯下的绿影使者——手术室护士。

在这里，你总能看尽人间百态，尝尽世间百味，你会为一个新生命的到来感到雀跃，也会为生命的垂暮与消逝感到无奈与悲恸，更会为挽回一条岌岌可危的生命喜悦到潸然泪下……因为这一切，都是那么地来之不易。然而，令人痛彻心扉的是并非所有人都能理解你这份苦乐参半的工作，在手术室这扇厚重的大门里，可爱的人儿在拼尽全力完成自己救死扶伤的使命。

也是一次辅班（24小时候命），突然接到有急诊截肢手术的通知，患者是一个气性坏疽的8岁小女孩，已经感染性休克，需要马上进行截肢手术，由于是特大感染性手术，需另外备好手术需要的所有用品到急诊手术室去进行手术。像这种突如其来的、不按常理出牌的"不速之客"，我们习以为常了，与时间赛跑往往也是我们的必修技能之一。一来时间确实很紧迫，但准备的东西那么多，急诊科的手术室只有最基础的配给，加上离大本营山长水远的，万一备物不齐，这远水可救不了近火；二来又是感染性手术，术中手术人员应当尽量避免出入，并且还要考虑到当台人员的防护和术后各种器械和耗材的处理，不仅要尽量避免再次回收还要做到杜绝浪费。这样一来，备物可不像平时那样容易了，三五分钟就可以备齐。就这样，上至患者术中要用的敷料、器械、针线等，下至医生护士要用的防护镜、防护服、一次性手术衣、各种记录单等，我们足足用了20分钟才备齐。

我们除了要把装载手术物品的器械车推到急诊手术室，还要一边着手准备手术间，一边打电话通知送患者。不料，我在前面拉器械车，同事在后面帮忙推的时候，一个不留神，把我的脚卡了一下，同事当时有点傻眼了，满怀歉意地说："怎么样，有事没？要不要上报？这可是气性坏疽，带伤口上台可大可小。"我当时心里咯噔了一下，心想怎么出这茬？赶紧看看脚上的伤口，幸亏只是擦破了一小块皮，这会儿患者应该送到半路了，再重新换个人来该赶不上手术开台了。最后我还是狠得心对同事说："你先准备着，我去处理一下伤口，只是擦破一点皮，没事。"说完我赶紧把伤口消毒了一下，贴上敷贴，避免伤口外露。

这时候，患者来了，这个8岁的孩子已经不省人事了，身上插满各种管道，右侧小腿又肿又黑。可怜的孩子，在这个年纪你本应该快乐地奔跑，怎么落得如此受罪？后来一询问，才知道，患者在上厕所的时候被钉子扎到脚，不到两天的时间从脚底到膝盖处已经全部感染、发黑、坏死。同样身为父母，看到孩子羸弱的身躯躺在手术床上，心里仿佛被塞了几百个石头，堵得实实的，透不过气来，但同时，身为一名医务工作者，我会尽我最大的努力来帮助她，让她平安地走出手术室的这扇大门。

所幸，手术前前后后经历了两个多小时，过程很顺利。天灾人祸总是这样不期而遇，孩子，虽然你失去了一只脚，但只有这样你才能活着，没有什么比活着更重要，只要能活着，日后就有机会能站起来，只要能活着，也许将来有天你会比四肢健全的人们都要站得高。

这件事过去不久，在一次和同事闲聊时，我们又说起这个可怜的孩子，原来她已经从ICU转到普通病房，这本是件令人欣喜的事，然而，同事话峰一转说："你不知道吗？这件事已经上新闻了，XX媒体上报道说茂名的8岁女孩上厕所后扎破脚，竟被医生告知要截肢保命，某某医院医生草菅人命，后面负面的评论一大堆，都是在指责医生、护士小题大做！"我回去上网一查，还真有其事，甚至有些人评论写道："脚疼就要切脚，头疼是不是就要切头？"或者"我小时候也被铁钉扎过，拿尿泡一下就好了，也不用截肢啊，现在的医生真没良心。"

那可是气性坏疽，孩子已经感染性休克了，如果再不截肢，她的命都保不住了呀！难道媒体的初衷不是让更多人去了解事情的真相，还原事实的本质吗？此刻，我突然想起曾看到过的一句话——上帝有两个住处，一个在天堂，一个在人们心中。我想，每个人的心中都有一把道德量尺，只要心存感恩，无论是在生前抑或是死后，上帝都会眷顾他。

　　当时我心中愤懑难以释怀，直到有天和一位长者说起此事，她问我："你做了你该做的了吗？"我说："是的。"她又问："你觉得自己做的是对的吗？"我毫不犹豫地回答："是对的。"接着她又问："那你是为了做给别人看吗？"我恍然大悟："当然不是！"那一刻，我释怀了，也许以后还会遇到此类的事情，当你百口莫辩的时候，回头想想，只要我做了自己该做的，只要我做的是对的我相信，总会有那么一双明亮的眼睛能够清楚地看见我做了什么。

　　当然，我只是手术室护士中一个小小的缩影，在无影灯下，还有无数双手在默默地传递着她们对生命的信仰，传递着她们救死扶伤的信念，传递着她们一丝不苟的精神。被无数次洗手液和消毒水擦洗过的双手已不再光滑细腻，长时间站立的双腿也已不再修长纤细，强而有力的臂膀能扛起沉重的器械包，能抱起180斤重的患者，却没时间抱抱家里哭闹的孩子……一天当中，他们几乎有一半的时间在医院度过，为各种各样的患者忙碌着。如果可以的话，大家能否给她们一个温柔的支点？能否给所有一年365天风雨无阻坚守在岗的医务人员们一个温柔的支点？在他们善待生命的同时也善待他们！

作者：李杏梅，茂名市人民医院

无影灯下的温暖

有那么一个地方，给很多人的感觉是神秘的。除了在其中亲身经历过病痛的人们，外人无从得知它真实的模样，它总是紧张、忙碌，可又时而异常安静。这里被各种复杂仪器围绕，不分昼夜，只要有手术便是工作时，这里就是手术室。

作为一名手术室护士，虽然在手术室工作不长，但我愿意如此带您走入手术室。一起来聆听那些在无影灯下的故事，愿您和我一样感受那份温暖。

最美的爱情或许不是轰轰烈烈的，而是相伴了一生仍然能温情对待。一个平常的工作日的早上，我交接了一位将要进行口腔囊肿摘除手术的患者，陪同他是一位年龄相仿的老奶奶，老奶奶看起来恐慌得像个小孩子，老爷爷一直牵着老奶奶的手，并小声安慰说："不用太紧张，我很快就出来了，等我进去你就去外面找个椅子坐着，哪也别去，等我出来。"如果不是术前了解到要接受手术的是老爷爷，我会误解为要接受手术的是老奶奶。

都说懂事的孩子更让人怜爱。某天作为骨科巡回护士的我交接了一个之前因为车祸大腿骨折皮肤挫擦伤，今天将要接受大腿植皮手术的7岁小男孩。他一直都很安分和配合我们，反而是一旁的妈妈一直红着眼睛看着他。把男孩接进手术间，麻醉医生和手术医生早已在等待他。麻醉医生说："弟弟，你好啊！第三次见面了哦，还认得叔叔吗？"手术医生说："你很棒！很坚强，一次都没哭过。"少语的弟弟这时才说话："我不能哭啊，因为我知道我哭了，妈妈会哭得更难过……"如此懂事的孩子让我们手术间里的每个同事都感动了，默默地在心里祈祷他能早日跑起来，回到学校。

有时候在一个环境待久了，特别是在医疗行业这个大圈子中，你会自然而然地习惯为患者着想。颅脑外科的赖主任 有一件事让我印象很深刻。那天我配合一台脑肿瘤切除的手术，主刀医生是赖主任。术前了解到患者有贫血，本应尽早接受手术为宜，因为迟迟未备好血，所以推迟到今天才进行手术。作为巡回护士的我，在手术开始前遵医嘱从血库取回5个单位的浓缩红细胞。手术过程很顺利的，患者的肿瘤体积较大，术中难免出血。但经过输血，患者的生命体征是平稳的。手术顺利结束，当赖主任告知家属已顺利完成手术时，患者家属感动不已，反复向赖主任道谢。后来我们才知道原来患者所准备的5个单位的浓缩红细胞里有2个单位是赖主任辅助献的。只因患者家里家庭条件也很困难，家属能献的都献过了，还是备不够血，患者也不能接受手术。为解燃眉之急，赖主任献了400 mL血给患者。知道这一切后我们都默默地在心里为赖主任点赞，他总是那么理解患者和家属的那种渴望和需求，深深地知道作为一个医务人员要不求回报，再辛苦也只为患者、家属博取一丝希望、一个笑容，甚至更多的明天！

这些动人的故事，让我知道如何善良、真诚地对待每一个生命；让我知道如何珍爱生命，知道奉献是一种幸福；让我深深地热爱这份护理工作。我懂得了要永怀一颗感恩的心在手术室这个平凡但不平庸的岗位上，在无影灯下创造更多温暖。

作者：李雅婵，茂名市人民医院

我是手术室护士，我自豪

手术室，对于很多人来说，那是一个神秘冰冷的地方，当大门紧闭，红灯亮起时，除了正在经历手术的人，外人无从得知里面究竟发生了什么。手术室护士，头戴花帽，身穿紫衣，医用口罩下只露出两只眼睛。也许在许多人看来，那些走路带风的、高冷的手术室护士，他们的工作是那么神秘。而我，就是这个神秘团队中平凡的一员。

还记得当初入职时，当我听到自己被分配到手术室工作时我竟愣了几秒都无法回过神来。当反应过来时却又暗喜，毕竟成为一名手术室护士是我的梦想。小时候看电视时，每当看到手术室护士配合医生做手术时那"快、狠、准"的动作，我都觉得他们特别"帅"。如今，终于我也是一个"帅"的人。从此，三尺手术台，四方手术间就是我的工作场所。

因为是手术室护士，所以我们从不知道自己的下班时间，这里充满了太多的变数；因为是手术室护士，我们硬生生地从一个瓶盖都拧不开的弱女子变成了可以抱着几十斤重的器械飞奔在手术室里的女汉子；因为是手术室护士，我们练就了5分钟倒饭进肚的神技，让胃病成了我们的常客；因为是手术室护士，我们耐得住渴，忍得了尿，"人有三急"这千古定律在我们面前是不成立的；因为是手术室护士，我们没有午休，节假日也经常加班，所以千万别轻易约朋友聚会，约多了你会没朋友的；因为是手术室护士，我们常常见不到阳光，昼夜在我们的抬头与低头间悄然更替。但，也因为是手术室护士，我们常常感动与自豪着！

因为是手术室护士，所以只要无影灯亮着，我们就在战斗在这个没有硝烟的战场上。因为是手术室护士，多少个深夜，急诊的电话把我们惊醒，不管外面是雷电交加还是北风呼号，我们都会以最快的速度奔赴生命抢救的最前线。因为是手术室护士，我们不眠不休，与外科医生、麻醉医生并肩作战，创造神奇，力挽狂澜，让垂危的生命得以生还。这一切，只因为我们是手术室护士！

而这一切，也让我们觉得我们的辛苦是值得的。

因为是手术室护士，我们哭过、笑过、徘徊过、挣扎过、迷茫过，我们常常说如果有下辈子一定不做手术室护士。然而，在急诊到来时，在灾难面前，我们总是一次又一次地忘掉自己曾信誓旦旦说过的话，重新奔赴于战场上。当我们看到患者重获新生，他们的家人露出可爱笑容时，也总是会忘掉自己的苦与累。

如果你要问我，下辈子你想做什么，我想我会毫不犹豫地说，"手术室护士"。

不忘初心，砥砺前行，我是手术室护士，我自豪！

作者：庞良容，茂名市人民医院

我的手术室工作感言

在踏入医学院得那一刻，在进行医学生誓言宣誓的那一刻，就注定我们身上肩负着生命之重。毕业之后，当我第一天进入手术室，从换洗手衣、戴帽子开始，一切都是那么陌生，又是那么新奇。当一间间手术间映入眼帘的时候，当看到医生和护士老师在里面紧张而有序地进行着操作的时候，一股敬意由心中升起。我为我即将加入这个大家庭，成为其中的一员，而感到高兴。

很多时候，一些亲戚朋友都会好奇地问，做这个不会怕吗？要不要拿手术刀的？只是递剪刀、钳子给医生吗？这个时候，我也不知道要怎么用一些简短的语言就跟他们说得清楚。嗯，对！我们不会害怕，我们是拿手术刀给医生的，我们是递剪刀、钳给医生的。但我们的工作就仅仅是这些吗？不，远不止如此，我们的工作还包括很多很多。从患者进入手术室大门的那一刻起，患者及家属就将希望与信任给予了我们，我们也必须以认真、尽责，以及我们最大的能力来回报他们，因为我们深知我们手上传递的不仅仅是一件简单的手术器械，我们传递的更是希望与生命的延伸！

记得刚来手术室工作的时候，带教老师很认真地从洗手、穿手术衣开始教起，老师一步一步认真地教，我一步一步地在旁边跟着老师学，记得那天有一位医生在我们旁边洗手，对老师开玩笑地说，我看你都洗了10分钟了，还没洗完？老师很认真地回答他，说我刚来，跟着洗手上台，当然要认真地教，认真地示范给我看。当时，我就感觉，老师真好，一股暖流在心间流动。跟着老师上台前，老师就很认真地教我备物，让我先简单地记在小本子上，回去再整理总结，老师说了一句，"好记性不如烂笔头"，让我印象深刻，至今仍记忆犹新。

时光荏苒，岁月如箭。不知不觉，已经在手术室踏过第4个年头，在这里，我更深刻地认识到，当初宣誓时的那句"健康所系，性命相托"的话语的分量。这里就是一个没有硝烟的战场，一个与疾病相抗衡、与时间赛跑的战场。在这里，我们与患者以及患者家属站在同一战线上，为共同的目标而各自坚守着；

在这里，我们挥洒着汗水，收获着成长与喜悦。面对每天的手术、不同的患者，我们都用心去认真对待，并从中学到很多、感悟到很多；在这里，都印证着我们成长的每一个脚步；在这里，护士长就是我们的指路明灯，照亮着我们前进的道路，引领着我们向着更好的方向前进！在手术室这个大家庭里，我们有工作时的认真严肃，也有平时温暖的欢声笑语。我们在这里辛勤并快乐着，我为我能够在这个大家庭里不断成长与进步、成为这个大家庭里的一员而感到自豪。

作者：杨梦琳，茂名市人民医院

绿衣天使

现实中，手术室给人的感觉总是神秘而冰冷的，长廊中的那扇门一开一关，里面充斥着各种仪器的"嘀嘀"声，各色的指示灯，匆忙的脚步。有这么一群"绿衣天使"，他们身穿绿衣，头顶花帽，戴着口罩，他们仅露出眉眼的半张脸是那么美！我有幸也是他们其中的一员，我们是手术室护士。

如今，我已在手术室工作了4个春秋。尽管不知道凌晨4点的茂名是什么样子，也不知道茂名午后的天空是什么样子，但却握住过无数双颤抖而无助的双手，也看到过无数张手术室门外患者家属破涕为笑的脸，感受过患者家属感激的眼神。瞬间才明悟无影灯下，我的坚持是如此值得。

深夜，手机响起，"急诊剖宫产，胎儿窘迫，马上回来"。我的迷糊消散，弹身而起，飞奔于夜深人静的路上，昏黄的路灯在为我引航，照亮了我心中的信念。回到科室，洗手上台，"刀、止血钳、纱布……"，"快！准备婴儿喉镜……"在这紧张而又有条不紊的节奏下，当听见那呱呱坠地的啼哭声后，大家都松了一口气。当"清点无误，可以关腹"的话音落下时，伴着响亮的"哇哇"声，疲惫感随之散去，我看了看自己身上绿色的手术衣，此时，映入眼帘的那一抹绿，就是生命的力量吧，真好！

绿色代表希望，代表生命力，使我们对健康与生命充满无限的希望。我们在台上传递的不只是刀钳，更是希望与生命。我们是名副其实的"绿衣天使"，我们用坚持、执着与奉献走出了一条通往生门之路。我们的护士长就是我们这些绿意天使们的"提灯女神"，是她在前方一直为我们指引方向，无数个夜晚，她忧愁不能入睡，无数个夜晚她办公室灯火通明，她用执着与信念给我们塑造榜样。

有一种苦，没有体会过就不知道它的快乐，有一种执着一旦坚持下去，就很难放弃，这就是手术室护士，是无影灯下挥动翅膀的天使，身穿绿衣，默默耕耘，默默奉献。

作者：张启媚，茂名市人民医院

站台坚守　砥砺前行

手术室里，无影灯下，医生身旁，总有那么一群人，手不停地忙活着，传递着各种器械工具，配合着各种手术。他们不是医生，但他们也在默默无闻地用自己的努力去救死扶伤……这么特殊的一群人就是手术室护士。而我，就是千千万万的手术室护士里的一员。

从学校毕业后就进入手术室工作的我，一直在努力做好每一件事，除了把所学过的理论知识运用到实际工作中，我还会鞭策自己在工作之余多向前辈学习、多总结经验，让自己不断进步，让自己在手术台上做到最好，配合协助医生更好地进行手术、救助患者。

闲暇之余，同事间会闲聊，我们聊最新的医疗进展手术更新，聊工作中的进步与不足，聊聊我们的心声。印象最深的是有女同事调侃道："我们在医院上班多好啊，怀孕的女同志可以工作到生的前一刻，等肚子痛的时候直接就说'你们继续做手术，我肚子痛到不行了，要生了'，然后到产科办理入院就待产……"大家听罢相互对视，心领神会一番便拍着手掌大笑起来。虽然是几句玩笑话，但也道出了我们的心声：医院不像一般的公司、企业、店铺，任何时候都不可能关门店休，因为你不知道哪一时刻会有患者到医院来就诊，或者需要手术治疗。作为一名医务工作者，哪怕这时你已经身怀六甲，哪怕你的肩上也有家庭中不可推卸的重任，你也必须得坚守在自己的工作岗位，急患者之所急，想患者之所想。

但未曾想到，当日同事随意间调侃怀孕女同事的几句玩笑话却真真实实地发生在我这个准妈妈身上。让我终生难忘，恍如昨日。

那是2017年的大年初五，大街小巷上，处处是新春热闹的景象，亲友们纷纷出门玩耍或者是拜亲访友，但这一天，在热闹的家庭聚会中，我缺席了，因为我们正常上班了。早晨7点，迎着清晨的微光我走进了手术室，准备开始一天的工作。我挺着个大肚子，虽然动作已经略显笨拙，但还算利索，依然围着手术台转啊转，已然忘记我已怀胎十月……突然，工作中的我感觉到有点肚子痛，但我没太在意，直到痛的强度越来越大、频率越来越有规律，我才猛然想起——我肚子里还有个宝宝呢！他一定是想赶在预产期前两天来报到，给我个惊喜。于是，我赶紧报告护士长，护士长首先安排了同事接班，紧接着又安排了另一个同事陪伴我到产科，并且一再嘱咐她千万要照顾好我，陪在我身边直到我的家人来到。这让我很感动，护士长总在我们最需要帮助的时候给予我们支持。而我，很喜爱我工作的地方——手术室，这个大家庭里有护士长和同事们的关心照顾，很温暖。

别人也许会说，这挺好的呀，多方便呀。是的，的确很方便。乍一想，这不正反映了医护工作者的工作日常吗？当你生病的时候，也许你可以随时请假。但是首先我们所想到的是明天的手术多不多？有没有人能接替我的工作？如果我请假了会不会扰乱原本的手术安排？我们总是将患者、工作放在第一位，因为那是我们肩上担负的责任。

人们常用步疾如风来形容短跑健将，用追求严谨来形容科学研究，用胆大心细来形容各大企业家。我想，用这三个词来形容手术室护士也是再贴切不过的。每天，手术室护士需要穿裹着手术衣争分夺秒地抢救着每一位患者，紧随医生动作，认真观察医生的下一步需要，用专业知识和实践技能与医生完美配合，拯救一个又一个生命，完成一台又一台手术。看着患者的生命体征越来越平稳，患者安好健康，这就是我们手术室医生护士久站的动力。

一丝温情，一份关爱，一滴汗水，换来了家家户户的幸福。手术室护士总是默默地把苦与累、辛和酸留给自己，对患者守护甚至超过了我们亲人的陪伴。虽然没有惊天动地的业绩，但我们却用最朴实的行动诠释了"绿衣天使"的美丽。如今，我的孩子一岁多了，回想起那一段这一辈子都不会忘记的经历，我总会不经意地笑起来。等我的孩子长大了，我会告诉他："你的妈妈是一名手术室护士，她为此感到自豪。'"

作者：周海敏，茂名市人民医院

春风十里不如你

导语：

　　青春是人的一生中最美好的时光，有的人在校园里度过，有的人在诗和远方中度过，而有的人则是在美丽的无影灯下渡过。医院里，有着这样一个特殊的群体，她们身着绿衣，口罩和帽子遮住了他们原本年轻的脸庞，他们就是手术室护士。在原本应该肆意美丽，绽放青春的年纪，他们的美丽只能被包裹在绿色的消毒衣下，在这一天，我想在这里高声赞美这群最美丽的天使（图1~图5）。

　　医院的手术室是一个没有硝烟的战场，但在这里同样会进行生死博弈，这里不仅是医生的战场，也是护士的战场，他们作为医生的助手，为医生提供必要的帮助，每一个人都有自己的责任和使命，他们默契配合，为一个个生命的延续做斗争。

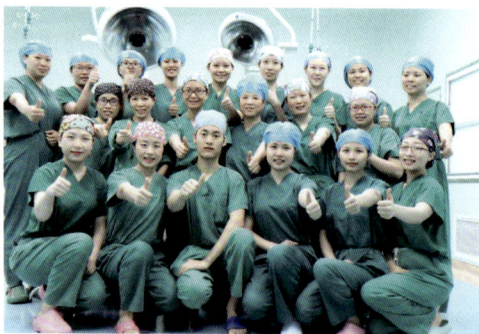

图1　广东省中西医结合医院手术室团队（1）
这是一支富有朝气、充满活力、敏捷高效的队伍，
是一直在临床一线上守护着生命的队伍。

图2 广东省中西医结合医院手术室团队（2）
我们用最真诚的心守护着每一位围手术期患者的
生命安全。

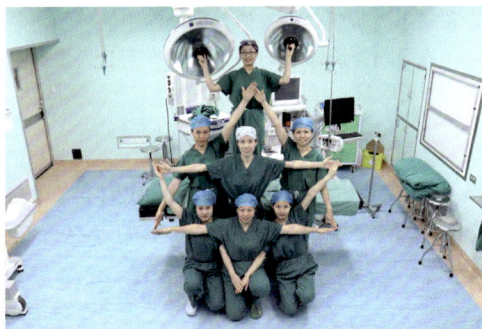

图3 广东省中西医结合医院手术室团队（3）
我们就似五月的春风，给患者带去温暖，又似五
月的鲜花，给手术室增色添彩，我们穿梭在手术
台之间，就像守护生命的天使，给每一位患者带
去重生的希望！

　　四方手术间里，无影灯下的三尺术台就是手术医生和护士的舞台。手术室
的工作是神圣的，更是辛苦的。

　　有一群人总是默默无闻，他们行色匆匆，永远奔跑在拯救生命的路上；有
一群人总是静静陪伴，他们全神贯注，随时坚守在保护生命的岗位上；有一群
人总是拼尽全力，他们奋不顾身，不断阻挡在死神恐怖的脚步前。他们是一群
普通的人，平凡如你如我……

　　在平凡的护理岗位上，他们用一丝温情、一份关爱、一滴汗水，换来的是
千家万户的幸福和健康安详。他们用最最宝贵的青春燃续着南丁格尔永不熄灭
的精神圣火。

图4 无影灯下，携手同行

无影灯虽然不是世界上最美丽的灯光，但它一定
是世界上对生命最重要的灯光。它点燃了无数患
者和家属的希望，它就像人生旅途中的一盏指航
灯，为面临惊涛骇浪的小舟指引方向，为生命垂
危的患者带来一丝丝光明。

他们最希望赢得的是患者重生的希望，最希望看到的是家属们安心的笑
容，他们不求感谢、不求回报，他们就是手术室的绿衣天使！

作者：吴国英，广东省中西医结合医院

你是人间四月天

也许世上许多的医患矛盾、人情冷暖，都源于这道手术室的门。

在那扇门关闭的一霎，忙碌被关在了里头，焦急被留在了外头。但是希望与奇迹从没有被隔开。有一群"小花帽"，他们细致耐心，虽不为患者及家属所熟悉，也许对患者来说，留下的只是口罩与帽子之间温暖的眼神；也许对医生来说，留下的只是24小时无障碍手术通道中快速奔跑的身影；但对我们自己而言，留下的是无悔的青春，是为拯救生命的无私奉献。

他们有时像儿女、有时又像爸妈。举起的右手与低垂抚摸的左手，是医护间的挚爱，他们重复的动作，是生活的真实再现。他们总是默默地做着重复的工作，他们是真诚关爱生命的天使。她们也曾面对指责和误解，也曾面对生命流逝的无奈和难过，但他们总是幸福和快乐的。他们的工作很平凡，却也很伟大，他们怀揣着那颗炙热而坚定的心，无怨无悔地走在那条拯救生命的路上。

为减轻患儿对手术的恐惧，我们用播放动画片"哄"患儿进手术室的办法，用诙谐的语言、轻松的氛围保证小儿患者手术的顺利进行。举起的右手与低垂抚摸的左手，更是诠释着"手"护生命的意义。一阵欢快的笑声拉开了这台紧张手术的序幕。"叮当猫好厉害啊，姐姐，我也想要会飞的竹蜻蜓！"孩子饶有兴趣地看着动画片说道。直到他进入手术麻醉前，都在念念不忘自己和叮当猫与大雄的奇遇记。为减轻患儿对手术的恐惧，提高围手术期的患者安全，我们想出了这个好办法，让动画片陪伴着患儿一起进手术室，4年间，这种办法屡试不爽。

前几天，一个10岁的患儿需要进行"隐睾手术"。手术的前一天下午，手术室护士去访视患儿，以好朋友的方式与患儿进行交流相处，"我知道有一个很好玩的地方，那里有一个会发光的夹子，你想听到你自己的心跳声吗？只要戴上它你就能听到自己的心跳声音，你还可以从一个'小型电视机'里看到自己心跳的图形呢，图上高山小山应有尽有，你可以看看跟你平时画的小山有什么不一样哦。那里还有很多哥哥姐姐，他们穿的都是绿色的衣服跟小草一样，你要是去了就变成那些小草中的一朵小红花了，那是一个很有趣的地方呢！……"

在这样诙谐的沟通下，温柔的语气配合爱抚的动作，轻松地给患儿讲解了心电监护、血压计等手术时必须用到的医疗器材，无形中勾起了患儿的好奇心，消除了患儿对手术室环境的陌生感。在这种轻松良好的氛围下，我和患儿约定第二天我们一起去那个"好玩又神奇的地方"。

手术当天早上，我在手术室门口得等候区等待患儿的到来，只见他紧紧地抓住爸爸的手，嘴里喊着"我好怕"，不停地把爸爸往门外拉。我明白，内心紧张的患儿不仅不容易被带进手术室做手术，即便做了手术也有可能会影响整体手术的效果，在其不配合的情况下，甚至还可能会影响他的生命安全。因为在围手术期间，如果患儿出现哭闹、喊叫、乱动等，唾液、泪液、鼻涕等分泌物增多，会增加窒息和感染的风险。当即，我亮出"法宝"，拿出手机开始播放动画片《哆啦A梦》给患儿看，并与他交流剧情进展。这时，紧张和恐惧一扫而光，患儿想着叮当猫和大雄友爱的画面，借着麻醉药的作用进入了梦乡。在手术团队有条不紊的配合下，手术顺利完成。患儿安全返回病房。

我们张开的手就像是一朵鲜花，在自然中的万物都在交相呼应着生长，我们传递着温暖，传递着欢乐，传承着文化，而在心手之间更是传递着我们最初的愿望。我们都有着柔软的心肠、壮阔的胆量、细致的洞察力以及敏捷的反应能力，我们认真地对待与患者有关每一件小事，为保障手术安全，使手术顺利进行，而不懈努力。

患者在进入手术室时，手术室的环境、设备对于患者来说都非常陌生，他们常处于恐惧状态，而护士的一个微笑，一句温馨的问候，一个细小的动作，都可以消除其恐惧的心理，缓解其不安和孤独的情绪，在专科手术室护理服务实践中，要更多地给予患者精神上的呵护、心理上的宽慰，尊重和同情患者，寻求与患者情感上的共鸣，并予患者舒适的手术环境、安全的优质护理服务，用心服务创造"感动"，我们本着"一切为患者服务"的观念，以"探索患者愿望，满足患者期望"为目标，营造更加人性化的"舒适、安全"的优质护理服务，从患者的角度出发，换位思考，全面提高服务质量。

这就是简单的手术室护士的故事，故事里表现出来的也仅仅是他们无数个日夜的一幕，或许谁也不会刻意记得，但在这些鲜活的生命面前，我们时刻将南丁格尔的精神牢记在心，"燃烧自己，照亮别人，无私奉献"，将爱心和温暖传递给更多的人，我们因此而义无反顾，奋斗终生！

作者：吴国英，广东省中西医结合医院

生死时速、分秒必争

2017年3月18日夜晚，一个普通得不能再普通的日子，一阵急促的电话铃声响起："你好，有一名颈部大出血并咳血的患者需紧急进行急诊手术，请立刻做好手术准备！"于是，手术室又进入了忙碌的工作状态，手术间灯光闪动，人影穿梭。

9号手术间迎来了这样一位手术患者，患者进入手术室后血压一度难以测出，面色苍白，眼睑检查泛白，全身出冷汗，意识模糊，呈休克状态，刺激性呛咳并伴着咳血，整个呼吸道充满血液，血垫压迫伤口止血已无效。在患者血容量严重不足的情况下，只有快速建立静脉通路进行扩容才行，然而想用手术室粗大的20号留置针建立静脉通路谈何容易，但是手术室的护理人员凭借着过硬的穿刺技术，成功地建立了三条静脉通路，保证了液体和血制品的快速有效输入。

时间一分一秒地过去，出血情况未见明显改善，由于患者口腔、喉部均是血块，颈部短粗，气管插管难度极大，又需要建立中心静脉通路，麻醉医生凭着过硬的技术水平以及多年的经验，在无任何麻醉的状态下行紧急困难气管插管，吸引肺部误吸的百余毫升鲜血，接呼吸机，短时间内气管插管成功，中心静脉通路建立成功，为患者的成功抢救提供了强有力的保证。

一场与死神较量的大型抢救战斗就此拉开了序幕！手术室、麻醉科、输血科、检验科争分夺秒的接力，只为跑赢时间，为患者的生命保驾护航。各科主任、医生的全力支持、火速到位，为快速判断病情及抢救提供帮助。麻醉科主任做技术指导，护理二线护士及时帮忙，检验科医生快速配血检验。术中数次抽血、配血、化验、严密监测患者各项指标的变化。静寂中只听见器械碰撞的声音，口头医嘱的下达和复述有条不紊，紧中有序。

无影灯下，身影如织。麻醉机前，认真监测。生命就这样一点一滴地被我们从死神手中夺回。患者平安，这简单的四个字凝结了医护人员的多少汗水与辛劳。手术顺利完成，患者生命体征平稳，大家不禁为此松了一口气。

也许我们平凡，也许我们简单，但在生命面前我们可以骄傲地自称守护者。

查理·卓别林曾说过，我们想得太多，同情太少。除了机器，我们更需要炙热坚定的心；除了智慧，我们更需要善良。没有这些品质，生命就没有意义。手术室是挽救生命的圣洁之地，坚定的心声萦绕在各个角落，那一定是最美的天籁。而那些一幕幕转危为安的温暖足以感动整个世界。

谁都不会刻意记得我们无数个工作日中的每一天，但也就是普通的每一天，为我们所坚持的理想，奠上了厚厚的基石。健康所系，性命相托，恪守医德，敬业至善，救死扶伤，我们将义无反顾，奋斗终生！

作者：吴国英，广东省中西医结合医院

医者匠心

手术室，一直都是神圣庄严的地方。一方手术台，四方手术间，它沉稳、无声，却承载着无数患者重生的希望，为他们搭建起康复之桥，为他们支撑起生命的重量。当门外手术灯亮起的那一刻，当耀眼的红光汇聚，手术室的"战斗"便打响了。

有那么一群人，他们没有节假日、没有周末，一年365天坚守在自己的岗位上，他们就是坚守在临床一线的医务工作者，他们是平凡岗位上真正的幕后天使。为了患者的健康安全，他们放弃了与家人团聚的机会，不能陪父母，不能带孩子。对于绝大多数医务工作者来说，按时下班只能是一个遥远的梦想，他们已经习惯了这样的生活。也许结束了医院一天的工作后，等待他们的夜晚可能依然是忙碌的，查阅文献、整理资料、巩固临床知识与技能，即使是在睡梦中，也要时刻警惕着，永远不能断电的手机或许还会因为有急诊的患者而响起。

他们默默工作的背后，有着对患者最深情最执着的守护。他们用救死扶伤谱写出白衣天使的大爱！患者从入院到出院，或许只会记得为他们查房换药的医生，记得精心照顾他们的病房护士，而手术室的医务人员能让他们记住的，或许只有淡绿色无菌口罩上露出的那一双温柔的眼睛。

手术室是一个没有硝烟的战场，在这里同样会进行生死博弈，在这里，每一个人都有自己的责任和使命，他们默契的配合，为一个又一个生命的延续做斗争。青春在无影灯下静静流逝，汗水在手术台前默默流淌，手术室里面的工作虽然平凡，却担负着守护生命的重任，正是这些平凡细微的工作，营造出了世间最温暖的情怀。从麻醉到缝合的每个环节，他们都必须要有精湛的专业技术，才能担当起为患者保驾护航的职责。口罩遮挡着脸颊，却遮不住他们眼眸里坚定的信心，冰冷的仪器在他们手里，是信手拈来从容无惧的运用。忙碌的工作、高强度的动作没有让他们心浮气躁，反而更加沉稳细致；洁白的手套里满是汗液的双手，更是从未畏惧过淋漓鲜血的场面；30°角的注视，在他们平凡的眼眸中闪烁着浩瀚的智慧与远见。

作为手术室的麻醉医生，我们不仅是手术医生的协作者，更是患者手术床边的守护神。因为从患者躺在手术台上的那刻起，就是将整个生命托付给了我们。从步入医学殿堂宣誓的那一刻，那些誓言便在我们心里刻下了深深的印迹。

健康所系，性命相托！在平凡的岗位上，我们于千万人之中相遇，无惧手术风险，无惧术程长短，我们都会为尽全力，恪尽职守，对鲜活的生命负责，这也是我们良心和道德的准则。无关金钱，无关名利，无关身份，只愿您能早日康复，身体安康！

在当前的医疗环境下，医患纠纷日益增多，生命是短暂而神圣的，无论是否有种种的误解或不信任，只要看到还有一名患者在忍受着病痛的折磨，我们都将义无反顾，秉持理性，坚守道德，为患者的健康而奋斗终生！

作者：吴国英，广东省中西医结合医院

无影灯下的爱

　　说起手术室，可能有很多人都会觉得这是一个神秘、血腥、恐怖的地方，却鲜有人知道它里面的故事。每个手术患者，或有一段坎坷不堪的人生经历，或有一段感人至深的困难遭遇，而每每听到、看到，都会感触良多。我们在无影灯下传承着爱的故事。

　　回忆起工作中一幕幕的画面，由模糊到清晰，情感的闸门也瞬间被打开。那是一个夏天，手术室突然传来急促的电话声，接到电话，对方同事通知，10多分钟后会有一台颅内血肿清除术，患者情况不容乐观，急需手术抢救治疗。简单问明患者情况后，我们的落实人员和急救物品器械的准备迅速到位，一切的一切，同事们稳而有序地忙活着，对于这种情况，早已是司空见惯了。

　　不大一会，门铃响起，患者被紧急送来，患者处于昏迷状态，双侧瞳孔不等大，生命体征不稳定，带管吸氧……已开启绿色通道，患者被迅速推进手术间，进行相应的交接与麻醉配合工作。给药镇痛、镇静、麻醉，深静脉穿刺，动脉穿刺监测，手术器械开台准备，等等各项工作。患者是由于自身血管畸形破裂导致的颅内出血，给手术医生的止血过程带来一定的难度，加上出血的影响，患者血压与心率出现了失代偿的症状，故要马上进行输血、输液、升压等一系列的抢救工作。整个手术间充满了紧张的气氛，每个人都忙活着该做的事情，不敢有一丝的怠慢。经过几个小时与死神赛跑的过程，患者终于转危为安，术后双侧瞳孔等圆等大，生命体征平稳，带管送至病房监护室接受进一步的后续治疗。这时，大家也终于可以松了一口气，紧绷的神经终于可以松开了。故事说到这里，似乎也该告一段落了。

　　但没过两天，同事看到网上有一个帖子，讲述了这个患者的情况："他是家里唯一的顶梁柱，为了生计，给一个小店送外卖，在送外卖途中，突发脑溢血，倒在了途中，由路人报警求助将他送至医院。这个30多岁的年轻小伙，养着一双年老的父母和年幼的孩子，面对这样一个突来的噩耗和沉重的医疗费

221

用，对这个这个家庭而言无疑是晴天霹雳……"

我们纷纷转发此帖，希望能给他们更多一点帮助，哪怕是一点，对于这个家庭而言也是雨后甘露。我们科里几个同事，自发地带着自己的心意，来到患者床前，看着病重的患者，再看看他那白发苍苍、步态龙钟的双亲，真是觉得心酸与痛苦。之后，尽管工作繁忙，我们还是不忘从管床医生处打探患者的情况，后来得知他已康复出院，我们的心才稍微安放下来。

这样的故事每天都在上演，背后的故事大同小异，唯有那份爱一直在传承着……

手术室是救死扶伤的重要部门，除了日常开展择期手术工作以外，还担任着急诊外伤手术的抢救。无影灯下是一个个为了鲜活生命而努力与疾病痛苦做斗争的天使。无影灯下的故事太多太多了，或精彩、或感人、或悲痛，但唯一不变的是我们的使命以及我们对生命的尊重与敬畏。面对疾病痛苦，我们努力与之抗争；面对真情流露，却依然感同身受；我们的外表酷冷严肃，内心却是炽热如火。

话铃又响了，无影灯下又将上演一个怎样的爱的故事呢？

作者：麦志玲，广东省中西医结合医院

心手术室护士成长记

在北野武的《坏孩子的天空》里，有这样一个片段：

立交桥上，两个少年飞快地骑着单车，一前一后，在风中冲刺。这是打完群架后的逃离，阿木问阿胜："我们的人生就这样结束了吗？"阿胜望着远方，看到了尽头，回答："我们的人生才刚刚开始。"

结束了4年在校的理论学习，对即将进入医院工作的我来说，人生也才刚刚开始。

我是林欣琦，是一名刚毕业的新护士，现在在广东省人民医院心外科手术室工作。

2017年8月，我来到广东省人民医院心外科手术室这个大家庭。很多时候，我们不一定会对大多数人热泪盈眶的瞬间感同身受，却总会被在一些细碎的时刻打动。回忆这半年多的时光里，我整理好了我成长的点滴，把它分享给你们，也带你们走进不一样的心外科手术室。

刚来到心外科手术室的时候，陌生的环境让我有些紧张，而更多的是期待。心脏手术大多都很复杂，刚开始工作的我对很多东西都不熟悉，感到压力非常大，记得第一次上台我连手术刀都不会递。带教老师手把手教我，还帮我找学习资料，让我尽快熟悉手术的流程，记住主刀医生的习惯。很多时候在台上，即使我不能很好地配合，他们也还是很包容我，主任的"要好好学习，可以去看看手术视频"，指导老师的"慢慢来"，外科医生的"要关注台上的进度"，还有来自很多同事的"好好加油"，等等，每一句我都记在心里。我很感谢大家的鼓励和建议，虽然我是新来的，很多事做得不好，也给大家制造了许多不必要的麻烦，但是这个大家庭给了我很多温暖。我很感激在这里遇到这么多热情、真诚的人。

在成人手术组学习了近3个月，我又去了小儿手术组学习。在这之前我问过指导老师，是不是小儿的心脏手术会更复杂，她告诉我说："小儿主要是先天性心脏病，所以会相对复杂些，而且切口小，不像成人在手术过程我们能看到主刀医生做到哪一步，所以这时候理论知识就显得更为重要了。所以平时要多看书，多学习，明白手术是怎么做的，进行到哪一步了，不懂的时候及时询问医生，我们才能做好准备，不耽误手术进程。"有了这些建议我淡定了许多。不过真正接触到的时候还是有些不习惯，手术器械变得很精细，缝针缝线也小了很多，但我发现老师们的动作仍然是迅速而不失轻柔。在小儿组的学习时光里，遇到不懂的我总是很认真地请教我的指导老师和师兄师姐们，他们都会很详细地为我解答，还指出我的很多缺点，让我加以改正，在小儿组的学习让我受益匪浅。

有一次患者情况不稳定，在复苏室紧急床边进行开胸探查手术，术后有位老师说："当时隔壁床的阿叔神情淡然地说了一句'救人一命'，对我感触颇深。工作以来参加无数次大大小小的抢救，患者恢复心跳，瞳孔缩小，比任何奖励、文章、竞赛都让人更有存在感，这就是我们的价值！"是啊，救死扶伤，这是医护人员神圣的使命，这是一种存在感。在台上当医生和护士在全力以赴认真做手术时，我能看到从他们身上散发出的光芒，这是医生和护士独特的人格魅力，现在的我，为成为当中的一员感到自豪，感到幸运。

2018年3月30日，对我来说是紧张又刺激的一天。患者在准备从手术床过床到复苏室床上时发生心脏骤停，经过一番紧急抢救和重开机进行主动脉内球囊反搏(intra-aortic balloon pump，IABP)，患者情况稳定下来后再次准备将其送回复苏室时，患者又一次发生心室颤动，最后紧急进行体外膜肺氧合(extracorporeal membrane oxygenation，ECMO)。当天，虽然我因为感冒身体状态不佳，但我十分清楚手术室的工作一刻也不能迷糊。当发生抢救时，并非只有一个人在战斗，而是大家团结一致，迅速有序地配合医生进行抢救，全力以赴地挽救一个生命，甚至是一个家庭的希望。事后科室的一位老师告诉我说："心脏手术对医护人员应急应变的能力要求很高，作为心外科手术室护士，遇到抢救时，只有我们很清楚自己该做什么要怎么做，才能迅速有序地配合。"这是我第一次置身其中参与抢救，我感叹我们心外科手术室这个团队的优秀之处，有优秀的领导们，也有互相鼓励互相支持的成员，我们在成长道路上互帮互助，虽然也有不足之处，但是也总能吸取教训总结经验而做得越来越好。

近日，全球首例在混合现实（mix reality，MR）技术辅助下的复杂先天性心脏病手术在广东省人民医院顺利完成，这也意味着，包括3D打印、虚拟现实（virtual reality，VR）技术以及MR技术等"黑科技"，都可以在我国的临床治疗中投入使用。而这些新成就的出现也体现了我们与时俱进的思想，在为患者提供优质服务、减轻患者痛苦的路上不断努力，不断创新。

曾经有位外科医生跟我说："欣琦，我发现你很喜欢笑。"我听完又笑了。正如我的名字，手术室生活的每一天都很新奇，我过得很充实很开心。把快门调快，你看得清每一处景色，把快门放慢，你却能看到所有的景色都连成一片变成光。我希望和你们一起一直走下去，直到这一路都发光发亮。

作者：林欣琦，广东省人民医院

满载收获，天使在微笑

　　一棵松柏屹立在贫瘠的山坡上，风吹雨打摧不垮它挺拔的志向，雪压霜欺它更加蓬勃向上。它用那无畏的姿容，四季常青的枝叶展示着坚强的微笑；一棵嫩草扎根在岩壁的石缝里，干旱饥渴扼不断它碧绿的生机，危崖绝峭泯不灭它生活的希望。它用那坚强的信念、韧性的品格展示着激情的微笑。

　　我们投身于繁忙的手术室护理工作，以百分的热情、千分的严谨、万分的细心向并肩作战的"战友"以及每位手术患者展示出最甜美的微笑。在广东省人民医院护理精英队中有一支被称为"游击作战"的机动巾帼队，而我，有幸成为其中一员，我为此而感到无限的欣喜，经过3年"革命一块砖，哪里需要哪里搬"的历练，幸运之神再次垂怜，让我成为心外科手术室的一分子，在欣喜之余我拥有了更多的幸福。

　　时间似白驹过隙，一转眼间在手术室工作即将满5个年头，在这期间满载收获，一直心怀感激将这些收获汇成无价的财富，将这笔财富配置成一把心锁，时常开启细细回味。

　　从事手术室护理工作，让我体会最深的是，不仅要对手术患者进行术前安全核对以保证患者的安全，还要的是做好患者术前的心理护理工作。因为减轻或解除患者的恐惧心理是手术顺利完成的关键。手术室对于患者来说是那么陌生，同时手术治疗又使患者有一种受攻击感。所以在患者进入手术室后，我们一个浅浅的微笑、一声简短的问候、一句关心的话语……都会使患者备感温暖，从而让患者对医护人员产生信任，使他们的情绪和精神也得以自然放松，逐渐减轻恐惧和焦虑感，从身心两方面主动配合手术的进行。

　　讲述一件发生在我身上最真实的故事，相信大家就能够体会我们微笑背后的无限力量。

　　曾经有一位年过七旬的手术患者，老人由于双耳听力下降需用书写与其进行沟通，在心脏疾病的折磨下，这位骨瘦如柴的老人在护士站等候区时，就像

226

一座随时爆发的火山，随时会对任何人喷发他的愤怒与焦虑。

我与病房护士交接完毕，了解到老人家的情况后，在一张白纸上画了一个大大的笑脸，并附上：阿叔，不要怕，有我们在，一切都会顺利！我把这张纸递到老人的眼前，脱下口罩，给了他一个甜美的微笑，并紧握住他的双手。老人终于放松了他紧锁的眉头，露出了慈祥的笑容，感激地说："谢谢，谢谢！"

这一幕只是我们手术室工作的一个小小的缩影。"天下大事，必作于细。"老子这句颠扑不破的名言在我们手术室得到充分有力的验证。通过我们细致入微的手术护理工作，不仅医治了患者身体上的疾患，还抚平了患者术前那颗焦虑不安的内心。

"满载收获，心怀感激"将我在手术室工作、生活的点点滴滴完美地诠释！

听，看影灯下天使们的微笑无处不在。天使们用一颗耐心、一颗爱心充分发挥了"微笑"的无穷力量，温暖着每一位手术患者的心灵！

作者：宋海娟，广东省人民医院

最美的诠释

在外人眼中神秘恐惧的地方却是我们最熟悉、付出最多时间和心血的地方。这里是心脏外科手术室，一个"黑科技"盛行，一个"逆天改命"，一个危机重重、瞬息万变却又充满希望和温暖的地方。我在这里工作、学习和成长，感受生命的脆弱和坚强，体会职业的不凡和意义。

那是我参与的第一次抢救，当我正准备从患儿妈妈手里接过她的时候，妈妈眼眶泛红眼里噙着泪水并将尚未懂事的宝宝更有力地抱紧，口中不停地重复着：宝宝要加油，妈妈在等你。我一阵心疼，才发现自己早已泪眼朦胧，好在戴了口罩才忍住情绪憋出几句安慰的话，便小心翼翼地把宝宝接入手术间。

怀抱一个小小的她，如同手捧惊世的珍宝，生怕一个动作大了重了扰了她。这孩子生得可爱，微微泛红的脸蛋像一朵盛开的小花，不禁逗了逗她，便响起了银铃般的笑声，甚是可爱，仿佛就像跌入凡间的折翼天使，惹得在场的每个人既心疼又迫切地希望她能恢复健康并快乐成长。

很快，麻醉医生给药、导尿、体位安置，所有的操作规范而有序地进行着，就当一切准备就绪的时候，患儿突然血压急剧下降，身上慢慢出现浅红花纹，麻醉医生一句：快，肾上腺素！我遇到的第一次抢救，来不及考虑来不及害怕，便立即抽好药递给麻醉医生，取出抢救用物。我第一次感受到什么是争分夺秒，一回头外科医生已经飞奔到手术床边实施心外按压了。"快！顾医生接上"，"快！不要停"，"我马上洗手"，手术间的人越来越多，但每个人手上的动作都既干脆又坚定。

外科医生轮流按压，手术人员马上外科洗手，就在短短的几分钟内大家齐心协力，开胸建立体外循环。终于在体外循环的协助下，患儿如期进行手术，大家也各自回归自己的岗位。手术间里很安静，无影灯下是一双双专注的眼睛和谨慎的动作，我这才有了体会自己情绪的间隙。心血管疾病从来都是复杂且危急的，尤其是先天性心脏病患儿的病情变化更是迅速和凶猛。历时这短短的几分钟，我真正感受到生命的脆弱，可能再晚一两秒，可能就是眨一眨眼的功夫，这条小小生命还没学会开口叫爸爸妈妈就没了。与此同时，我又那么地骄傲。我在一个如此优秀的团队里学习和成长，在这样危急的一瞬间，迅速的反应、合理的分配、有效的措施、默契的协作是多少渴望生命的人强而有力的稻草。

每一位同事都是我心中的天使。他们为护理事业奉献了自己再不复返的青春，每天在科室的时间比在家里多，照顾患者的时间多于陪伴家人。每当患者顺利完成手术时他们都会很开心，每当患者家属难过不舍时他们也会动容难受，每当长时间站立导致身体不适时稍作休息后他们依旧在坚持。作为一名心外科医生，餐时不定、从早到晚不停息手术更是家庭便饭，每当看到患者健康出院，他们都会收获极大的成就感和满足感，他们说这就是幸福感。同样他们也会因为患者最终没能熬过去而难过遗憾，会因为时不时地突发抢救和每天的餐时不定累垮身体。

"这个患者病情好复杂，但是不做手术的话就肯定没了。不能不做啊，必须要努力努力啊。""哎呀，今天做的这台手术效果真是好，瓣膜也正常。"我每天感受着同事们因为患者的病情变化而产生的喜怒哀乐，跟着开心跟着难过，但确感荣幸。

医生护士不是上帝，他们从来没有拥有掌控谁生谁死的权利；医生护士也是上帝，他们奉献了自己的一生照亮了他人生命。

就在我们这里，术前3D打印、VR"走进心脏"、MR"虚拟心脏与实际心脏"，这三种"黑科技"合体强劲出击，是全球首创的领先临床突破。广东省首例J-Valve经心尖主动脉瓣置换术、产时胎儿心脏肿瘤切除手术、胎儿宫内介入手术、最低体重(1.12 kg)体外循环下心脏手术等更是在全国内率先成功施行。还有心脏移植手术，每一项新技术的研发，每一种合适的手术方案，每一次认真的谈话，每一颗心脏的供与，每一回精心的看护，每一段病程的跟踪都是这样一群人在默默不懈的付出和努力。人们看见的常常是我们交出的一一张优秀的答卷，但却不知道这答卷背后的汗水和泪水。让有机会活着的人坚强地活着，让失去机会的人以另外一种方式活着，这是我们存在的意义。

仁者仁心、仁心仁术。这是我见过对你最美的诠释。

作者：王婷，广东省人民医院

平凡而骄傲的工作

有句古话说得好，人这一辈子吃哪一碗饭都是命里注定的。从小我就立志学医，后来做了护士，又机缘巧合来到了心外科手术室，这一来就扎根在这里了。我想过做护士，从未想过做手术室护士，更没想过只做心脏手术护士。

当我第一次看见心脏手术时，我的第一反应是，人的心脏居然可以停下来，做完心脏手术后，再复跳；，人的灵魂会不会在心脏骤停时离开身体，恢复跳动后，再回到自己的身体呢？后来我才知道，这其中有太多的科学知识，心脏手术的每个步骤都是很关键的，是环环紧扣的，这其中的奥秘，不是短时间可以掌握的。

刚开始工作的那几年，我一心想把自己的专业做熟，想着自己可以配合所有手术。后来我可以独立配合许多复杂手术，可是我又发现不管我怎么努力，怎么付出，工作总是不能做得十分完美。想着自己不过是个护士，又因为刚参加工作，更想感受外面的世界，对工作的热情就冷淡下来。再后来结婚生子，生活的重心更是转到了工作之外，工作成为生计而已。

然而生活的阅历和岁月的沉淀使我懂得了很多。工作中遇到的事情，我有了不同的感受。记得有一例小儿的先天性心脏病手术，我是巡回护士，准备在护士站核对患儿信息。一眼看见那个可爱的孩子，就喜欢得不得了。一双纯洁无暇的眼睛，皮肤白嫩嫩的，又漂亮又可爱，更讨人喜欢的是乖巧得很。一般五六岁的孩子都哭闹得厉害，根本不听大人说什么。可是她却听妈妈的话，和我一起走进手术室。可是造物弄人，手术不顺利，所有医务人员都回天乏术。外科医生几次出去与家长谈话，她的妈妈数次昏倒。为人母的我，更加能体会到作为一个母亲，在面对这样的事时，是多么的撕心裂肺。我甚至在想，如果我知道是这样的结果，我宁愿不把孩子带进手术室。

我还遇到过一位房间隔缺损的女性患者，她有一个10多岁的孩子，因为经济原因，一直拖到病情很重了，攒够钱了，才来做手术，可她已经耐受不了手术了，没有办法度过术后这一关……面对这些生死场面，我总是在想我能做什么呢？我只有用我的专业做好术中护理，多多安慰患者，能缓解一下他们的紧张情绪也好。想着每一个患者的背后都有一个家庭，我们的责任也是如此之大，我再也不会轻看我的工作了。

有一次在搬运患者时，不知怎的脚底一滑，差点把患者摔到地上。当时我心里的反应是恨不得自己赶快扑倒地上，垫在患者身下。每当抢救患者的时候，更是恨不得有10双手，脚底着踩风火轮。不只是因为责任在身，更是因为我们已经习惯了与时间赛跑，与死神征战。

对生命的珍惜又重新端正了我对工作的态度。点燃我对工作的热情却是我的专业。护理，是什么专业呢？就是照顾患者的专业。可是现在的护士，既要专业棒棒的，还要会讲课，会带教，会做PPT，会写文章，会搞科研，会管理……我不得不佩服我们自己。不是忘记了本职工作，而是为了更好地工作。同事们都有同感，常常被家人埋怨"你是国家总理么，那么忙？""我发现你比什么大老板，总经理还忙，你不就是个小护士吗？""你哪里像个女人啊，你比男人还男人"……这些话早就习惯了，因为我们经常加班，只要手术没完，我们就下不了班。

每每想起我的工作，我一直的态度都是，无论什么事都不能影响我明天的工作，明天我要上台，我得打起精神。因为我的工作不是我一个人的，而是一个团队。毫不夸张地说我和同事在一起的时间超过了和家人在一起的时间。医生们经常开玩笑说，和我们一起工作的时间比和老婆时间长。

广东省人民医院心外科是国家临床重点科室，随着科学技术的发展，外科诊疗技术也在不断进步。作为手术室的护士，我们也应在不断学习，提升，真心希望我们能跟着发展的脚步，一路走得更远。

作者：张燕，广东省人民医院

两瓶华法林

　　我是一名心外科手术室护士，就职于广东省人民医院心血管病研究所。平时工作就是关于心脏疾病患者外科手术的内容，从新生儿到八旬老翁，都能在我们科室得到及时有效地医疗救治，提高生活质量，重返健康。作为手术室护士，做器械护士时，配合主刀医生操作，镇定沉稳，不管是择期手术，还是急诊抢救，都能灵活应对，密切配合；做巡回护士时，保证患者从等候区接到手术间顺顺利利，缓解其紧张情绪，协助麻醉医生为患者进行全身麻醉，术中严密监测患者生命体征，配制血管活性药物，保证患者安全。说起来，练就如此有条不紊、临危不乱、处乱不惊的素质，需要时间的沉淀和自身的积累与提升。曾经初入手术室时的新鲜，半懂不懂的迷茫，觉得自己做不好时的无助和自责，每一样都还历历在目。为了提升理论知识，研读专业书籍的认真；捉襟见肘、挤出钱来买心脏模型的坚决；为了增强手术配合熟练度，下班后还要加班上台的韧劲，最终换来了工作中的从容与淡定。

　　前几天做完手术，下手术台时已接近晚上9点半，打开手机，看到那个孕期主动脉夹层的患者的信息，她问我在吗？我心里一惊，我一个月前不是已经买了两瓶华法林给她寄过去了吗，难道药又吃完了？不应该啊，寄了两盒过去的。原来她来医院复查，想亲自见面感谢我一下，她说一直等到她买的车票快要来不及乘车了才离开医院，我心里很感动，祝愿这位妈妈以后可以方便地买到华法林，如果有缘可以再遇见，希望她可以健康快乐地生活工作。

　　讲起这个孕期主动脉夹层患者的故事，要从2017年6月22日说起。那时，我刚休完产假，回归正常的工作才两个月，那天我中午12：00接班，来到手术间接班，看到一堆人在手术室，护士长也在，我有点吃惊，心想肯定又是一台大手术。果然是急诊入院的一名妊娠38周$^+$的孕妇，主动脉夹层，全院紧急会诊后，联合妇产科、心外科、新生儿科、超声科、麻醉科、体外循环、手术室等多科室进行手术，尽量确保母子平安。

手术台上，妇产科和心外科两班人马已准备完毕，首先由妇产科医生进行剖宫产+子宫全切手术。新生儿剖出后由于母亲全身麻醉，有轻度窒息，守在一旁待命的新生儿科医生评估后，进行气管插管带回新生儿科监护救治。我接妇产科器械护士下台，上手术台那一刻我就明白有上班没下班，这种孕期主动脉夹层手术，即使广东省人民医院一年有5000多例的心外科手术量，也只能碰到一两例，这种高难度跨学科的手术也是一个医院整体实力的体现，对于我们来说，压力是实实在在萦绕身边的。

在接班前我已经穿上了长款弹力袜，戴上了护腰，因为手术量大，夜班只有在还有一台手术的情况下，自己才能下班，说白了就是要自己做到最后了。上台后，心外科大血管专家范主任说："如果这个患者顺顺利利出手术室，我请大家吃饭。"加油打气后，我们都认真配合着手术。

接班后，做完紧张的人工血管置换，主动脉开放后，我们松了一口气，下午4:30，患者生命体征基本平稳。但是犹豫患者是孕晚期，生理性贫血很厉害，术中又发现患者是马凡综合征，主动脉血管有病变，止血变得困难又关键，在拿了两轮浓缩红细胞等血制品和止血药物后，出血情况好转，此时晚上7:30，我感到口干尿急，但是还有不少台手术未出手术室，虽然腹内空空已属常态，但是这台手术对医护人员地消耗特别大，我只恨中午没多吃两口虽然也不好吃的米饭。晚上9:30，上夜班的同事来接班，此时手术台上术中用过的纱布已接近100条，幸运的是患者出血已经得到控制，不用再填塞止血，交完班，我只想瘫坐在椅子上。在祝愿夜班安好后，忍着涨奶的疼痛赶地铁回家，家里还有个嗷嗷待哺的孩子。

在地铁上回想起这例患者，心理十分感慨，这个妈妈比我还小几个月，因为马凡综合征，孕期差点没命，幸好得到及时救治。同时也为我们的医务工作者感到骄傲。

患者术后一周，由重症监护室转到病房，一天晚班后我去病房随访，看到她爸爸在床尾守着，满脸沧桑，但眼神坚毅，那一刻我深深感受到了父爱如山的意义。我和患者聊天时发现，她是个挺乐观的一个妈妈，问了她术后的顾虑，除了关心宝宝安全外，就是担心凝血指标的监测，进行人工瓣膜置换后的患者需终生服用华法林，而且要定期监测国际标准化比率（INR）来指导用药，她的担忧也在于此。告知了服药注意事项和自我监测出血的方法后，她问我能不能留个联系方式，我就留了微信给她。后来得知她和孩子都顺利出院，我觉得很欣慰，又投入到繁重而平凡的工作中。

2018年2月的一天，虽然已临近春节，但是孩子突然间发烧了，肆虐的流感终于还是没放过我可爱的儿子，我交代孩子外婆按时给孩子喂退烧药，有事打电话给我后，就去上班了。上班途中我收到一条短信，是那位孕期主动脉夹层的患者发来的，说她的华法林吃完了，但是所住的地方又没有进口华法林卖，问我能否帮她买了寄给她。想起这个妈妈的遭遇，还是有些唏嘘，我就答应了。虽然下班后我想赶着回家看生病的儿子，但还是想着帮她买到药。问了几家药房都没有，再去医院挂号也来不及了，问了监护室的同事，同事给了我一个药房的地址，让我去问问，最后还好买到了。准备去寄的时候，老公打来电话，说儿子又烧起来了，想带去医院看看，问我下班没，能不能尽快赶到家。手里拿着两瓶华法林，犹豫了一会儿，我回复老公："我很快回家，先给儿子再吃一次退烧药，等我回去看情况。"在最近的快递店寄完快递后，赶紧坐地铁回家。

赶到家发现妈妈一脸愠色，孩子睡了。"都烧了几天了，也不给带去医院看看，天天吃药，都不见好的，你们上班去了，都不知道孩子多难带，他发烧这三天，我每天都只吃一顿饭。"妈妈来帮我带娃，娃一天天大了，她的病也一天天多起来，腰疼是孩子学走路时落下的毛病，胃不舒服是因为带这孩子吃饭难造成的，腱鞘炎是经常抱孩子引起的。我自己心里也是十分愧疚，看了孩子就赶紧去做饭，孩子虽然是发烧，但一般状况还好，精神头也不差，流感肆虐，医院急诊爆棚，作为医务人员，我还是坚持再观察一下，妈妈虽不情愿，但也无奈接受了。

第二天早上，孩子没再发烧，我也安下心些，下午再打电话回家，体温也是正常，寄出去的华法林也收到了，那个妈妈很感谢，终于在药吃完前又能拿到华法林。平日里收住院的机械瓣膜卡瓣患者会不会是因为无法及时买到抗凝药物，停药导致的呢？自己的努力和帮助让一个患者术后的生活质量得以保证，还是很欣慰。

晚上回到家，孩子没发烧，玩得生龙活虎。我心里想，干咱们护士这一行，虽然辛苦，但也许是命运最好的安排吧！

作者：张新芳，广东省人民医院

谢谢你们陪我一起走过

岁月记录了他们的芳华，但一起走过的路，一起经历的故事，却深深驻扎在心间，温柔了岁月，惊艳了韶华。不论他们曾经经历过什么，那些往事从未如烟，那些旧梦也从未远去，我们将一路追随他们的脚步，踏过荆棘坎坷，砥砺前行。

1 天使很忙

每个工作日的早上7:55，手术室全体医护人员会聚集在一起召开一个简短的早会，这是我们每天一次"全体集合"的时候，因为在早交班之后，我们就要分散到各个手术间去，各司其职。每一个手术间内，从患者入室之后，核对患者身份，实施麻醉，建立动静脉通道等，我们就和麻醉医生一起围绕着患者开始进行一系列有条不紊的操作，以保证手术的顺利进行。通常为了尽快让患者接受手术，一台手术尚未结束，下一台手术的患者就开始进入麻醉诱导。中午我们经常只能在手术间期匆忙地吃上几口盒饭，就全身心投入到下一轮的工作中了。墙上的钟表指向3：15，"才吃饭呐？""对啊，今天做开颅手术。"科室同事对这光景早已习以为常。即使医院规定有上下班时间，但是对于手术室的护士而言，我们从来只有准时上班，从不存在准时下班。加班加点是那么的"理所当然"，能准点下班又是一种多么"惊喜至极"的奢望。

2 无影灯下

曾经参与过一台斜颈矫正手术术后伤口感染的清创手术，考虑到多种因素，当时是在局麻下清创缝合的，孩子的哭声至今我依然记得，当时从复苏室顺手带进来安抚她的玩具所播放的音乐我每每听到仍心生战栗。患儿在局麻状态下哭声震耳欲聋，在场的巡回老师担当着稳定患儿的重担，我看着他在孔巾

235

下的双手不停地抚摸孩子的手，为人父母的他眼球震颤，双眸微湿，那是怎样感同身受般的痛楚，手术一结束，他立马掀开孔巾，把患儿抱在怀里，温暖的大手轻抚着孩子被汗水湿透的衣背，无影灯下的这一幕始终在我脑海里挥之不去。

爱在左，情在右，走在生命路的两旁，随时撒种，随时开花，将这一径长途点缀得香花烂漫，使穿枝拂叶的行人，踏着荆棘，不觉得疼痛，有泪可落，却不是悲凉。在这个没有硝烟的战场上，他们日复一日、年复一年地坚守在自己的岗位上，兢兢业业，无怨无悔，把简单和平凡演绎成无数个精彩，书写成一个个真情感动的故事，这些故事或简短有力，或冗长乏味，或甘甜，或苦涩，但却让我们汇集在无影灯下，携爱与坚守同行！

作者：胡红，广州市妇女儿童医疗中心

生命如花，携爱同行

手术室，一道门把里面变成了干净肃静、争分夺秒，把外面变成了焦急等待、赋予希望。我喜欢这里的干净与肃静，也向往争分夺秒挽回生命的那种满足与舒心。我很幸运在这里学习与工作了近4年，领略了这里独特的人文与风采，参与了一个个属于手术室的生命故事。

1　温柔的告别

2017年的1月在手术室工作两年多的我有幸被护士长安排进了心脏组轮转学习，在这里每天看着心脏骤停后的复跳，更亲近地感悟到了生命的奇妙和不息。

一个早上，我们和往常一样从小儿心脏病监护病房（CICU）接来了即将接受完全性大动脉转位（TGA）手术的患者小唐，正做着术前的准备，护理员来电说小唐的父母想再看看孩子，他们这时来看孩子确实不方便，但不和家属解释清楚又怕产生误会，所以我被派出来护士站和家长沟通。和家长聊天才得知还不满月的小唐一生下来就住进了CICU，小唐的妈妈至今还没好好抱一下他，知道今天小唐要做手术，还在坐月子的她一早就从家里出门了，想早早到医院看看他、抱抱他，不曾想还是来得晚了点，没赶上。我安慰到她，等小唐手术成功了，以后还有很多的时间抱他，陪伴他。由于等候手术的患者很多，为了第二天的手术能够顺利开展，节约时间，医院心脏组的患者都是在接受手术前的一天进行家属谈话和签字，手术当天一早直接接患者入手术室。看着满脸失望和满是担心的小唐妈妈，我突然想到可以用手机拍视频和照片给小唐妈妈看，于是趁着手术前，拍了些小唐的照片。

面对每一个接受手术的孩子我们都希望尽自己最大的力量去帮助他们战胜病魔，让他们能够健康快乐地成长。然而这一次我们大家全力以赴从早上一直忙到深夜也没能留住患有复杂先天性心脏病的小唐。这是我工作以来第一次直面死亡，第一次看到生命的脆弱和短暂，我的心情无比的沉重和低落。凌晨3点我走出手术室准备回家，突然被一个人叫住，一看是小唐的妈妈，我心里五味杂陈不知如何开口，小唐的妈妈却先说道："护士，谢谢你，谢谢你帮我拍了些小唐的照片，把他最后可爱的身影留了下来。我知道你们医生护士尽力了，不怪你们。"

不曾想我的一个小小的举动会给家属留下珍贵的回忆，会得到家属的感谢。很多的时候我们会因为工作的忙碌忽略了家属的情绪和一些我们觉得不必要的要求，却不知一个微小的举动就可以拉近我们的距离。曾几何时，我们争分夺秒、团结合作最终也不得不面对生命的逝去，我们和家属一起感受哀伤，尽力去抚平他们的苦楚，让家属在面对失去的告别时有所慰藉。

没有哪个医护工作者，愿意看见患者在自己手中离去；更没有哪个医护工作者，在面对死亡时能无动于衷。那些心痛和哭泣早已酿成悱恻的曲子，徘徊于我们体内，无法散去，我们能做的是把悲痛埋于心底，接受疾病的挑战和考验，努力钻研，继续勇敢前行。

2 用心"手"护，接力生命

在广州市妇女儿童医疗中心珠江新城院区9号手术间，一群医务工作者面目凝重地正对一个刚刚心跳停止、呼吸消失的11个月大的患儿进行默哀和致敬，这个患儿因为患有复杂先天性心脏病在CICU接受了几个月的治疗，尽管医护人员尽了最大的努力，但是最终仍无力回天。患儿的父母强忍悲痛和不舍最终决定捐献患儿的肝脏，把患儿对这世界的不舍和眷恋留下，也播下了希望和生命的延续的种子。隔壁13号手术间里紧张有序地做着肝脏移植手术需要的一切术前准备，在这个即将接受肝脏移植的3个月大患儿身上，我们看到了生命的接力。

在接到医院即将开展肝脏移植手术的时候，我们紧张而又期待，紧张是因为我们缺乏这方面的相关知识和技术，一项完全陌生又极具挑战的工作，肝脏移植手术对手术护士的要求非常严格，必须要有高度集中的注意力、敏捷的预判力、快速精细的手操作等；期待是因为我们愿意看到生命的接力和自身业务水平的提高。接到通知后，我们便积极着手准备，查阅相关的文献，请其他医院肝脏移植手术配合经验丰富的护理前辈过来给我们授课，不断地向医生请教，积极参与每一次术前讨论来弥补经验的不足，努力为确保手术顺利完成做着一切需要的准备。

由于肝脏来源时间的不确定性，我们必须24小时待命。2017年7月16日，那天刚好是周末，我们有的难得有时间陪下孩子，有的正在忙碌着其他重要的事情，但是一接到手术通知大家都毫无怨言，立马回到科室，以最好的工作状态参与到这台肝脏移植手术中。小儿肝脏移植是高难度的复杂手术，持续时间长，手术从中午12点开始到晚上11点半才结束，我们一直高强度高集中注意力地工作到晚上。手术室，就是这么一个充满感动的地方！在这里，我们毫无怨言、主动付出，我们散发着正能量！

一位同事在手术结束后说道："人生有很多第一次，今天第一次给供体肝脏移植的患者致敬时，心情很沉重。以往在电视剧里看到器官捐献的场景就被感动得一塌糊涂，如今自己去体验这一幕过程，虽然这份工作时常让我们疲惫不堪，但是我能找到这份工作的价值所在，我为我们这个团队感到自豪。"

生命如此宝贵又脆弱，每个孩子来到世间都应被温柔对待，我们用心守护，用双手为他们保驾护航。

3　等一朵花开，新生

等一朵花开，需要很多耐心和微笑，每一个孩子都是含苞待放的花朵，我们需要微笑着耐心的等待他们绽放。

当6岁的强强站在护士站和机器人对话哈哈大笑时，我为医学的奇迹和生命的顽强所震撼。这一次他只需接受输尿管导管拔除术后便可过回正常小朋友的生活了。3年前的一天，赶着上班的爸爸把强强放下车，就想匆匆开车离去，不曾想悲剧发生了，车子撞倒了还未离开的强强。双侧肾破裂、骨盆粉碎性骨折等多处组织受伤的强强被送到了我们医院，3年来他接受了上10次大大小小的手术，每一次我们都对他充满同情，每一次都为他能不能挺过去而担忧，然而每一次孩子都是开心地进入手术室，每一次都坚强地挺过来了。

21世纪是一个"快"生活的时代，匆忙上班、雷厉风行、快餐文化，太多的工作，太大的压力让我们像陀螺一样飞速地旋转着，我们忘了放慢生活节奏，放慢追赶的脚步，多停下来重新梳理、多反思、多总结。在繁忙的工作中慢一点点，留点时间给患者和家属，倾听他们的需求，对患者多些耐心，给孩子多一个微笑，往往会事半功倍。

每天手术室门口迎来一个又一个带着焦虑带着痛苦的患者，当看着家属们恋恋不舍地与病者分开，眼睛装满了期盼，装满了担心，我总会不由自主地产生怜悯与同情。当我们把患者推出手术室告诉家人："手术做完了，很顺利。"一句简单而又平凡的话语立即使着急等候的家人紧锁的眉头慢慢舒展，家属和患者一个感谢的眼神，一句由衷的谢谢，我们的内心就有一种强烈的震撼，一种从未有过的自豪与满足。我喜欢做产科手术，喜欢倾听孩子出生时那一刹那天真无邪的啼哭；我喜欢做儿科手术，喜欢看到手术顺利后孩子活泼乱跳的身影;我喜欢做妇科手术,喜欢感受她们对生命的渴望与执着……

一袭绿色消毒衣,一顶蓝色手术帽,一张蓝色口罩遮住脸庞,这就是手术室护士的形象。患者手术成功了,很少有人认出我们的全貌,很少有人对我们表示感激,但我们无怨无悔。我们在平安中求得健康,在平静中求得快乐,平凡中求得幸福,我们用真诚的微笑来谱写生命之歌!

作者:阳丽芬,广州市妇女儿童医疗中心

情之所至，生之所达

当春晚倒计时的钟声响起，2018年已经悄然走过了36天，这是我来广州的第8个个年头，也是在手术室工作的第8年，这里承载了我最美好的青春时光……30岁，一个女人成熟蜕变的转折点，如果问我这8收获了什么，我想于家庭，我已经是两个孩子的妈妈，于工作，我自认为是科室的中坚力量，依然保持着对工作对生活的无限热情，更多了一份从容、坚毅和自信。熟睡中的孩子们让这个世界瞬间静谧，而我也开始有了属于自己的自由时光，思绪便开始游荡。

我，一个来自华北平原农村的小姑娘，在小学四年级的时候被班主任问到"你的梦想是什么？"正如眼下很多选秀节目里的导师经常问的，稚嫩的我当时并不了解职业与梦想到底是什么，教师是传道授业解惑、培养人才的高尚职业，所以在那张纸条上毫不犹豫地写下了老师二字。然而对于农村娃来说，高考是改变命运最直接的捷径。2006年，因为哥哥生病做了手术而我作为家人却无能为力，填报志愿时，学医成了我最坚定的目标，而对于文科生来说国内只有那么几所招收文科生的护理学专业，我义无反顾地第一志愿填报了南昌大学的护理学专业，入学后护理系第一次全体开班课上，老师问："第一志愿是护理学的有多少人？"120人里举手的只有我和另外一个同学，很多人都很诧异为什么我们会选择这个专业？但是我很骄傲，这是我踏上学医路的第一步，是我梦想开始的地方。

那时对于手术室的了解，仅仅是小时候看的电视上，无影灯下手术护士手持器械默契十足地传递给医生，那时我觉得手术室护士很美，很幸运工作后我如愿以偿地分到了手术室，刚进手术室的第一关便是傻傻分不清楚的手术医生、麻醉医生和前辈护理姐妹们，只能靠露出的眼睛、眼镜和说话的声音来判断搭台伙伴。第二关便是专科手术配合，手术室有14个专科，每个专科都有种类繁多的手术种类，不仅要学会各种手术的手术配合，还要熟记每个主刀医生的操作习惯，甚至每个医生的手套码数我们都要了然于心，如果说手术室护士个个都是外科医生的好助手，那么我不得不说我们高超的情商，我们善于察言观色，我们用精准无误的配合来缓解医生的紧张，用安慰的言语鼓励外科手术助手，我们陪伴着一个又一个外科医生的成长，我们用心守护着属于自己专科领域的那片天地并一直努力前进着。第三关是备班和值班。值班就是应对各种急诊手术，手机铃声响起就得立即进入作战状态，准备手术物品和抢救药物等配合手术，还要协调不同专科手术顺序，在必要时通知处于备战状态的备班同事回院支援；备班时，手机24小时开机，随叫随到，这就是手术室护士的生活常态。

回望过去，总有那么一些挥之不去的回忆，2016年11月10号，下午5点完成择期手术后接到通知要临时加一台急诊手术，患儿是一个父亲入狱、母亲离家出走、患有复杂先天性心脏病的男孩，由年迈的爷爷抚养着，二次复杂手术后呼吸和循环功能衰竭，医生和家属都想为这个苦命的孩子再搏一次，建立体外循环，改变手术方式，转换管道，手术完成后患儿出现严重的肺出血，尝试撤出体外循环均不能实现，体外循环辅助，都以失败告终，家属选择了放弃，我们经过了12个小时的努力最后不得不用最残忍而又最无奈的方式结束对一个生命的救治。听到家属的哭泣我用眼泪记录下第一次感受到的医学的局限、苍白无力。

2016年，我跟随作为外科医生的老公去青海玉树参加免费为唇腭裂儿童做手术的微笑行动，飞机着陆后我就出现了高原反应，头痛欲裂，恶心呕吐，血氧饱和度82%、心率120次/分钟，走路稍快就会头疼加重，心率、呼吸一直较快，在如此的身体状态下配合手术真是一种考验，我们只能在手术间隙吸氧来缓解身体的不适，一天配合8台手术，下手术后因为头疼难以安睡。身体的不适让我无数次怀疑我去那里的初衷，然而第二天早上到达医院时，善良淳朴的藏族人总会守在医院的大厅对我们这些志愿者真诚地说"扎西德勒"，那一刻，我的职业让我觉得如此骄傲，我们的帮助为这些高原的孩子们带来他们不曾拥有的微笑，并悄然地改变着一个个家庭的命运。在这里我感受到了职业价值的荣誉感，我无比骄傲与自豪。

回忆的画面转回到手术间，在这里我遇到了我的爱人，我怀着宝、二宝时每天工作活动的九号间，还有给大宝缝合伤口的九号间，一切都在悄然地进行着，监护仪的嘀嗒声、电刀的鸣笛声、吸引器的滋滋声，无影灯下，器械护士全神贯注地注视着医生的每一个操作，不用出声，无需抬头，器械便会像应邀而至一样传递到医生手中，巡回护士关注着手术进展并及时提供台上所需物品，画面如此和谐美丽，手术室护士以专业的态度配合着每一台手术，为每一个鲜活的小生命保驾护航。

六小龄童的《行者》中曾说过，我们每个人都是行者，都在取人生的经，都会遇到九九八十一难，坚持住！一生做成一件事情，就很了不起。人的一生，只能真正做好一件事，我的梦想就是成为一名优秀的手术室护士。在通往"优秀"的路上确实不容易，作为新青年的我不能瞻前顾后，左右思量，要去竞争获取，全力以赴。毕竟有句话说得好，所谓梦想，是永不停息的疯狂！你的坚持，终将美好！

作者：舒丽丽，广州市妇女儿童医疗中心

向日葵般的我

　　医院里有形形色色的科室、病房，一间间、一室室都有自己不一样的故事。在它们之中有一间是与众不同的，它总是紧张、忙碌，可又时而安静异常。这里被各种复杂的仪器围绕，不分昼夜，只要有手术，便是工作时。这就是我们的家——手术室。那一群群身着绿衣，头顶蓝帽，被绿色口罩遮住半张脸，只露出一双明亮双眸的"绿衣天使"便是它的孩子——手术室护士。2017年7月初，我怀着美好的希望和从零开始的心态来到了手术室，入职快一年，除了感慨时光飞逝，也想记录在此期间我的一些小小的感悟。

　　因为工作的需要，我曾经有去供应室进行了为期一周的培训。供应室的老师们，非常友好！我第一天去供应室报道时，黎护士长 非常详细地跟我介绍了供应室的环境，她还很细心地向我示范了器械包装的步骤跟方法。那刻，我眼中的器械，就像小孩，而老师们像妈妈，她们很用心为小孩裁出大小适宜、干净的外衣。

　　手术室，一个神秘又陌生的地方，有冷冰冰的仪器和严肃的医护人员，但也有忙碌中的小温暖！我们经常在复苏室见到一些20出头的小姑娘，也许在大多数人的眼里她们也还是刚刚长大的孩子，可是当她们看到宝宝们哭，她们的"母爱感"就会爆棚，她们会主动跟孩子说话，逗孩子欢笑。慢慢地，孩子被这份"母爱"感化了，一双惊恐的大眼睛望着这位不是母亲的"母亲"，情绪渐渐地安静了下来，乖巧地躺在她的怀里，再也不哭不闹，眼神里流露出对她的亲近和信任。

　　手术台上，我时常觉得器械和敷料都是我的宝贝，器械是我能干的"将士"，"战前"，我要"沙场点兵"，"战后"，"一个都不能少"，都得整整齐齐跟我回家！而我的血垫跟纱块，都是我的"money"，我得灵活合理地去分配它们，否则会让自己在外科医生面前"揭不开锅"！

　　爱一行，干一行！干这行，爱这行！希望未来的自己能像向日葵一样，向

244

着太阳永远明媚鲜亮，即使照不到阳光，我也会高昂起头，将失意踩在脚下去勇闯世界！

前行，有时需要勇气

这么多年来，一直行走在生命的历程里，悠悠岁月中，我们都在逐渐老去。光阴经历了岁月的蜕变，便散了，淡了，可是关于流年的故事，却依然刻骨铭心。对很多人来说，手术室是个神秘的地方。一扇冰冷的门，阻隔了焦急的家人与脆弱的生命。在这里我们目睹了患者家属听到手术成功后的欢笑，产妇亲吻着初生婴儿时的喜悦，抢救无望时家属的悲痛。每一台手术都有一个故事，面对每一台手术都有太多的感慨。

曾记得有一次夜班，做完3台手术后我拖着沉重的双腿刚到值班房，电话铃响了："你好，这里是胸外科，有一位心脏刀刺伤患者需马上手术，请准备！"我的心一下绷紧起来，以最快的速度冲进手术间，把空调打开，调好吸引器，准备好电刀，把无菌包打开……一会儿，何主任与值班医生就把患者推进了手术间。"快！患者心包填塞，准备好抢救！""动作快些！消毒、铺巾！"一切都在紧张有序地进行，患者的胸腔打开了，心包打开了，鲜红的血拼命地往外涌……"快！吸引器！去取血！对灯！""发什么呆！拉好钩！"一位实习医生可能被眼前的血吓呆了，被何主任这么一轰才回过神来。终于找到出血点了，右心室穿了一个洞。"快！准备心脏补片！"在大家的共同努力下，患者的心脏又重新有力地跳动起来。何主任坐在凳子上，擦了擦额头上的汗说："有救了！"把患者送出手术室，整理完毕。我撑着疲惫的眼睛看着窗外的大海，一轮红日从海面冉冉升起，哦，新的一天又开始了！我们又从死神手中抢回了一条年轻的生命。希望那位年轻的小伙子以后能珍惜生命！

那一年值班，我是全科室公认的"黑人"（倒霉之意），有一天晚上，大概是9点多吧。有一位食管异物的大伯，50多岁，他因被鱼刺卡住了而入院的，当时他是坐在车床上我们把他推进手术间的，那位大伯很乐观，还与麻醉医生开了个玩笑。但没想到这是他的最后一次说话了……麻醉后医生在食管镜下刚把鱼刺取出，麻醉医生大喊："怎么回事，血压猛往下掉！"大家都给眼前的心电监护仪吓呆了，血压下来了，心率慢下来了！"快！交叉配血，抢救！"有经验的麻醉医生把我们和医生的魂喊回来了，手术间原本轻松的气氛被打破了，顷刻间又成了没有硝烟的战场。当我刚跑到血库准备取血，麻醉医生就打电话来告诉我："不用了，没了！"我呆住了，怎么可能？又急忙往手术室赶，还没到手术室门口就听到了患者家属伤心欲绝的嚎叫声，配血单从我手中滑落……原来鱼刺穿透食管刺到了主动脉弓，一拔鱼刺就等于把"水龙头"拧开了！那个时候辅助检查的仪器设备还不是很先进，如果是现在，一定会是与心胸外科的医生一起战斗的。人世间的生离死别竟然在这个小小的手术间演绎得淋漓尽致。

一幕幕的悲欢离合，点点滴滴，提醒着我，岁月如梭，珍惜属于自己的，拥抱我所喜欢的，然后，给自己的心灵一片宁静的空间。作为一名护士，特别是手术室的护士，我们牺牲的太多，头发烫得再好看，上班都得扎起来，往那圆顶帽子塞。过年过节没法休息，亲人朋友都团聚了，我们还得在手术间与生命赛跑。岁月的脚步匆匆，我在手术室一干就是23年。总是给自己一些心灵鸡汤，让自己有勇气继续前行！以便有更丰盈和感激的心去享受美好的未来！

收到护士长的约稿，让我写一些关于手术室的故事，一直在忙着扮演护士、妻子、母亲的角色，好久没有接触这些方块字了，可护士长鼓励我说："你可以的！"我挺感动的，就试试吧。从毕业就来到手术室工作，待了二十几年，从如花似玉的19岁到华发早生的42岁，一个个通宵达旦的夜班，一幕幕的悲欢离合，点点滴滴一直都在震撼着我。其实有时候我也彷徨过，犹豫过，但总会找到足够的理由让自己继续前行！告诉自己，不刻意去追逐虚无缥缈，更不要去依恋，你只需要去觉知属于你的。

作者：蔡小娴，广东医科大学附属医院

回归

 我又站在这安静的走廊上，那是通往手术间的内走廊，来来回回走过了上万遍，没想过有一天会这样忐忑。"小城（小陈）故事多，充满喜和乐，若是你到小城来，收获特别多！"听到依然熟悉的歌声，我的嘴角微微上扬，想过会遇到他，只是没想过听着歌！"回来了？"像只是临时走开，谁都知道我离开手术室已经整整3年，他轻描淡写的一声招呼却已让我心存感激！离开的3年，多少夜里梦回的都是和他在手术台上的配合，他的一句"不熟哦"足以让人跳脚，着急和他分辩我已离开，已不是他的手术室小妹，他不解的眼神让我从梦中惊醒，醒后带泪！"特需门诊弄好就回手术室哦。"他依然大大咧咧地迈着外八的步子，脸上挂着坏坏的笑，顺势将手搭在我肩上，一同向手术间去！"不管怎样，回来好好干！"他重重地拍拍我的肩膀，理理他新换的蓝色的布帽子，口罩，帅帅地不回头，向后摆摆手，做个了个再见的手势，"小陈护士长再见！"他这个心脏外科主任今天要完成两台心脏手术，而我还需要去循例巡查各手术间。

 新的角色给我带来更大的压力，当初作为特需门诊的开荒人，我并不觉得压力有多大，夜以继日地工作，接触各色管理文书，大到科室的发展前景，小到科室的办公椅，我都亲力亲为，终于创造出本地区的第一个特需门诊。又回到熟悉的环境时我倒感到了前所未有的压力，这里有我的老师、学生、同学，还有看着我成长的各色"大哥"！知道我的回归，有"大哥"私下也提醒——"积重难返"！

 "护士长回来了！""陈护士长回来了！"我的身边很快围绕了一群人，她们戴着各色的布帽子，像一群欢快的花蝴蝶，蓝色的无纺布口罩上只露出带笑的弯弯眼睛。她们早已修炼出独门绝技：从只露出的眼睛读懂各色的情感，交谈不用脱口罩，小跑不用脱口罩，整日的工作不用脱下口罩！因为这是他们神圣的工作职责，这是一群习惯长期缺氧工作的人！我的脑里不知为何闪出这一句——"我的那些花"。

"护士长，回来就忙咯！"我的手被一双温暖的手拉着，我知道是手术室的元老级老师，也是我的师傅——李雯老师。拥有着美丽大眼睛的李老师，曾经也是手术室的美人儿呢！当年跟着李老师上心脏手术，我还确定了一个目标——要和师傅一样，人美，技术好！"今天12号房不知是谁用了腔镜又不归位！""羊角拉勾又丢了一叶""清洁阿姨经常忘记戴口罩进出手术间"很快欢迎的寒暄成了"提意见"！我轻皱眉头，都是在这专业里成长出来的，大伙没有把我当外人，我当然听得懂，大家心里着急，我知道！"陈老师刚回来，我们应该欢迎先嘛！"标准的江浙普通话高声打断了那些"提意见"的声音。一致的掌声响起！"欢迎陈护士长！"白皙的脸上小眼睛已弯成线状，两坨兴奋的红晕明显地染在颧骨上。我曾经调侃这位小徒弟："秀秀，你哪点像江浙人？无辣不欢，声音粗犷，丢三落四？"然后和秀秀大大咧咧地一起笑，真有趣！如今这位"徒弟"早已继承我的衣钵，在心脏手术里独当一面！当年秀秀到手术室时，护士长突然告诉我要带徒弟，虽然不解为何会改变以往的带教习惯改由年资不高的我提早带徒弟，但我仍然欣然接受！和秀秀一起上手术台，画出体循环的解剖图，讲解分流手术和断流手术的区别，提问秀秀胃大部切除手术的两种分型护理配合的不同，检查批注她每台手术配合的笔记。与其说是师徒，更像她的姐姐！"谢谢大家！"话音停顿了一下，"大家刚才提的意见我都记下了！手术室还有很多管理存在的问题，这不怪大家，是我们管理者没做好！相信在大家共同努力下手术室会更好的！"

每位手术室护士对自己的职业都有一种近乎信仰般的信念，一生只专注做这一件事——把手术配合努力做到极致，和战友们在没有硝烟的战场上赢得一场又一场的硬仗！

作者：张晓春，广东医科大学附属医院

胡同

1 梦开始，梦结束

"铃铃铃……雪下得那么深下得那么认真，倒映出我躺在雪中的伤痕……"，伴随着薛之谦歌曲的闹钟铃声响起一天忙碌的日子也即将开始。等等，我好像上个月已经提交了辞职信，恍然大悟，我已经不是一名身披铠甲在战场上抗战的"男"丁格尔了，我已经成为一个逃兵。

2 自由的渴望

离职的生活过得很惬意，生活中再也没有出现过三班倒的情况，我终于又有了正常的作息时间，没有出现过下班后还要为今天的工作有没有做好，标本是否留放安置到位、缝针、纺纱、血垫，数目是否符合，患者手术完毕后有无发生压疮的现象，再也没有那种担忧的心情。然而现在，剩下更多的是陪伴家人的时间，想想自己曾经为了患者的健康每天都对他们嘘寒问暖，相比之下，却忽视了对身边至亲的问候。不由自主地感慨当初也不知道那根经搭错线了才选择这份职业，现在终于得到了解放了。

3 回忆初现

口袋传来了一阵一阵地震动，掏出手机一看，原来是陈小姐，陈小姐是我的同行她在一所乡镇的卫生医院工作。

我："喂，陈小姐，今天怎么那么有空给我打电话啊？"

陈小姐："听别人说你已经离开护理事业了，我想打电话过来确认下。"

我："是的，我上个月已经离职了，现在是无业游民了。"

陈小姐："有时间吗？好久没见过你了，出来叙下旧了。"

我："好啊，哪里？"

陈小姐："老地方。"

我："好的，等下见。"

嘟嘟嘟……

街道边的风吹过我的脸庞感觉好柔和。

陈小姐："嗨，这里。"我随着声源望过去原来陈小姐比我早到了。

陈小姐："好久不见。"

我："确实，好久不见，你又变年轻了。"

陈小姐："颠，那么久不见，你还那么油嘴滑舌的，我已经被夜班摧残到人老珠黄了，残花就有我的份。"

我："哈哈，你就爱说大实话。"说着我的胳膊突然感到火辣辣的绞痛。

陈小姐："你干得好好的怎么就辞职了？"

我："咳咳，生活不只眼前的苟且，我还有诗和远方。"

陈小姐："你就作死吧，我真的想不出你不干护士了你还能做些什么。"

我："我有双手和双脚还不至于能饿死我。"

陈小姐："唉，真羡慕你说不干就不干了。"

我："放心吧，你也可以的，找个富二代把自己嫁出去，然后辞职安心在家做个少奶奶。"

陈小姐："唉，我已经人老珠黄了，哪有人看得上眼，比不过那些年轻的妹妹了。"

我："不要灰心，你要相信总有那么一个人会瞎了眼。"

一边喝着奶茶一边听着陈小姐说着她工作上种种的不愉快，听着听着远方突然出现了一辆120急诊车。

4 萌芽初生，绿衣传承，为你护航

2016年8月，是我以已经取得专业资格证书——护士职业证书的身份踏进了手术室成为一名绿衣侠。记得那天，面对着各位老师、师姐、师兄们我做了自我介绍，略带点紧张，连话都说得有点不通畅了，好尴尬。

新来的第一天，莫护士长把我们分配给了科室里的带教老师，由她带领我们认识科室的环境以及手术室相关制度，等等，第一天就这样慢慢悠悠地打着酱油过去了。第二天，带教老师向我们示教了器械护士在台上的一些基本的操作，然后，让我们各自练习。下午，她为我们讲述了手术室的灵魂——无菌操作的重要性。第一周我们就在理论知识与基本操作的学习中度过了，接下来，那就是扛枪上战场的日子了。

我的带教老师年龄大约40岁，是个典型的中年大妈，留着长度大约在耳垂的短发，第一眼看起来给我的感觉还是不错的，但是心里想"她会不会得更年

期综合征，如果有，那么我的日子会很苦的。"

我："请问，您是X老师吗？"

她："是的，我就是。"

我："您好，我是您学生，我叫郑朗。"

她："咦，你就是郑朗啊！我接到名单的时候看到你的名字，我还以为是一位女生，原来，你是男生呀。"

顿时，我心里面激动得出现了呼伦贝尔的大草原，什么逻辑，明明是男生的名字，她怎么会以为是女生的名字，我不服，我不服。

我："X老师，其实，我是男的。"

她："好的，我知道，原来，还以为是一位女生要温柔点对待，男的嘛，就不用那么温柔了。"

我背后突然感受到了一阵阵寒风刺骨。

她："你站过去旁边看我操作，哪里不懂你就问，知道了吗？"

我："知道了，X老师。"

她："很好，入室第一个问题，器械车距离墙面的距离是多少？"

顿时，我的脑袋快速旋转，答："5至10厘米。"

她："还可以嘛，今天，我带你上一台腰椎间盘突出的手术，你下台后要认真地做好笔记，我会随时检查你的。"

我："好的，X老师。"

接着我们就去洗手上台了。

我耳边出现了《大话西游》里面唐僧对孙悟空的絮絮念和教导："你怎么那么笨啊，穿个手术衣你都拿反，哎，笨死了，我从来没有带过像你这样笨的新人，你看看你，连手套都不会戴，你实习的时候老师没有教过你怎么戴吗？"一边进行着实操一边听着老师对我的教育，顿时，我内心的压力倍增，有点喘不过气来，心里默默地对自己说句："努力吧！少年。"

她："你往哪里看啊？看着我怎么和一助铺巾的，看好了。"我紧张地随着声源望过去。

我："好的，老师。"

四五十平方米的小房间，摆放着各种仪器、麻醉机、手术床、器械车，外行的人可能看着这些东西不知道该怎么用，但是，内行的人却十分爱惜这些仪器，因为，它们都是我们的弹药，都是我们与病魔抗战的武器，我们必须保证它们的完整，才能发挥出最大的威力。

她："注意点，手术的时候你要看着主刀医生的操作，你要明白主刀医生们现在在干什么，下一步要干什么，你要提前准备好，还有台上的纺纱、血垫、缝针，你都要做到心中有数知道吗？"

我拼了命在那里点头点头，我："好的老师，我知道了。"

患者信息、手术方式、手术部位，确认好了没有？麻醉医生、巡回护士、主刀医生三方在那里进行信息核对，我一脸疑惑，心想："他们在干吗？"确认无误，手术开始，记录开始时间。

"嘀嘀嘀，嘟嘟嘟，呲呲呲……"输液泵、麻醉剂、电刀，发出各种的响声，似乎像战斗的号角，激励着将士们前进，突然，前方出现了"敌军"，血管出血了，当主刀医生把手递过来时，我看到老师眼神里的那份坚定，她没有迟疑地把一把血管钳递了过去，由于敌方太弱，仅花费了几秒钟就解决了它们。杀敌完毕，准备回营，清点弹药，看着老师那熟练的动作和听着老师在那里喊叫胜利的号角，不知不觉我已成为她的小迷弟。手术完毕，老师问我在这台手术中学到了什么，我略带所思地想了下，说："不好回答。"老师似乎明白了我的想法点了点头。

终于下班了，回到宿舍躺在床上打开了微信，询问了下另外8名小伙伴的第一天临床生活过得怎么样，他们一个个都在那里说各自的带教老师如何对他们很好，都温柔对待他们。我的内心又被激起了不平衡的浪花为什么人与人之间的差距那么大，为什么我的带教老师对我这般严厉……。

第二天，我很早就来到了科室并在手术间里面等待她的到来。不知道今天又会迎来什么样的情况，算了，不想那么多了，兵来将挡，水来土掩。"嗒嗒嗒……"从脚步声我就听出是她。

我："老师，早上好啊！。"

她："嗯，早上好，你来得提早的嘛。"

然后，她用她那双柔情似水的目光环视了一周。

接着她说："我现在教你巡回护士在台下该干的工作。"

我："老师，我们今天不是器械护士吗？怎么干起巡回护士的工作来了。"她瞟了我一眼，我立刻感到背后拔凉拔凉的。接着她又说："巡回护士首先要保证吸引器的通畅，吸力的大小合适，各种仪器设备是否功能良好，还有手术前体位的摆放和物品准备，还有就是接患者，接患者前你要核对手腕带的信息，术中的用药，手术的部位，手术的医嘱，手术的方式，患者身上是否带有金属物品、假牙，术前是否进食，等等，你记住了吗？"

我："老师，你说慢点，我写不了那么快啊。"

她："很好，现在和我出去接患者。"

……

渐渐地，我已经习惯了跟在老师身后的日子，犹如一个跟屁虫一样，去到科室的任何角落我都紧步跟随生怕跟丢了，就除了跟着她去洗手间和更衣室了。她总是很细心地教导我，有时候她突然也会就开声教育我，还有的时候她就像我妈一样在我耳边唠叨。

转眼间，已经来到手术室两个月了。10月是丰收的季节，但是，对于我们而言，10月那是离别的季节。科室里有两位老师已经到了退休的年龄了，所以，科室想组织一次欢送会来为她们送别。由于，我们新来的是9个人，这也是手术室有史以来第一次一起进来那么多人，所以，上级领导们为我们安排了一个节目……。就这样，每天除了上班，我们下班就是去排练节目，虽然，有点身心俱疲，但是，没有办法，我们都只能咬紧牙关往前冲了，记好自己所说的台词，练好自己所站的位置……。

终于，那天来临了。那天，我们9个人穿着小绿衣排着整齐的队伍等待我们表演时刻的来临，那一刻我们内心是平静的，想说当却又说不出什么来。当主持人念到我们节目名字的时候，我深吸了一口气，跟随着整齐的步伐走了上去，面对台下的观众似乎没有一丝紧张的感觉，我想这可能是因为小绿衣的作用吧。就这样，老师们一边念着自己从事护理行业以来工作的感慨，一边用深情地用目光凝视着我们9个人，当她念到我将把责任寄托在你们9个人身上的时候我们高举手中的生命之火，我们似乎有一种使命感附加在身上，高高地举起了那顽强不息的——生命之火。是的，前辈把他们的责任交托给我们，把他们的经验传授给我们，而我们需要接受这种传承，并将它一代又一代地传承下去，取其精华，去其糟粕，让护理事业得到更好的发展，造福广大的人类，让更多的人知道我们的价值，我想这就是为什么我的带教老师平时那么严谨地对待我的原因了，这一刻，我懂了，患者的健康，我们用双手托起，用生命为你护航。

5　离开只因远方有她

12月的到来，也是意味着你即将离开我们了。12月—— 一个考研月，已报名考研的学子们纷纷埋头复习，然而，你却叫我出来吃夜宵。我和你相识在8月份，你是一位地地道道的东北汉子，给我的第一印象也是和我第一次看到我的东北舍友一样热情豪迈。你的身高大约一米七多一点，但是，你的身材是圆的，你是个典型的小胖子，更加让我懊恼的是小胖子你竟然还有女朋友，像我这样长得风流倜傥、内心细腻的人都没有女朋友，你让我情何以堪。街边的车辆来来往往，路灯是那么耀眼，你和我说，你要准备考研了，我说："不会吧，你怎么有上进心了呢？"你说："我要回哈尔滨当公务员，我女朋友的家人不同意她来这里，要么我回去，要么就分手。"我说："分就分了，大不了在这边再找一个怕什么？"你的嘴角露出了弧形的微笑我似乎看出你内心对这里的不舍，但更让我觉得你是深爱着她的，对吧、现在年轻一代人的爱情波折起伏，作为旁观者的我，我只能默默祝福你考研成功，早日与女朋友携手步入婚姻的殿堂。你跟我说你花了几千块买了网上考研的教程，我说："你小心被人骗了。"但是，我又想了想，像你这样精明的人谁会骗得了你，你不骗人就行了。从此，这一个月中，你每天早上8点上班晚上8点下班，竟然让你总结出了"早八晚八笑哈哈"的真理，老铁，你是可以的，回到宿舍，你打开电脑带上耳机跟网上的老师们互动了起来，灯光此时显得更加明亮了，它貌似也在给你加劲！

"你能不能帮我下周末顶一个班"你说，我说："可以啊！你要干什么去啊？，你说："我订了机票，要去参加研究生报名的现场验证。"就这样，考研都还没开始又给你和你的女朋友多点相处了，太没天理了。终于，结束了一天的工作，躺在床上摆弄着手机，突然，看到朋友圈里你发的状态，原来，是你今天考完试了，还说你自我感觉良好，随手点个赞给你吧。30平方米的空间，我对着雪白的天花板，看了又看，想了又想，这种三点一线的生活什么时候才结束？生活突然没有激情了，世上千千万万的人都是这样生活的吗？如果，你笔试面试都成功的话，那么下次，你回来也就是离开的时候吧。一周过去了，你也回来了，一见到你嬉皮笑脸的，脸上的肉又多了一圈，就知道你回去这几天伙食肯定变得更好了。你说："怎么样，有没有想哥？"我说："你是女的吗？想你干什么？怎么样，都还行吧？"你说："嗯、还可以，现在就等笔试成绩下来了。"我说："你可以的，小伙子！"你呵呵一笑。

每天重复的齿轮般的生活，却因你添加了点润滑油，那就是每天，和你出去吃夜宵，感觉好像是重回大学生的生活一样，过得真滋润。好景不长，渐渐地到了笔试成绩公布的那天。我说："你查了多少分了没有？"你说："有点紧张。"我说："你紧张什么，是不是怕你万一没有过啊？"看着你脸上动荡起伏的样子我不由自主地笑起来，此情此景和查高考成绩时有得一比。你抬起了颤抖的双手，缓缓地点开了网页，生怕输错自己的考号还一边看一边念了几遍，打开了，突然，你紧闭双眼，深吸了一口气，睁开双眼，静，这是那么地安静，我连你急促的呼吸声都能听得一清二楚，好久没有享受过那么安静的气氛了，如果，时间能静止我希望能停留。"哈哈，过了过了！"一声大叫的笑声，你破坏气氛了，我说："你别激动，小心激动过度、乐极生悲。"，我的胳膊被你大力锤了下，问我这是不是真的，我说："你怎么不打你自己啊，痛死我了。"接着你又在那里大笑了。

如果，说6月是分离的日子，而你却把分离留在了7月。2017年7月，也是你离开我们的月份。那天，师兄们组织了一个饭局来为你践行。离别的话我不会说太多，全部在酒杯中，一杯接一杯下去，早已忘却了自我，接着酒精的挥发，请让我吟诗一首：

今日一别何年见，
蝉夜无眠念故友。
早知不再少年时，
心中有梦游四方。
海阔天空任你闯，

骄声响彻凌霄殿。

抬头望下天空，飞机划过一道痕迹，一路平安。

6 希望，失望，落寞，笑容

每天，我们都会看到新的太阳，也会品尝着夕阳西下时候的美景，我想，这就是书上所说的时间和生命的轮回交替吧。

经过了前任带教老师的狱练，我终于挣脱她的魔爪，我来到了妇产科手术区，人称女人专场。

星期一，是我们区的急诊手术日。急诊手术主要是较急，较严重的手术。那天我并不是上急诊班，而急诊手术间就在我的隔壁，故事就这样开始了。

我所在手术间的择期手术已经全部完成，我正闲得没事做，刚搬了一张凳子过来正打算坐下休息，老师就进来说："准备一台剖宫产的手术用物。"我说："好的。"随后，推着器械车去到器械房捡好器械包，再去一次性物品房捡好用物，就这样，开包，洗手，整理器械台，静候手术的到来。过了一会儿，患者终于来了，而且还是两台一起来的，有一台是隔壁的，我心里想："到底是哪个房间的宝宝出来得快，是男孩还是女孩？"不由自主替产妇们感到开心。手术开始了，我开始递器械到主刀医生的手里，我怎么感觉不到平常那样紧张争分夺秒的氛围了，好奇怪。终于，破膜了，没有羊水，我细想了一下知道我手中的吸头是派不上用场的了，递了两把血管钳再递了组织剪，我将盘子递了过去，主刀医生把死胎放了进去。几乎同时，隔壁手术间，响起了一声悦耳的哭声，一个新生命诞生了。时间好像静止了似的，一边是生、一边是死，生死无常。在手术室工作以来我还是第一次见到这样的情况，怪不得老师们会说在手术室里你会遇到各种各样的事情。手术结束了，我们把死胎当成医疗废物处理了，这是我第一次处理的尸体，内心总是怀有不安的感觉，但比起我的这种不安，我更加担心那位产妇内心的感受。当我掀开手术单时，我隐隐约约看到了她眼角的泪痕。

在灾难发生过后，救援队伍争分夺秒地拯救生命，然而，直到那件事情发生过后，我才体会到分秒的可贵性。

那天，我是巡回护士，刚好也是我们区的急诊班，对面还是同样的剖宫产手术，只是不同的患者。突然，一声大叫"抢救了，抢救了"，顿时，许多人跑过去帮忙，胎儿出来了，但是，全身发紫，这是很明显的缺氧，会不会是被羊水呛住了呼吸道，呼吸囊似乎在用尽了力气在给他氧气，拼了命要从鬼门关那里拉回他，可是，事与愿违，经过了半个小时的抢救，还是抢救无效，他还没来得及啼哭就离开了这个世界。那是我第一次在现实中看到全身发紫的新生儿，我曾以为那是只有教科书上才有的画面。事后，家属不愿相信发生的这一切，他们走了医务部的途径。当我们付出的努力不被他人看见理解的时候，我们问心无愧就好。

7 悟，梦醒，出发

"十，九，八，七，六，五，四，三，二，一，新年快乐"。随着倒数声我们迎接了新的一年。2018年了，不知不觉工作将近一年半了，脱离学校的象牙塔出来闯荡江湖，一边经历一边吸取经验教训，从中学会做人做事的道理，时间过得真快。回想起所发生的事情，我不由自主地笑了笑，想当初还是一位初出茅庐的新手司机，现在，我想我的实习期应该过去了，可以开车上高速了吧，但是看来距离宗师级别的老司机还是很远。人生的旅途有人上车，有人下车，也有人陪你到终点站。

回想起这一年半以来带过我的老师们，他们每个人都有不同的习惯，但在学习阶段的我要做到的是，要找出属于自己的惯用系统不能盲目地走。在我看来任何人都是我该学习的对象。但是，人无完人，我要做到的是取之精华，弃其糟粕，保持这样的态度前进吧。

星期一至星期五，闹钟都会把我从睡梦中呼唤起来，我对着镜子笑了笑迎接崭新的一天。看着这熟悉的仪器、冰冷的武器，总会想到自己也拿过它们上战场杀敌，仿佛每个手术间都有过我们战斗的场面，我们把青春的汗水挥洒在了这里，而我们的汗水却在这里绽放成了一朵又一朵的希望之花，我想我们的付出是值得的，或许我们就像镇守国土的战士一样默默无闻，但如果缺少了我们，敌人就会侵略我们的祖国，为了患者的健康、为了祖国领土的完整，我们一起拿起手中的武器战斗吧！

铃铃铃……雪下得那么深下得那么认真，倒映出我躺在雪中的伤痕……我的手机铃声响了："喂，什么事？"值班人员："快起床，有急诊手术来了，快起来准备。"我去，原来我正在上夜班，那刚刚的不就是梦了？

深夜是我见过城市最没有防备的时刻，但它却是我们整装待发的时候。

你的泪水，你内心的委屈，你不开心的事情，别人对你的误解……你最美好的青春年华，我想都会在这里发生——手术室。

作者：郑朗，广东医科大学附属医院

逃兵的自白

在一个冬日的下午，一觉醒来窗外已经漆黑一片，万家灯火已经点亮，习惯性地打开微信看见昔日的手术室同事发来一个约稿文件，没有任何托词，回复到：谢邀，我试试。开着车行驶在北方的街道上，收音机正播着电影《芳华》的电影插曲《绒花》，眼泪就在这时候无声无息地流下，很多情绪需要一个出口，此时的我35岁，离开手术室已经有差不多10年的时间了。

是的，我是一个手术室队伍中的逃兵，我潜意识里一直这样看待自己。从毕业就来到了广东医科大学附属医院手术室，从基础开始学起，敷料包、器械包的准备，无菌技术的操作，各种手术的配合……第一年可以用一个字来形容——捱。

白天要提心吊胆地配合各种外科手术，留意主刀医生的各种习惯，细致到每个医生的手套型号，下班后就开始回忆当天手术的要点做手术笔记。从用物的准备到手术步骤，还有特别备注。然后开始翻阅第二天的手术解剖图谱和基础步骤，如果运气不好遇到脾气不好的医生，一颗心就这样悬在那里，夜里也睡不踏实。那一年我20岁，手术室去了7个姑娘，下班以后有时间的话大家会聚在一起分享新参加工作的心得，取长补短，你追我赶，共同进步。而我还有一个特别任务：学粤语。身为川妹子的我在广东这样的工作环境，多数医生在手术过程中都会用粤语交流。"弯钳""直角钳""七号缝"等术语从一开始完全不懂到快速的直译我用了半年多的时间。那些日子成为我生命中最刻苦勤奋的岁月，也是最难捱的日子。

6年的手术室护士生涯，在一轮轮的夜班中交替过去。都说熟能生巧，每天4~5台的手术量和夜班从接班开始一直做到天亮去看海上日出，工作频率很快把我们几个姑娘历练了出来。心理压力逐渐减小，工作压力逐渐加强。各种贵重仪器的使用保养，新手术的开展学习配合，以及永无止境的学习和考试，还有面对生命的那份慎重。工作就是植物大战僵尸，一波又一波的僵尸和敌人……那时候还没有深刻体会到这份职业赋予了我什么。

由于个人的一些原因，我们举家搬迁到北京，没有经过深思熟虑的我义无反顾地递交了辞职报告，带着几分窃喜。终于不用再害怕午夜的电话铃声，终于不用眼巴巴看着别的同龄姑娘手上斑斓的指甲，终于不用在大家阖家团聚的日子自己在手术室值班了，一种前所未有的自由感扑面而来，随后热气腾腾地投入到新生活中。

几年以后，我尝试了许多职业，慢慢地，我感觉到自己有点失落。我害怕看那时候热播的电视剧《心术》，那些熟悉的画面会提醒我，我放弃了一份值得尊重和热爱的职业，让我感觉到自己是一个逃兵，当时并肩作战的7个姑娘们依然站在无影灯下，坚守者岗位给人以希望，唯有我离开了战场。每当午夜梦回时，我总会无数次地回到熟悉又陌生的手术室，见到那时的同事、领导、医生。激动又紧张地问护士长："我还可以回来吗？"总是担心自己遗忘了什么不能很好地配合手术，然后惊醒，陷入无限的失落里。

离开手术室大概有10年了，这样的梦境说不定什么日子就来造访，大概做了几十次这样的梦。逐渐明白，唯有这一份职业让我魂萦梦牵，在那些我认为最难捱的日与夜中它已深深地融入了我的血液与脉搏，唯有这份洒过青春热血的职业带给我神圣与崇高的价值感。正是因为付出了太多去服务于生命，才带给我们宝贵的荣誉感，而这样的感受在自己平凡的生命中是一份多么珍贵的体验。如果说人生像一场旅行，当我们抵达终点时，刻骨铭心的往往是那些艰难的旅程。这是我多年以后才明白的道理。

虽然我现在也努力在别的行业中去寻求自己的价值感，期望给予别人美好的感受，但是如果可以选择，我还是想守在那盏无影灯下，虽然会有抱怨，会有遗憾，但是还是会坚定得像一只在黑夜中发着微弱光芒的萤火虫，不再做一名逃兵。

作者：任奕，滨州市慈铭体检中心

夜无眠

"铃铃……"一阵阵悦耳而略显急促的铃声响彻出租屋，打破了死寂般夜的沉默，扰乱了我甜蜜的梦乡。

我努力睁开眼睛，梦游般接通电话，另一端传来同事略显匆忙而响亮的声音："有个因车祸重度颅脑损伤的患者，半小时后将到手术室进行开颅手术，需要你回来洗手上台。"我仿佛突然从头到脚被泼了一盆冰水，朦胧的脑子一下子清醒了，这时我才发现小小的出租屋灯火通明，我竟又不知何时在书桌上不知不觉睡着了，桌案上静静躺着尚未书写完的手术配合笔记，仿佛在诉说着忙碌工作的一天，一定又是加班到晚上9点多才拖着疲惫的身躯回到家，却不争气地睡着了。我看看窗外，天空已被黑幕笼罩，墙上的老式摆钟这时突然发出一声吼叫，仿佛在告诉我现在已是深夜一点钟。

我快速地用冷水洗了把脸，骑上自行车又投入到夜幕中，宽敞的城郊，马路安静得可怕，昏黄的灯光映照在被雨水洗礼过的湿漉漉的地面上，两旁摇曳的树木在夜风中瑟瑟发抖，不时发出沙沙的声响，鸟儿、青蛙等各路小动物仿佛在合奏乐曲，偶尔有一辆摩的快速疾驰而过。自从上班以来，我早已练就了半夜在无人的马路上孤身行走的胆量，无暇顾及害怕，我满脑子都是急诊手术患者渴求活命的召唤，我使出浑身力气踩着自行车向医院赶去。

我用了10分钟，气喘吁吁地赶到医院，远远就看到手术室门口聚集了十几名焦急万分的家属，他们那期盼而又紧张的眼神让我心中不由自主地萌生了一分沉甸甸的嘱托和对生命的敬畏。

我快速地进入更衣室，洗手、换洗手衣、戴帽子、戴口罩，进入手术区，映入眼帘的是一个个忙碌的身影，仿佛置身于一个没有硝烟却时刻与死神争分夺秒的绿色战场，不管外面的世界是春暖花开，还是刮风下雨，抑或是寒冬腊月，这里一年365天都是灯火通明，始终保持着22℃~25℃的最适宜温度、35%~60%的最适宜湿度。在这里穿梭忙碌的绿衣天使们只露出一双双明亮而又炯炯有神的眼睛，有经验的人还是能够从他们的行为举止分辨出麻醉医生、手术医生、手术室护士。

我快速地进入8号手术间，菊姐正忙着配合麻醉医生进行深静脉穿刺，我翻阅病历了解了一下患者的基本情况以及手术方式、主刀医生。只见这个24岁的年轻小伙已经被撞得面目全非，脑袋已经肿胀得令人不忍直视，时刻提醒着我们加快手中的动作。菊姐已经将手术所需的物品准备好了，我只需按照无菌原则快速开包，外科洗手、消毒，穿好手术衣，整理手术器械，与巡回护士菊姐共同唱点手术器械、纱垫、纱块、缝针、脑棉片、刀片等。菊姐、手术医生、麻醉医生共同将患者的头置于特定的脑外科头架上，菊姐细心地给患者的双眼贴上透明敷贴，两耳塞上棉球，并在受压的头部以及耳朵上温柔地涂抹上了赛肤润，并一再确保耳朵置于头圈中，没有受压，因为耳朵可是很娇弱的组织，一旦受压必成压疮，会给患者后期恢复带来无限的麻烦。手术医生也快速外科洗手后给患者进行消毒，在进行头下半部消毒时，需要巡回护士戴上无菌手套抬起患者的头给手术医生消毒，只见只有80斤重的菊姐，两手吃力地抱着患者沉重的脑袋，两根筷子似的手臂虽然在发抖却又坚定地坚持着，我赶紧准备好一张双重对折无菌中单，待医生消毒完毕，递给医生，医生默契地接过中单铺在头架上，菊姐的双手终于得以解放。

铺完巾，电刀、动力钻、动力铣刀、双极手术刀、吸引器一切准备就绪，手术正式开始，安静却笼罩着紧张的氛围。虽然已是深夜两点，手术医生依然在无影灯下聚精会神地进行着手术，我也根据手术步骤，及时、准确、无误地给手术医生传递手术器械，很快寂静的手术间依次响起了动力钻、动力铣刀的声音，伴随着颅骨骨屑和血液的飞舞，颅骨终于取下来了，医生们的口罩、眼镜上也沾染了几滴调皮的血液，可他们却无暇顾及，全神贯注小心翼翼地进行血肿清除，并在显微镜下对出血点进行止血等操作。时间一分一秒过去了，手术也在有条不紊地进行中。突然，隔壁手术间传来了婴儿呱呱坠地哇哇哭泣的声音，仿佛动人的音乐给我们带来为之一振的喜悦心情，原来隔壁进行的剖宫产手术顺利剖出了一对健康的双胞胎宝宝，听到这个消息，我们每个人的心中都洋溢着喜悦的心情。

我在心中祈祷：希望这位不幸车祸的年轻小伙能同样沾染上喜气，能够顺利完成手术并安全度过危险期达到完全康复！经过4个小时的奋战，手术终于在有惊无险中顺利地结束了。由于患者病情危重，麻醉医生和手术医生意见达成一致，术后先将患者送入重症监护室观察。患者平安地离开了手术室，此刻我始终悬着的一颗心才终于放了下来，手术间略显狼藉，吸引瓶里满满血水诉说着不眠的一夜，我将使用过器械在流动水中冲洗干净并装箱，将使用过的仪器抹洗干净并把它们推回到我们为它们圈定的属于它们自己的家园中，并指导清洁工人进行卫生处置，重新为手术床铺上干净的床单、被套。在大家的齐心协力下，手术间很快又恢复了整洁有序的面貌。

此刻，手术室终于恢复了宁静，大家相视而笑，忙碌又紧张的一夜终于过去，时间已来到了早上的6点半，离上班时间还有一个小时，大家抓紧时间赶紧休息。而我也是满脸倦容，想到接下来还有一天的择期手术，我得赶紧冲个凉清醒一下才能应对一天的工作。亲爱的同事们陆续来上班了，大家知道我没有早餐，担心我饿着肚子上班，纷纷把自己食物的节余部分分享给我，吃着"百家餐"，虽然很累，心里却是暖暖的。我想这就是我一直坚持到现在的最大后盾。

回想6年前，我还是一个稚嫩的毕业生，手术室菜鸟，最初手术室给我一种冷森森、神秘的感觉，融入之后，我很快跟同事们打成了一片，大家在工作、生活中始终互相帮助，我也在各位前辈和护士长的指导下逐渐成长，能够独当一面。手术室虽然每天都在上演没有硝烟的与死神对抗的战事，但每天也都发生着一个个令人感动的温情的故事。

作者：黄芹燕，广州医科大学附属第二医院番禺院区

无影灯下的绿衣天使

手术室是一个神秘而又庄严神圣的地方，是一个让患者听起来心里发怵的地方，是一个维系患者生命与健康的地方，是一个承载患者与家属沉甸甸希望的地方，是一个没有硝烟却时刻与死神殊死搏斗的战场。有这么一群可爱的人—绿衣天使，手术室就像我们自己的家，无影灯就像我们的一方舞台，我们身着一袭绿色洗手衣、头戴花色手术帽、口戴防护手术口罩，留给患者的永远是微笑、关切、明亮的眼睛。

每一个日日夜夜，我们都热爱并坚守在自己的岗位上，每一个手术间都有我们忙碌的身影和挥洒的汗水，我们用娴熟的专业技能、高度的责任心与使命感，默契地配合手术医生和麻醉医生顺利地完成一台又一台的手术。虽然很疲劳，却毫无怨言，每一声新生儿平安降临时嘹亮的啼哭声、每一次患者顺利完成手术平安送出手术间、每一个急诊危重患者都会集聚所有科室精英会诊团结合作，让患者转危为安的时刻，我们心中都是无比的快乐和轻松。

我们的工作不分昼夜，不分节假日，手机必须24小时开机，外出必须申请，多少个刮风下雨、万籁俱寂的深夜，我们在睡梦中被吵醒，一听有急诊手术，立刻睡意全无，麻利地穿好衣服，15分钟以内必须赶到手术室，与手术医生一起，并肩战斗在这生死攸关的战场上，密切地关注手术医生的每一个眼神、手势，每一句话，以及手术的进程，密切关注着患者的每一次呼吸和心跳。快速地建立静脉输液通道，各种仪器设备和手术器械及一次性物品及抢救用品的充分准备，过硬的胸外按压等急救技术，是每一个绿衣天使必须掌握的与死神较量的技术。

我们的工作是加班加点三餐不固定的，完成一台大手术的配合，常常是从早上8点在无影灯下站立工作到下午两三点，直至手术顺利结束，才能吃午饭。饭虽然已经凉了，却没有时间加热，快速地填了肚子，又赶紧准备接台手术。遇到肚子饿得慌，也只能由同事递个牛奶充饥，日积月累，胃病、静脉曲张与我们形影不离。遇到尿急的尴尬局面，很多时候也只能无奈地憋着，所以上大手术前，我们都不敢喝水。

我们的工作不仅仅只是传递器械，我们需要熟练掌握每个手术医生的习惯，每个手术步骤，每个仪器的使用和维护保养，忙碌之余，科室每个月组织两次业务学习、一次护理查房和一次危重病例讨论，并进行理论考核和操作考核，不断更新我们的大脑知识库，提高我们的专业技能，我们是无影灯下术者最得力的助手。

如今，我们的工作不仅只局限于这四方手术间，三尺手术台，我们的夜班护士每天会到病房术前访视第二天的手术患者，了解患者的基本情况和术前准备完善情况，我们精心地准备了介绍手术室环境和手术各种体位摆放的照片，交代患者术前注意事项，让患者对手术室不再陌生，减轻恐惧心理。术后48小时内，我们会对每一位手术患者进行术后访视，了解患者术后恢复情况，耐心倾听患者的心声，并发放手术患者对手术室护理人员满意度调查表，不断提高我们的服务水平和增强患者对我们的信任感。

当初手术室还是毛坯房，到处尘土飞扬，只能在办公楼整理手术间相关的规章制度等材料。而现在，我们拥有10个手术间，拥有C臂机、能量平台、B超机、胆道镜、超声刀、摄像显示系统、脑科显微镜、眼科显微镜等高尖端的仪器设备。护理人员由5人逐步扩充到19人，绝大多数人员都有丰富的三甲医院手术室工作经验。每当举家团圆欢聚的时刻，我们都依然坚守在工作岗位上。

如果上天再给我一次选择事业的机会，我将依然坚定地选择这份无影灯下默默站立的事业。只因我是一名绿衣天使，虽然没有掌声，没有鲜花，没有赞美，但怀揣一颗真诚对待患者、敬畏和珍惜生命的心，希望疾病能望而止步，垂死生命能超越无限。

作者：江进华，广州医科大学附属第二医院番禺院区

清风徐来

　　幸福是什么？幸福若有形态，那会是怎样的呢？或许幸福像玻璃一样，虽然平时很少察觉到它，但它确实存在，只要稍微改变看它的角度，玻璃就会折射出光芒，比任何东西更雄辩地主张自己的存在！

　　2007年走进学校的时候，我一脸迷茫，护士是干什么的呢？是打针发药还是走路生风浑身带着消毒水的味道，或许是打完预防针时甜甜的糖丸味儿。那个糖丸太好吃了，以至于今天的我仍在怀念，小时候总是想今后每天都可以吃一颗糖丸，那样就能过上比蜜甜的日子了。

　　之后，人体解剖课的惊悚历历在目，生物化学课的公式看起来复杂无比，专业课又是懵懵懂懂地学过。转眼间，我过了自己第一个节日，从此5.12护士节变得不再普通。那年，学校在礼堂召开了很隆重的授帽仪式，各大附属医院的护理部主任亲自给我们授帽，当我带上洁白的燕尾帽，大声读者南丁格尔誓言"余谨以至诚，于上帝及会众面前宣誓：终身纯洁，忠贞职守，尽力提高护理之标准；勿为有损之事，勿取服或故用有害之药；慎守病人家务及秘密，竭诚协助医生之诊治，务谋病者之福利。谨誓！"那时，我的一生注定要救死扶伤了。

　　谈起急诊科，可能《急诊科的故事》看多了，实习期间去急诊科是我最兴奋的事情，我天天盼着可以出车，可以推着车拉着患者在急诊室狂奔，人工呼吸，血压胸外按压等我已经在小熊身上试验过好多次了，就等那天的到来，也许当时不懂，大概从那时候就开始萌生出一颗治病救人的心。在医院工作，每每看到关于医疗纠纷的新闻，心中就像激起千层浪，同仇敌忾。

　　我们发誓，对待每一个患者都是一视同仁，你生病，也许我们比你的家属更希望你会康复。也许很多医护人员都没有遇到过真正的医疗纠纷，他们在尊严面前还是选择治病救人的态度是那样坚决。而我就是这样一个"幸运"的人。

那晚，急诊科依旧紧张忙碌，穿梭的车床一会运往CT室，一会运往手术室，走廊里的人很多，躺着测心电监护的人也很多，治疗仪器有限，一定要给最需要的人。就在这个时候来了一群人，簇拥着一个40岁左右的男子，他们来了就说，快给我们局长安排床位，这位是某某局长。看到患者面色紧张，但能走能说，照惯例带教老师给他接上心电监护，监护仪上的数据并没有什么异常的，带教老师就让我先观察着患者，他自己马上去抢救因服食灭鼠灵自杀的患者。这时候某局长的家属不干了，其中一人挥动着手臂把正在抢救伤患的医生揪过来，并结结实实地给了李老师一个耳光，我当时吓得不敢出声，生怕他会注意到局长旁边的我。家属还在骂骂咧咧，口中说着难听的话，这时候，某局长突然意识模糊并出现喷射状呕吐，被打的医生还有带教老师马上对他进行抢救，家属还在旁边不停地骂。我相信，他们救他不是因为家属的打骂与威胁，我相信这是一种天职，在自己的尊严与患者的性命相比的时候，他们总会站在自己认为对的那个位置。

说回手术室。毕业后，我很荣幸能分来手术室工作。由于急性子而喜欢快节奏的生活，无影灯下的专注，针心刀胆的医术，每一秒钟，都让我找到存在的价值与意义。我每天都学习让自己更认真一点，慢慢地从马大哈变成了一个有心的人。其实，我最爱看到患者被推出手术室那一刻，家属安心的脸。我也很乐意把自信安定的笑容传达给每一位我接诊的患者。让他们知道，这只是漫长人生中一次小小的波折。

就在昨晚，"你好，这里是神经外科，有位小脑半球出血的患者需要急诊手，5分钟后送到，请做好准备"。患者很快就被送来，处于深昏迷状态。双瞳直接对光反射已消失。血压已降到75/48 mmHg。患者情况很不好，为了给手术保驾护航，麻醉医生为患者做了深静脉及动脉穿刺，每隔1小时抽一次血气。

做好我们的工作后，手术开始了，由于出血量大，出血点还是没有找到，台上台下的每个人都心急如焚，剪开硬脑膜，脑搏动差，打开枕大池释放脑脊液减压，用脑穿针抽吸出15 mL暗红色血液。凌晨3:35，主刀医生开始上显微镜，在消除左小脑半球血肿后，发现血肿腔与四脑室相通。近中脑处有一血泡，该处流血不止，反复烧灼止血失败，主刀医生意识到这可能是动静脉血管畸形破裂出血，动脉瘤破裂出血，用了大量止血棉用品，并用双极电凝摄反复灼烧，积极止血，终于消除了活动性出血。生命生命体征平稳，那一夜，患者自体输血3 000 mL，输新鲜血浆1 200 mL，血浆冷沉淀15 V，悬浮红细胞6个单位。

天空出现了鱼肚白，又是一个不眠夜，还好，患者转危为安了。

有一部十分火热的韩国电视剧《太阳的后裔》，演绎了在灾难面前，医护人员专注救人的场面。这让我很感动，和平年代也许我不会有机会去上战场，但我真的想过，当有一天国家和人民需要我的时候，我可以奋不顾身，不求青史留名，但求心中无悔。

我已经从一个懵懂的小护士变成了一个正在思考的医务工作者，感激一路上给我上过课的所有人。

清风徐来，水波不兴，顺流而上，海阔天空。

作者：肖媛，广州医科大学附属第二医院番禺院区

我的五年计划

　　手术室是为患者提供手术和抢救的场所，有那么一群人日夜不停地在手术室里努力地工作着，他们就是手术室护士。　很荣幸我能成为一名手术室护士，而且已经在手术室工作5年多了。还记得当年大学毕业的时候辅导员跟我们提的第一个5年计划：工作，结婚，生娃。但是我每天都在这个四方小空间里忙碌着，原本以为会完成不了我的第一个5年计划了，很幸运，在第一个5年计划里我要生娃了。　现在，我是一名怀孕的手术室护士！刚开始这孕妇的角色还没有深入到我的脑海里，还是有很多不习惯的地方。孕吐、吃不下、走不快、尿频……这些怀孕带来的问题给我的工作带来了不少麻烦，但是这些问题在手术室里都是不允许发生的，所以必须克服困难。因为没有时间吐，没有时间尿，吃饱了才会有力气干活，跑得快才能更快更好地完成手术。所以，拜托！这些不适都要统统走开，我还得好好上班，我们的工作可忙着呢！这明明就是没怀孕的样子，抑或只是个怀孕了的女汉子。　有时候，危险是会有的。有一次，一个两岁多的小孩子做手术，在复苏的时候他有点躁动不安，小脚踢到了我的肚子，我当时忙着也没太在意。在下班回家后才感觉有点不舒服，但又怕家人担心，就没敢说出来，幸好没什么大问题。第二天又元气满满地上班去了。　有时候，力不从心也是会有的。挺着大肚子给患者打针输液，弯着腰会不舒服，想要一针见血，又想要尽量减少患者的疼痛感，这有点难。怎么办？办法总比困难多，干脆就一条腿跪着，腰挺得笔直，这样既能稳稳地打完针，又不会压到肚子，还不带喘的。　有时候，温暖更会有的。"呀！你几个月了，肚子这么大，怎么还上班啊？"一位来做剖宫产的孕妇问。我笑着回答说："8个多月了，我想坚持上班直到生的那天呢。""你们真的好辛苦，很感谢你们，你要多注意身体啊。"此时，我的心里是暖暖的。　你若静候美好,幸福终将会如期而至。宝宝的平安到来，我这"怀孕的手术室护士"可以"下架"了。因此我也得好好规划一下我的下一个5年计划了。自从国家全面放开

"二孩"政策以来，就有越来越多怀孕的同事，所以像我这种工作到生的情况是有很多的。要保持手术室能够高效地运转，我们都要尽自己所能坚守在这四房间里，坚守在无影灯下。我将时刻谨记南丁格尔誓言，终身纯洁，忠贞职守，努力成为一名优秀的手术室护士。

作者：官淑君，广东省第二人民医院

以天使的名义

记得那是一个忙碌的中午。

科里接到电话，说有一个车祸伤导致肝脾破裂，并大出血需要立即手术的患者。护士长赶紧调配人员，开辟绿色通道。患者进入手术室时已处于休克状态。麻醉医生以最快速度插好管，身为器械护士的我也以最快速度开包，准备开胸开腹的器械物品，洗手上台。经过麻醉科、普外科、心胸外科、泌尿外科、输血科的齐心作战，除颤仪，术中加温器，两台血液回收机等各种医疗设备的保驾护航，患者生命体征依然不稳定。于是请患者家属进来手术间说明患者的情况。进来的是患者的妻子，她摸着丈夫的脸说："你说好的让我们在家里等你的。"她哀求着对我们说："求求你们了，我们最小的孩子，才两岁。"

可是此刻，精湛的医疗技术在脆弱的生命面前还是显得那么渺小。

我们尽力了。

下台之后，我的心久久都平静不了，七号线缝，四号线扎，开胸器，肺叶钳，在我耳朵里一阵阵回响。他妻子说的那些话也一幕幕在我的脑子里回放。

此刻，我是多么期望，老天，请将奇迹降临在这个年轻的生命上吧！此刻，我是多么期望，他能够醒来。期望，他能够看看他的妻子，他的孩子！

天灰蒙蒙，下起了雨。冥冥之中，老天也在为之哭泣，为之痛惜。也许，我们从未注意过，也从未想要了解过，在这一堵墙外，就在手术室的门外，无影灯照射不到的地方，那些焦急的患者家属们，是多么的脆弱和需要安慰。

我期望，风雨过后有美丽的彩虹；我期望，冬雪过后有温暖的阳光；我期望，等待后脸上有幸福的笑容！可这种种的期望，究竟要怎样才能实现？我想，需要的不仅仅是患者对生的极力渴求，也不仅仅是家属声嘶力竭的祈祷和呐喊，更需要的是站在无影灯下的我们，尽职尽责去挽救生命，拼尽全力去与死神作对。

这里，一年365天，日日夜夜，从没有停止运转的步伐！

这里，一天24小时，分分秒秒，从没有停止接台的旋律！这里，是没有硝烟的战场！

四方手术间，三尺手术台，一袭绿色洗手衣，一顶蓝色手术帽，一张蓝色防护口罩遮住的脸庞下露出两只明亮的眼睛，一个年轻充满活力的集体，一个承载着生命希望的团队，是的，这就是我们手术室护士。

节假日里，也许你坐正在与亲友聚会的时候，无影灯下的我们却正在手术台上专心致志地传递着手术器械；夜晚来临，也许你睡在舒适的床上准备进入梦乡的时候，无影灯下的我们依旧坚守岗位，为了抢救患者的生命在努力着。你可知道，即便是休息日，我们的手机也需要24小时开机待命，即使是在深夜，急促的电话铃声也随时可能把我们从睡梦中惊醒，"急诊，快点回来"，那种无奈，无以言说。你可知道，每天正常的吃饭时间，我们要么在手术台上紧张地传递着器械，要么就在用那宝贵的几分钟时间争分夺秒地吃饭！

有一种职业，没有经历过就不知道它的艰辛；有一种艰辛，没有体会过就不知道它的快乐；有一种快乐，没有品尝过就不知道它的滋味。

"救人一命，胜造七级浮屠"，这句话虽然说了无数遍，但可能只有在手术室里的人才最能懂得它的含义吧。每天在交织着离别与劳累的巨网之中，我们努力工作，奋力挣扎，只为能拨开这网格的间隙，能看得到温柔的阳光和简单的幸福。都说我们手术室护士是身着绿色衣服的天使，那么我想以天使的名义，让每一个进入手术室的患者都能够再一次看到亲人的笑脸，让我们的每一次付出和努力都能够为他人抹平伤痛。

我想要为那无影灯照射出来的炽白光芒起一个名字，叫希望；我想要让无影灯下的我，身后真的有天使的影子。

作者：曾芹，广东省第二人民医院

我是手术室护士，我想向你说说我们的故事

多少个日日夜夜，我们站立在手术台前，沉着、冷静，汗水湿透了我们的衣裳，血水染红了手术衣，掌声和鲜花不属于我们，但是我们依旧快乐地坚守着。

每天，我们最早进入手术间，开始一天的工作，检查仪器、设备，准备器械包、敷料包....为一天的手术做好准备。人们并不了解我们的工作，常常听到说"手术室护士的工作，就是给医生递器械而已。"殊不知，我们也是手术团队的一部分，我们所面对的也是生与死的较量，车祸、外伤、绿色通道、大出血……快速建立静脉通道、各种仪器设备、胸外按压、急诊急救我们样样精通。

每一个日日夜夜，我们都坚守在自己的岗位上，每一个手术台前，都有我们忙碌的身影；我们目睹过无数悲欢离合的场景，感受过患者信任的目光，也遭遇过有理讲不清的尴尬场面……没有鲜花，没有掌声，赞赏和荣誉不属于我们！

但是，每一个新生儿平安降临时嘹亮的哭声，每一次患者被安全地送出手术室，

我们心中都是无比的轻松和快乐，这个时候，我们都会为自己骄傲，因为我们是手术室护士！

作者：张俊强，深圳市宝安第二人民医院集团总医院

假如你的女人在手术室上班

假如你的女人是在手术室上班，回到家，她烦的时候请不要和她争吵，她疯狂工作一天了，她嗓子是痛的，她心是烦的，她每天要应付很多很多的手术，有择期手术，有急诊手术，甚至还有绿色通道，一根筋她从早绷到晚，你是唯一能让她放松身心的人。

假如你的女人是在手术室上班，她懒的时候请不要和她计较，她每天上班总是不停地穿梭于各个手术间，围绕在不同的手术患者跟前，或是持久站立在手术台前，一站就是一天，她极有可能一上午没喝一口水，甚至中午饭又没来得及吃，晚饭可能也吃得很晚，唯一能让她依靠的肩膀便在你的身上！

假如你的女人是在手术室上班，如果她流泪了，你看到了，请给她一个拥抱。或许她受了很大的委屈，请你耐心地安慰她，面对工作，她不能哭、不能发泄，她必须冷静，即使再大的委屈，她也只能自己忍着！如果可以，她宁愿做个爱哭的人，随时都可以发泄一下心中的不满和委屈，但是，作为一名手术室护士，她必须坚强！只有在面对你的时候，她才能流泪，因为你是她身边唯一可以依靠的人！

假如你的女人是在手术室上班，请你不要嫌弃她对你关心不够，抑或是周末不能休息，因为她常常要24小时待命，一个电话就会把她叫回去参与抢救，因为健康所系，性命相托，她是一名医务工作者！请你更多地理解和包容你的女人！

假如你的女人是在手术室上班，请你不要嫌弃她不做饭或不洗衣服，更不要嫌弃她不温柔，或是偶尔发脾气。她偶尔的无理取闹，请你多一分耐心，多一分理解，和她一起分担。她一直在努力奋斗，努力工作，为的是在以后的日子里跟上你的脚步，和你一起奔赴你们共同的梦想！

如果她的身体不是很好，请你细心呵护，尤其是她的胃、她的腿，还有她的腰。可能你觉得她很强大，是个强势女人，感觉她不需要你太多照顾，永远是自己的事情自己就解决了。其实这是作为一名优秀的手术室护士该有的素养，紧张的手术室工作已经让她身心疲惫、焦虑紧张，然而，她必须坚强，因为她有一个你们共同经营的家，她不想让你看到她柔弱的样子，她总是想让你看到她最好的状态、最美的样子，所以那就好好用心爱你身边的她吧！

假如你的女人是在手术室上班的女人，请你一定要知道"手术室护士的十大职业病"，请用你的真心爱护她！

送给每一位在手术室工作的女人和深爱着她的男人！

作者：张俊强，深圳市宝安第二人民医院集团总医院

不忘初心

广州市第八人民医院是卫生部艾滋病临床医师培训基地、广东省艾滋病诊疗质量控制中心、国家肝病艾滋病临床药物试验基地，随着医院的综合发展，手术量日益增多，感染手术量更是飞速增长，作为医护工作者或多或少都会接触到患者的血液、体液，手术室的工作人员更是首当其冲。要说我们不怕，那是不可能的！我们怕患者的血液体液溅到我们身上，也怕一不小心被锐器所伤，一旦发生职业暴露就有可能要接受终身治疗。可是为了让感染手术患者求医有门，享受平等的待遇，我们始终奋斗在前线。

工作10年，令我印象最深的是患者的一句话："来这里你们都跟我说话，我觉得很幸福。"很简单的一句话，却道出了他们内心的渴望,这也是我工作的重要动力之一。

一旦接到感染性手术通知，从手术安排到完成手术，我们都面临着种种问题，手术复杂程度，患者病情、年龄大小，安排在哪个手术间、排第几台、手术间物品怎么供给，等等。一般手术开始前医务人员都要佩戴好一次性防护颈套、防护面罩、防护水鞋、防水衣及双层手套来防护；手术中传递手术器械时需要更谨慎小心，传递缝针、刀片等锐器时采用无接触方式。戴上这些防护装备有利就有弊，因为戴上头套听力下降、面罩起雾影响视力、戴双层手套手指不灵活，所以相同的手术耗时耗力也要多，整台手术下来，你会看到一群在22摄氏度的层流手术室里待着的医生、护士们已经是汗流浃背，全身湿透。

尽管我们已经如此谨慎小心，意外还是会发生。一旦发生职业暴露就有可能要面临至少28天的抗病毒治疗。28天时间不算长，但是抗病毒药物的胃肠道反应非常严重，一边上班一边服药，吃不下，睡不好，上吐下泻，常常服药服到一半时身体就已经明显消瘦，远看人已成仙。

感染性手术风险那么高，但是为了患者能平平安安健健康康回家团圆，我们每天都在手术室这一片无烟的战场上战斗，不忘初心，砥砺前行！

作者：周笔慧，广州市第八人民医院

手护真情，不负芳华

有人说，护理的温度就是医院的温度，护理的水平代表医院的软实力。我是一名手术室护士，不需要穿白色的护士服，没有固定的下班时间，手机24小时开机，遇到突发情况随叫随到。我每天戴着口罩、帽子，只露出一双眼睛，虽然看不到表情，却用眼神、语言、肢体动作给予每一个面临手术感到恐惧的患者以温暖和力量。

2018年1月4日深夜，一阵急促的电话铃声把我从梦中惊醒，"有急诊开颅手术，速回医院参与抢救！"我无可奈何地走出家门，顶着刺骨的寒风向医院奔去。漆黑的深夜，冷清的马路，呼啸的北风，我心里有说不出的沉重，甚至在看到焦急等待的患者家属时，我的表情仍有些麻木。可当我疾步走进手术间，面对那张被病痛扭曲的面孔和那双祈盼生命的眼睛，顿时同情之心、爱怜之情油然而生，我忘记了疲乏、抛开繁杂的思绪，立刻配合医生投入到紧张的抢救中。

无影灯下，我立刻为患者建立静脉通道，快速补液，吸氧，静脉推注，和器械护士一起准备手术用物……我们和死神作斗争，我们同时间争分秒。东方露出一抹曙光时，手术成功了，患者脱险了，我们把患者推出手术室并告知家属："手术很顺利，现在把患者送回ICU病房"。

一句简单平实的话语，竟使焦急等候的家属流下热泪。刹那间，一股从未有过的成就感涌上心头，原来我的岗位如此重要，它不仅维系着健康、快乐，甚至维系着一个人的生命和一个家庭的完整。

那一刻我深刻体会到，无影灯虽不是世界上最耀眼的灯光，却是世界上最被期待的灯光，它饱含无数患者和家属的希望，像是人生旅途中的一盏灯塔，为面临惊涛骇浪的航船指引方向，为生命垂危的患者带来一丝丝光明。我也明白了一个真理，在平凡的护理岗位上，同样可以施展才华，体现价值。

手术室，作为一个独立且较为封闭的临床科室，常常给人一种神秘和恐惧的感觉,每一位需要手术的患者都存在着不同程度的紧张和焦虑、依赖等心理，所以手术室护患沟通和亲情服务对患者的手术和术后康复有着很大的影响。

30多岁的王女士是一位HIV感染患者，产检时在当地医院查出HIV抗体呈阳性，转来我院做剖宫产手术。谈到这次手术后的感受，躺在病床上的她，言语中充满了感激之情，她说："在查出感染HIV之后，当地医院的医务人员把我当成另类，他们毫不犹豫地拒绝我进行产检，那时我有一种被遗弃的感觉，可来到你们医院我得到了尊重，我就是一名普通的患者。躺在手术台上，我丝毫不觉得紧张害怕，因为你全程都在我身边给我安慰和鼓励，让我对手术充满了信心，我坚信我的人生还将继续。当时，你用双手紧握着我，寸步未离，手术顺利完成，你还亲自把我送回病房，叮嘱我做术后康复锻炼和术后注意事项。其他护士对我的护理也无微不至，感觉真的就像我的家人在身边一样。"说到这里她已情不自禁地流下热泪。

是啊，患者就是我们的亲人。作为一名护士，我们要用春天的雨露去滋润患者的心田，要用有力的双手搀扶患者走出心灵的沼泽地。

我的前辈曾告诉我："当你选择这份职业，就要预见路途中的荆棘密布和艰难险阻，选择放弃只会是半途而废，唯有坚守，方能始终。坚守，是成为一名优秀护理工作者的重要品质"。工作的10余个年头，我没有惊天动地的事迹，只有奔忙不息，平凡与琐碎组成了日常工作的点点滴滴。平凡的每一天，我都在默默地坚守，但就是这看似平凡的岗位所赋予的神圣职责，却让我成为无数生命奇迹的见证者和健康的守护者。

南丁格尔说过，护士是没有翅膀的天使，是真善美的化身。我是一名平凡的手术室护士，将青春和芳华无悔地奉献于无影灯下，在生命的最前沿默默地守护着，把信心和温暖带给那些紧张、害怕、焦虑的患者们，和同一战壕的护理兄弟姐妹们，共同见证每一个平凡而伟大的手术室故事。

作者：王丽，广州市第八人民医院

守护生命的天使

一袭绿色洗手服、一顶蓝色手术帽、一张蓝色防护口罩遮住脸庞只留出一双明亮的双眼，这就是手术室护士的形象。绿衣天使是生命的象征，是爱的传递，他们是春风，吹走人们的痛苦，是热血，温暖人们寒冷的心，是爱的缝线，缝合人们身心的创伤。

作为一名手术室的护士，每天一上班，面对的就是忙碌的工作，停不下的脚步。有人形容手术室的工作就像一个不停旋转的陀螺，中间没有停下的时间。伴随去年二孩政策的开放，医院手术量大幅增长。危重产妇也越来越多，手术室护士的工作量也加重了。

转眼午饭时间到了，放眼望去餐桌上摆满了香喷喷、热乎乎的饭菜，却不见它们主人的身影，因为我们还在配合着手术，只能争取在接台手术的间隙中迅速地吃口饭。一台手术结束马上又接着另一台手术，工作紧张而忙碌地进行，我们手术室的护士却面带笑容，无怨无悔。

记得刚踏上手术室工作岗位时，心中充满了对这份工作的美好憧憬，我曾无数次设想白衣天使的温馨和善良。而实际工作中却是充满了艰辛和疲惫，整天工作在封闭的环境下，无法见到灿烂的阳光和呼吸到新鲜空气，每天24小时加班待命。

让我印象最深刻的是一次上夜班，一阵急促的电话铃声把我从梦中惊醒："产房有急诊危重手术，赶快来手术室。"我很不情愿地将舒适和温暖抛在身后，顶着刺骨的寒风向医院奔去。漆黑的深夜，冷清的马路，我的心里有说不出的沉重，如此的辛苦是为了什么呢？我当初的选择是正确的吗？一路思考着。赶到科室才知道这名产妇是前置胎盘伴胎盘植入，胎儿窘迫，珍贵胎儿，需紧急手术。职业的素养让我将所有的不愉快抛到脑后，立即准备用物投入手术。手术开始后，产妇出现大出血，马上打电话叫门卫通知手术室的抢救小组回来抢救，紧张的抢救紧锣密鼓地展开了，巡回护士负责记录抢救用药及完成各手术记录单，统计每小时出入量，器械护士负责手术台上的器械配合，一名护士负责协助巡回护士护理工作及核对手术收费，另一名护士负责去检验科拿血、打条码、送化验单及接听电话等。总巡回护士在患者身边负责执行麻醉医生口头医嘱用药、输血量、特殊用药，同时双人核对并提醒巡回护士记录用药时间、输血时间及量等。大家全力以赴经过8个多小时的奋战，抢救成功了。看到一个新生命安全降临和产妇脱离了生命危险，我们心中都充满了喜悦。当我们把患者送出手术室并告诉家人"母子平安"时，焦急等候的家属激动地说着一连串的"谢谢谢谢"，那一刻我的心里有无限的成就感。这简单平凡的"母子平安"四个字包含了我们多少的付出。

是啊！患者一个感激的眼神，家属一句感谢的话语，就是对我们工作的肯定，能将患者从死亡线上拉回来让我们有无限的成就和自豪感。使我觉得一切辛苦和付出都是值得的，我当初的选择没有错。

我喜欢手术室的工作，是它让我懂得了生命的珍贵，让我体会到奉献的快乐，让我明白了人生的意义和生命价值。

作者：陈淑娟，韶关市妇幼保健院

公主的美丽新衣

成长是一场满布荆棘的旅行，也许会走得跌跌撞撞，也许会遍体鳞伤，但迈过坎坷、战胜艰难险阻后，你会发现时间已为你披上铠甲，再不惧人生风雨。从稚嫩学生走向合格护士的成长之路更是如此。

学生时代的我天真烂漫，整日所想无非是漂亮的衣裳和美味的食物，闲暇时或悠然地宅在家中，或与闺蜜三五成群地闲逛，百无聊赖地享受生活而从未思考过人生的方向。直到成为一名手术室护士，我才像一只离巢的雏鸟，开始独自面对工作生活中的狂风暴雨，慢慢扛起应负的责任，找到人生的意义。

成为手术室护士以后，再没有规律的生活作息。手术室护士简直没有完整的休息日，不是在上班就是在做着上班的准备，难得的休息时间也不敢外出游玩，因为难免会有中途被叫回手术室工作的可能。由于没有固定的周末双休，与朋友的休息时间常常错开，在接二连三推掉朋友们的聚会邀请后，我已经成了朋友圈里"忙到没朋友"的典型代表。最伤神的还是夜班的时候，每当夜深人静铃声响起，就注定又是一个不眠之夜。曾经不习惯在白天睡觉的我，在忙碌一晚上以后又辗转难眠，整个人都像霜后茄子，成天无精打采。所幸我很快适应了这样的工作节奏，养成了一有空闲时间就抓紧补觉的习惯，在深夜的手术台前也能做到全神贯注。

成为手术室护士以后，再没有闲逛的精力。手术室的工作对身体和精神都是个巨大的挑战。从踏入手术室大门的那一刻起，仿佛踏上了战场：早早赶到手术室后，首先要干净利落地进行无菌操作，尽快做好各种术前准备、整理好一天手术所需的器具；手术中要密切关注手术状态，预判手术操作步骤，以便可以默契配合主刀医生完成手术；术后还要负责"打扫战场"，整理器具、安置好患者。由于手术前后都沉浸在巨大的精神压力和身体负荷中，一天下来身心俱疲，累得只想一头栽倒在床上。逛街的爱好也成功"戒掉"了，甚至连日常百货都习惯于网上购买。

成为手术室护士以后，再没有挑剔的胃口。一场手术从早上做到下午是常态，按时就餐对我们而言是一种奢侈，用保温盒自备食物是迫不得已的选择。然而一场手术下来，保温盒里的食物也常常变得冰凉，好在饥饿是最好的开胃菜，饥肠辘辘的我们冰凉的饭菜也能吃得风卷残云般干净，因为经常是匆匆垫饱肚子后又得投入到下一场手术中去。难得回家，吃着母亲做的温热可口的饭菜，觉得这就是世上最美味的食物，看着我狼吞虎咽的样子，母亲常嗤笑我简直是"饿死鬼托生"，看到以前吃饭磨磨蹭蹭的我变成了这个模样，我似乎从母亲眼里看到了心疼。

成为手术室护士以后，不得不放下对新衣的执念。除了上下班时间能穿着个人衣物，平日里绝大部分时间都是化身"白衣天使"，而新衣也只是从一件护士服换成另一件。由于无菌操作的需要，也不得不剪去留了许久的指甲，并卸去心心念念的美甲。对美的追求也从打扮得花枝招展变成了干净整洁，踩着的高跟鞋也换成了舒适的平底鞋。我打磨掉自我的个性，拥有了更多医护人员的共性，我越来越不像从前的自己，但对工作却越来越得心应手。

成为手术室护士以后，我经历过无数的生离死别，慢慢体会到肩上使命的沉重。再高超的医术也有敌不过病魔的时候，一年多以来，我经历过无数次手术成功、病患康复的欣喜，也体会过回天乏术、患者逝去的沉痛，我渐渐明白了，我们肩上担负的是一个个鲜活的生命和无数家庭的幸福。让我感触最深的是某个深夜，那是我第一次上夜班，早已沉沉入睡的我从一阵急促的电话铃声中惊醒，电话那头是无尽的惊恐和慌张，原来是一名高龄产妇提前分娩。放下电话，我睡意全无，立即和其他医护人员做好手术准备。作为一名未来的母亲，我深切感受到前所未有的压力，因为这次关乎着一个伟大的母亲和一个尚未体验过世间美好的小小生命。手术过程颇多曲折，所幸手术最后获得了成功，母子平安。我越来越感受到我们工作意义的崇高，享受给他人带来健康的自豪，更陶醉于新生命诞生的喜悦。

成为手术室护士以后，我从一个依赖着他人的"公主"成为一名"骑士"，勇敢地同工作生活中的恶龙作斗争，将遇到的困难一件件斩落马下。从"公主"蜕变为"骑士"，我丢弃的是对华服、美食的追求，拾起的是责任与担当。我不再为穿上新衣而欣喜，但会为手术的顺利而欢呼；不再因工作的辛劳而抱怨，但会为患者的康复而自豪。我渐渐明白了尽管不能保证治愈每一个患者，但每一场手术都应该全力以赴，比起生命的沉重，任何欢愉和享受都是可以抛弃的无关紧要。我终于变得越来越符合"白衣天使"该有的模样。我也明白了"白衣天使"关键不在于那一袭白衣，而是要有着天使般的操守与觉悟，想他人之所想，急他人之所急，将救死扶伤的重担扛在肩上。

只有把责任扛在肩上，把患者放在心上，以高度的使命感和担当精神投身于工作中，才会长出一双隐形的翅膀，成为医护人员最美的新衣。

作者：何诗雨，韶关市第一人民医院

绿色梦想，无悔人生

曾经看到过这样一句话，"没有翅膀，却能用双手为病患解除痛苦！没有三叶草，却能给病患带去希望！"我是一名手术室护士，无影灯下的绿衣天使，在平凡的工作岗位上做着不平凡的事，让我备感欣慰与自豪！

转眼间，在手术室工作已经6年了。6年里，我苦恼过、迷茫过，也曾动摇过、退却过，但是始终没有放弃！记不清，多少个夜晚接到电话通知后匆匆赶回科室进行手术；记不清，多少个新生命呱呱坠地后家属们幸福的笑容；记不清，多少个与同事们一起奋力抢救的瞬间；也记不清，少了多少个与家人团圆的日子，多少难忘的事。

记得有一次值班的夜晚，突然接到家中嫂子的电话，她已经在我们医院产房待产，期待已久的小侄女（小侄子）即将诞生！我的心情特别的激动。夜晚似乎过得很慢，忙着一台一台手术，却不敢有半点思绪和马虎，只是希望手术完成后快点见到嫂子和宝宝。忙完手术后，已是第二天早上7点。我拖着疲惫的身躯飞奔去产房看嫂子，看到她痛苦的表情，虽然已经见过很多这样的情景，但心里依然特别心疼嫂子。助产士说嫂子的宫颈口开了3厘米，可以进行无痛分娩了。我顾不上疲惫，马上回科室叫麻醉医生给嫂子做无痛分娩。

当我回到科室门口，看见两名妇科护士急匆匆推着一个患者，患者脸色、嘴唇苍白，需要紧急手术。我心里着急，这可怎么办？下一组值班人员还未到，此时，我脑海第一反应是，立刻叫麻醉医生和器械护士准备手术，而我也迅速进入工作状态，忙着手术前的各项准备工作，麻醉，器械清点等工作有条不紊地开展着，手术顺利开始，这时值班人员也赶到了，我认真做好交接班，坐在椅子上长舒了一口气。这时，我才猛然想起嫂子还在产房……

现在小侄女已经开始牙牙学语了。这份工作能够得到家人的支持是我最大的幸福。不管在哪里，不管什么时间，接到手术值班电话必须15分钟左右赶到科室，这已经在我的生活中形成了常态。

有时候来不及刷牙洗脸，来不及换好衣服，穿个拖鞋就往科室跑，因为这是我的工作，这是我的职责。每当看到一个个可爱的生命顺利诞生，看到患者术后渐渐康复出院，又给了我无限的动力！

每当我穿上这套绿色工作服飞奔在手术间的时候，仿佛插上了梦想的翅膀，翱翔于蔚蓝的天空，给患者带来无限的希望！我骄傲，因为我是一名手术室护士！

作者：林洁，韶关市妇幼保健院

你不知道的小事

现在是2017年12月31日23点25分，距离2017年过去，2018伊始还有不到1个小时。而我也将开启我手术室护士工作的第10个年头。仔细回想，时间过得真快，3650个日日夜夜似乎在转瞬间变成了回忆，我看着熟睡的丈夫和女儿，仿佛很久没有这样安静地看过他们了，似乎连他们的模样都有些模糊……下班回家匆匆吃饭或是倒头便睡是常有的事。

我开始怀疑我的记忆力，我闭上眼睛想那些久远的事：选择这份工作时的纠结，迈入岗位的雄心壮志，第一次进手术室的期待与害怕，第一次见证患者痊愈的狂喜，第一次目睹死亡的恐惧与消沉，许许多多清晰的记忆涌上心头，那些鲜活的色彩并未褪去。

"血压60/40 mmHg，静脉注射肾上腺素1 mg、多巴胺20 mg……"

"准备输血……"

"准备除颤……"

"准备10、11、20号手术刀片，血垫、腹纱、剪刀、弯血管钳、缝针缝线……"

10年前从陌生的声音到熟悉的旋律，再到跟主刀医生配合得游刃有余。凝聚着我的心血，我用心、用脑、用速度与手术医生、麻醉医生一道与生命赛跑，争分夺秒。随着临床经验增加，我们渐渐懂得了生命的珍贵，明白了工作的庄严与神圣，感受到无影灯下那一米点燃希望的光。

前不久，有朋友问我，手术室护士的工作是不是就是递递手术刀、手术钳什么的？我想了想，好像是又好像不是，每一台手术都需要手术室护士与主刀医生的密切配合才能够确保手术顺利完成。我们平时的工作核心就是根据手术通知单准备各种手术器械、仪器等，为了这个核心工作，我们需要做好许多的准备工作。手术室的护士姐妹们，每天上午一上班就推着自己的器械车，拎着各自的"篮子"去手术室的专属"超市",也就是一次性无菌物品间、无菌物品间进行"采购",这是我们一天中最轻松的时刻,那些熟悉的手术物品早已烂熟于心,我们一边毫无压力地找着当天手术用的所有手术器械(纱布、刀片、引流管、缝针、缝线等),一边与我可爱的同事们聊聊天,因为除了这一段短暂的时光,似乎就没有机会再与这些最熟悉的人聊天了。

"选购"完毕,我们推着自己的器械车满载而归,再去找到高大上的仪器,便开始做属于我们的那些"小事"。我们协助麻醉医生做好麻醉后,就开始了一天的工作:外科洗手、消毒、穿手术衣、戴无菌手套、铺无菌巾、准备手术刀、止血钳、纱布……

当工作拉开序幕,我们开始清点检查所有的手术器械、物品,再次三方核对手术部位无误后手术正式开始。有时候我在看《最强大脑》想想那些记忆高手,突发奇想,我们这些器械包能否作为一道题,考考他们结果又会如何呢?为了保证手术器具毫无遗漏,我们至少需要清点四遍手术器械,每枚细小的手术针也休想逃离我们的法眼,以至于我们每个手术室护士都患上了"强迫症",大概在别人眼里我们个个都是追求完美的处女座吧!

为了能更好地配合手术,业务技术上我们力求精益求精,为此每个月要进行业务学习、开护士例会、练习操作、考核等。我们深深知道手术室护士、麻醉医生、主刀医生的密切配合是确保手术、麻醉工作顺利完成的重要环节;手术的成败,不单取决于手术医生,而且与手术护士、麻醉医生密切配合的程度密不可分。一台成功的手术,是三方共同的努力,任何一方配合不好,都不能保证手术顺利进行。

因此,手术室护士不仅要掌握各项护理操作技术,还要加强基础麻醉知识的学习,了解和熟悉各种麻醉的方法、步骤及麻醉意外的配合处理,及时掌握不断更新的现代化监护仪的使用、学习新仪器设备的使用与保养,等等。这样才能与麻醉医生密切配合,以保证麻醉、手术顺利完成,提高手术的安全性及成功率。

做手术室护士后也有遗憾的事,比如我从没有做过美甲,戒指也是除了刚结婚前戴了几天以外,之后便再没戴过。作为一个爱美的女人,想着退休后我一定要戴上我最喜欢的结婚戒指、项链、手链,好好地给我的指甲做一次美容。休息的我们也尽可能找找放松的方式减减压,尽下为人母亲、为人妻女的责任。

这就是我们的工作,由无数琐碎的或许在别人眼里不值一提的小事组成,可为了能做好这些小事,多少个日夜我们起早贪黑、披星戴月地穿梭在医院与回家的路上,我们早已习惯这两点一线的生活方式。曾经有好心的朋友说:

"这么累，干脆辞职吧！"这时候总会有一股正能量在支撑着我勇往前行、永不言弃。我想想那些康复患者与家人团聚的喜悦，又有许多的舍不得，生命相托，便不负重托，是责任，也是我一生最骄傲的事，我愿为每一个走进手术室的患者负重前行、为那无影灯下的一抹绿无怨无悔，直到永远。

作者：刘春娇，广东省始兴县人民医院
朱春桃，广东省始兴县人民医院

追梦

有人说，护理是爱心、艺术、科学的结合。为了给患者提供更优质的服务，我们从传递一把止血钳、一根丝线，到娴熟地配合手术、观察病情，要经过几十台甚至几百台手术的磨练。手术室护理工作是无影灯下站立的事业，四方手术间，三尺手术台，就是我们尽洒汗水与凝结智慧的舞台。

我是一名极为普通的护士，在手术室工作的12载岁月里，有过喜悦，有过委屈，也有过无奈。其中一件事，至今让我记忆犹新。

记得那时刚开放二孩政策没多久，从未想过要生二孩的我，发现腹中一颗生命的种子正在生根发芽，但想到没帮手带孩子，一度想要放弃。在大儿子的强烈要求下，在同事亲朋好友的劝告下，我最终打消了放弃的念头，让他继续在小房子里茁壮成长。怀孕差不多6个月时，我值夜班，一天夜里凌晨两点，电话响了，"脾破裂患者，已开通绿色通道，马上送到手术室"，打电话的小妹妹气喘吁吁地说。刚放下电话，"叮咚叮咚"门铃就响了，我边带帽子边开门，只见一群人围着一个平车簇拥而进。我快速地核对完患者，和搭档把患者推进手术室。

我虽然身怀6个月，但干起活来却身轻如燕，马上建立静脉通道补充血容量，准备配血、输血，准备好吸机吸痰，导尿，以最快的速度装好血液回收装置，同时协助麻醉医生进行气管插管。由于患者处于失血性休克状态，特别烦躁，虽然我已经足够小心，但还是被踢了下肚子。当时，我尖叫了声，同事们边准备手术器械边关心地问："怎么啦？没事吧？要不要休息下？要不要叫人回来？"此时的我忍着痛哽咽地说了声："没事"。我微微靠在冰凉的墙角，深呼吸着，同事们忙碌地走进走出，患者血压一直往下掉。如果现在叫副班回来接班，患者随时可能有生命危险，我摸了摸肚子，跟我的宝宝说："妈妈是一名手术室护士，妈妈有自己的职责，有人正需要妈妈去帮助，我希望你乖一点和妈妈一起去帮助他。"于是我又和同事们一起参与抢救，一起配合医生手术，一起清点器械，开始手术。大家分工合作，配合默契，很快脾切下来，血也止住了，患者血压稳定，自体血液也跟着输上去。"叮咚叮咚"门铃又响起来，我们都以为是支持中心送血过来。我健步如飞把门打开，只见家属蜂拥而上急切地问："护士，患者有救吗？""暂时止住血了，具体医生会跟你们讲，我们全都在里面抢救呢？现在救命要紧，你们没什么事别乱按门铃。我们还以为是患者申请的血和血浆送来了呢？"我严肃地说。"一个大肚婆还抢救，行不行的？"其中一名家属焦虑地看着我说。

当时的我苦不堪言，也显得尤其无奈，匆匆地走进手术间继续配合手术医生和麻醉医生。在大家紧锣密鼓地有序配合下，无影灯下，我们和死神作斗争，我们同时间争分秒。当东方露出一抹曙光时，手术成功了，患者脱险了，我们把患者推出手术室告诉家人，手术做完了，很顺利，现在送患者回病房。一刹那间，我们才感到累，一阵阵的饥饿感袭来。是啊！我们已经几个小时滴水未进了，双脚也疼痛难忍，肿得像馒头一样，连鞋都穿不进去了，可还处理手术器械，整理手术间，登记手术患者收费等工作，全部忙完已经是凌晨5点。

睡梦中蒙蒙地听到叮咚声和嘈杂声，原来第二天的手术患者已在门口等候。

下班后，走出医院门口，阵阵凉风吹过来，感觉整个人走路都摇摇欲坠，仿佛踩在棉花上。我真的不敢想象自己是什么姿态去菜市场买的菜？如何安全无恙地骑"小毛驴"回家？但是我还是顺利回到家，并且栽在自己的大床之上昏睡过去。

第二天醒来，我看见了自己精神饱满的面容，如同满血复活，撸起袖子，精神奕奕地开始迎接手术患者。今天每一个患者都特别有礼貌、特别和蔼，我在送患者出手术室时，需要将颈部中心静脉置管的三通伐换成肝素帽，不小心将患者的血沾到他的衣领上，只能硬着头皮跟患者家属解释，做好了道歉准备，也做好了被患者家属责备的准备。而出乎意料的是患者家属温雅地说："没事没事，换件衣服就可以啦。你们在医院上班真辛苦，看到你们这么忙，真的心疼。"患者也是，还没完全清醒，但他一个劲地说："姑娘，谢谢你们！"顿时觉得自己在医院，尤其在手术室上班特有自豪感。下班回家打算去买菜，家婆却打电话说，她今天从河北来了，来给我们带孩子，给我们买菜做饭。我觉得特别高兴，我终于可以踏实上班，回到家有香喷喷的饭菜，不用在下班后意识模糊地去买菜了。

正感受到自己幸福感"爆棚"之际，我睁开了双眼，才发现自己元气满满的一天是场美梦。

在我们生活里曾经有非常多的变化，有些变化给我们带来艰难的时光。但即使在黑夜里，天空中依旧会有星星闪烁，月亮也依旧明亮。我相信，世界不会让我们的双手空空如也。幸福美满的梦总有一天变为现实。

作者：刘丽云，韶关市第一人民医院

奉献是一种幸福

我是一名手术室护士，对于很多人而言手术室是一个陌生的世界，除了亲身经历病痛的人们，外人无从得知手术室里正在发生些什么。

一台手术是否能够顺利完成，除了手术医生及麻醉医生，还有手术室护士的密切配合。手术医生、手术室护士、麻醉医生，俗称"手术室三剑客"，缺一不可。

上午8时30分，1号手术间里正在做一台三次剖宫产术的术前准备工作。手术的患者是农村妇女，由基层医院转过来，作为市级妇幼保健院，我们每天都要接待很多由基层转送上来的患者。

今天，我的工作是这台手术的巡回护士。这台手术的难度有点大，毕竟第三次做剖宫产，我们需要考虑的问题很多。术中出血、盆腔粘连以及患者自身有高血压、地中海贫血。在手术开始前麻醉医生都会和患者详细交流。一旁的我们，在熟练地整理、检查手术过程中要用的物品、无菌包、药物、输液等。这些事情我们每天都在做，但是每一件事都不容马虎，都要认真准备着；手术开始前，我与器械护士清点术中所需的所有物品，每一块纱块、每一枚缝针都认真清点并记录。

手术在有条不紊的准备下开始了，果不其然，盆腔粘连严重，看着手术医生在艰难分离粘连组织，我的内心紧绷着。与此同时我在患者旁边轻声安抚着："别着急，放松心情，深呼吸，宝宝马上就会出来和你见面了。"大部分剖宫产手术的患者采用的是椎管内麻醉，所以患者是清醒的，术中必须时刻关注患者生命体征变化。

胎儿在10分钟后顺利被手术医生取出，随后胎盘娩出。此时是最为关键的。"宫缩不好，0.9%氯化钠注射液100ml加葡萄糖酸钙静滴"；"卡前列素氨丁三醇1支"；"米索前列醇片两粒嚼服"。我以最快的速度，准确与麻醉医生核对医嘱并认真执行及时记录。"申请两个单位的浓缩红细胞，急查血常规。"听到手术医生的话,我迅速反应过来,跑去库房把所需用品拿齐,立即抽血、核对医嘱、打条码并及时让服务组的同事们帮忙送血标本去检验科。无影灯下,我们紧张地忙碌着。

一台手术下来,我们几乎是一刻都没停歇过。看着患者和新生儿健康送出手术室,我的心情是激动的。

手术室护士这个职业,没有经历过真的不知道它的艰辛,但没有体会过也不知道它的快乐。当我们把成功脱险后的患者送出手术室时,家属和患者感激的眼神,就会让我有一种自豪感、满足感!这点辛苦,这点劳累又算什么呢?

夜深了,"韶关市妇幼保健院"几个大字还闪烁着红色光芒,楼里楼外还有医务人员忙碌的身影,手术室还有我们美丽善良的护士在奔跑着抢救患者。明天将有更多的患者康复出院,这里有我们手术室护士们的心血。我们是手术室护士,这套绿装是我们一年四季不变的色彩,在无影灯下的梦想是我们永远的追求。

作者:刘宇洁,韶关市妇幼保健院

这里没有"我"，只有"我们

"我们习惯了被王者震撼，为英雄掩泪，却忘记了我们每一个人都将归于平凡。"

就像一部电影在影院放映，作为观众的我们似乎只看到了明星的光耀，而没有关注到一部电影的成功上映凝聚了多少幕后工作者的心血。手术室其实也是如此，一台手术的成功，家属和患者往往更多感谢的是主刀医生，忽视了主刀医生之外其他人的作用。

无可否认，主刀医生的学识、技术、胆略对于每台手术的成功与否起着举足轻重甚至决定性的作用，但是一台相对复杂、难度较高的手术要想顺利完成，一定还需要助手流畅的协助，护士默契的配合，还有麻醉医生妥善的管理。

所以有过这样的一个故事，曾经有家属在患者出院后希望宴请手术医生以表感激之情，医生千般拒绝万般推辞，家属仍然锲而不舍，还托熟人朋友传话，说医生挽救了患者的性命，无论如何都要当面表示感谢。在推无可推的情况下，主刀医生只好带领团队赴约。走进宴会包厢的时候，患者家属傻眼了，不是只请手术医生吃饭吗？怎么来那么多人啊？人多吗？不多啊！手术医生三人，巡回护士一人，器械护士一人，麻醉医生一人，这些都是一直围着手术台转的人，还没有算上偶尔客串帮忙的人。六个人是一台大手术的基本配置，连一个"打酱油"的人都没有。所以现在我想为你们讲讲大家看不到的手术室内的"小人物"们怎么同主刀医生配合，一起成功完成一台手术地。

1 生命在这里托付——手术总调度

患者被推进手术室最先接触到的便是我们的调度护士。9岁的小妍尽管答应了爸妈一定不害怕，但在她不得不放开他们的手，被推入手术室的那一刹，就像从芭拉拉小魔仙的魔仙堡瞬间坠落到漆黑的荒野。正当她害怕得要闭眼尖叫时，一道柔和的亮光让她不由自主地安宁下来，就像是妈妈慈爱的目光——那是粉色小花帽下一双亲切的眼睛，手术室吴护士长的眼睛。在这里，她见过咆哮着要翻身下床拒绝手术的老人，见过因不放心而死死拉住车床不让推进手术室的妈妈，见过抱紧亲人不肯放手的嘤嘤孩童，但都被她一一感化了。她并没有什么过人之处，她只是知道：门外，是悬着的心；门内，是孤独与恐惧。从生离死别，到放心将生命托付，唯有一个"情"字能逾越。而笑意的眼神、专业的指引和贴心的鼓励就是最好的共情。

但如果说，他们的工作只是安抚患者，那就太小觑他们的价值了。这个叫做手术调度室的地方，是手术安全和手术无缝交接的第一关。患者被送进来的第一时间，调度护士首先要与病房护士严密核对患者信息，杜绝混淆患者的差错发生。每天100多台手术，哪个时间节点开始哪台手术，计划外的急诊手术如何安插，都必须拿捏得恰到好处，统筹安排科学调度，既不要患者和手术医生多等一分钟，也保证有限的手术间能连轴转而不出现多余的空档。还要随时了解室内动态，及时通知接台手术患者做好入室准备，他们就像那根不起眼的秒针，尽管微小却一刻也停不下来。

2　坚守我的三尺阵地——器械护士

器械护士，在影视剧里大家可能见得多了。对，那个站在手术台上穿针引线传递器械的就是他了。器械护士负责配合手术医生，传递手术需要的刀剪钳、敷料、针线等器械。但别以为她仅是个配角或是个不起眼的"二传手"。无影灯下，她的手、眼、脑必须时刻保持在高度集中和充分协调的最佳状态，紧跟医生的节奏。无需开口和抬头，医生一伸手，想要的器械便踏踏实实落到他手中，行云流水般畅达。尤其是遇上大手术或是急诊手术，更是雷厉风行、分秒必争。

都说"铁打的器械护士，流水的主刀医生"，器械护士每天围着不同专科不同的医生转，台上是哪个科的患者，做哪个部位的手术，做到哪步，要用几号针，用什么材质、什么型号的缝线，该递直剪、弯剪，还是拉钩、止血钳，都得了然于心，一步到位，有条不紊。要修炼到这一步，必须熟知全身各部位各专科的解剖结构，熟悉不同手术的步骤，实时掌握手术的进展，还有不同医生的手术习惯，等等，一点不得含糊。虽然他们的阵地在三尺器械台，但其实上台前，他们的战斗就开始打响了，他们要赶在患者入室前将所负责手术的器械包一一备好，主刀医生习惯用什么器械、中途术式调整或是可能发生意外时所需的器械都得有所考虑，不容马虎。一旦上了台，他们就处于无菌状态，活动区域只有手术台和器械台，饥渴、内急等闲事，必须坚持到手术结束。长时间的站立和低头注视，使下肢静脉曲张和颈椎病成为不可避免的职业病。

3　奔跑中的美小护——巡回护士

手术开始，台上所需，台下要有专人接应，那便是巡回护士的工作了。她是手术医生和器械护士的"延长臂"、麻醉医生的左右手。"巡回"必须耳听六路，眼观八方，完善用物、环境准备、核对患者、固定体位、穿刺补液、传递器械、清点物品、术中观察，等等。一台手术下来，轻重缓急，一一打点，衔接得天衣无缝。说到给术者摆体位，抬、托、挪、移，美小护瞬间变身女汉子。最见真功的当属急诊手术来袭，特别是大脏器出血，手术通知一到，一边闪电支应麻醉医生、器械护士，一边按手术类别迅速备好手术及抢救药品用物、特殊器械。这时恨不得长出翅膀来，手、足、脑、眼高速运转，这边执行着麻醉医生的医嘱，那边竖起耳朵听命主刀医生和器械护士。加药、输血、灌注液体、传递器械、倒吸引瓶、调整灯光……陀螺似的满个手术室转。失血性休克往往因血容量不足而致血管瘪塌得毫无踪迹可寻，要将一根圆珠笔芯般粗细的12号针头扎进去，快速建立救命通道，这时越是危、难、急，越要沉着冷静，对手术室护士的考验可见一斑。她是打响救命第一枪的前锋，身后多少双眼睛在期盼。所以说，此时患者的命有一半是捏在护士手里的。

4　力挽狂澜的大将军——麻醉医生

麻醉医生常常也是容易被患者"忽略"的一个角色。在许多人眼中，他的作用不过是打一针让患者在睡梦中无痛无感知地完成手术而已。殊不知，安睡的美梦背后，常常暗流汹涌、刀光剑影。行内有句话是："手术有大小，麻醉无大小，外科医生治病，麻醉医生保命！"

麻醉真正的大学问就在于术中监测管理。麻醉医生不仅要提供"无痛"技术，更重要的是守护患者的生命安全。他既要保证术中患者心、脑充足的血供、又要适当降压减少术野出血；既要维持镇静、镇痛、肌肉的松弛便于手术，又要避免用药过量术后复苏困难。而急救状态及突发意外，这里则成了麻醉医生展现平生所学、力挽狂澜的主战场，是低血钾下的心室颤动，还是高血糖性昏迷，来不及等检验报告出来，仅凭现场的蛛丝马迹，他就必须分秒必争地做出准确的归因判断和危机应对。生死决策，全盘掌控。而手术间里，大多数病患还未来得及认出口罩后面的他们，就被送入了"梦乡"。当安全度过手术，睁开双眼时，一直守护生命的他们还来不及接受你的谢意，就已经奔赴下一场战役。

麻醉医生不仅有内科医生和急诊科医生的缜密思维、应急技能，还有外科医生娴熟的动手能力。出色的气管插管和深部大血管（动静脉）穿刺、中心静脉穿刺、椎管内穿刺等技术不仅是麻醉医生值得炫耀的独门秘技，更是救人于生死的绝活。曾有一名肿瘤压迫严重气道狭窄的患者，送到手术室时气道声门处仅留一纸厚的缝隙,濒临窒息。麻醉医生手起管落,数秒间气管切开插管成功,患者气道瞬间打开,通过加压给氧,酱红的脸色转眼红润,所有在场人员不禁一阵欢呼。而休克患者苦寻不着的血管,最后也是常由麻醉医生尽力一搏进行深部静脉或中心静脉穿刺置管而打通救命通道。

5 没有鲜花与掌声,但我们自豪

那扇门背后,每天上演着多少这样的故事,打响过多少惊心动魄又悄无声息的战争,也许只有无影灯知道。我们可能与鲜花、与掌声无缘,但我们依然自豪,因为我们珍视自己的价值。俗话说,"一个好汉三个帮,一个篱笆三个桩",众人拾柴火焰高。从百岁的老者到才出世的婴儿,从简单的阑尾炎手术到复杂的心脏手术,虽然各有分工,各具所长,但每一台手术都需要医护麻三个角色的紧密合作,一方不得力,都有可能"下不了台"。每台手术的背后,都有一群尽职尽责的人在努力;每份健康的背后,都有一群善良的人在守护;每位患者的治愈,安慰的不只是家人,还有每一位为这份健康站岗的天使。我们一直进步,也从未止息,医患的爱在传递,还需大家携手努力。

作者:朱慧君,韶关市粤北人民医院

无影灯下的一抹绿影

一代代的护理工作者秉承着南丁格尔"燃烧自己，照亮别人"的精神，一步一个脚印地将临床护理事业逐渐优质化，对待每一位患者践行着爱心、耐心、细心和责任心的优质护理服务。

——题记

我是一名护理工作者。在此之前，我从未想过有一天我会成为一名护士，还是一名手术室护士。人们眼中，医院都是一身身着白大褂的美小护，却不知，在护理队伍中有这样一个特殊的团队，他们不在人们的视野之内，不穿白色的护士服，他们一袭绿色的手术衣，时刻保卫着每位手术患者的安全。

陆丰市人民医院作为目前陆丰市唯一一所综合性医疗单位，我们守护一方生命，与民生紧密联系。麻醉手术科承担着全院各类手术，其中急诊手术更是重中之重，一天24小时，分分秒秒，从没有停止接台的旋律。人们并不了解我们的工作，包括我身边的朋友们总会问到我：你在手术室要做什么的？是不是像电视上那种传递器械，帮医生擦擦汗的工作？

殊不知，我们需熟记各类手术步骤及用物、懂得使用输液泵、麻醉机、血液回收机…对于各种手术体位，我们都会亲身体验，探究怎么摆放体位才能让手术患者更为舒适，让手术更加顺利。此外，我们要了解每个医生喜好，知道每个外科医生戴多大的手套，医生一伸手，要什么有什么，流畅的传递，默契不可言喻，我们是外科医生的好搭档。每天拿起择期手术通知单，便开始了一天的工作；手术前，要评估患者，对患者做心理疏导，根据各类手术准备器械包、手术用物、检查仪器、设备等，手术室不是主刀医生的独角戏，团队协作才是根本。在手术室里有两个黄金法则：一是无菌操作，二是手术器械清点。所有的工作人员做任何操作前都要以这两个法则为前提，不遵循无菌操作无疑会给手术带来很大的负面影响；手术器械数目清点不严谨，器械敷料遗留患者体里更是会造成患者的二次痛苦，我们必须为手术台上的每一个患者负责，牢记手术室的十大安全目标。

对于工作，我们始终需慎独，我们必须始终如一，每一次操作前都要执行三查七对，按照规程洗手上台，摆台铺巾……切莫让时间与惰性腐蚀这登峰造极的黄金法则。

记得有一次我上夜班，接到一台急诊手术。患者因车祸造成开放性尺桡骨骨折，通知清创缝合术（备截肢）。手术开始，主刀医生尽力地想帮患者保留手臂，可患者的手已经可以用支离破碎来形容了，我第一次碰到这样的患者，确切说应该是第一次面对一个截肢的患者。当医生在锯患肢时，我帮忙扶着患者的患肢，我哭了起来，默默地流泪，替患者感到可怜惋惜，也感觉害怕，感受着手术室无形的恐惧。

我一直觉得自己心理承受能力很差，怕接触血淋淋的东西，但我不得不去克服。很多人问过我会害怕吗？其实我很想说我怕，我害怕手里扶着破碎的患肢。我也常常问自己，我到底能下手去吗？但想到入职时宣读的南丁格尔誓言还萦绕在耳边，只要你穿上这一身手术衣就有责任和付出，我坚定地说，我不怕的，我会克服的。每次我把手术成功的患者推出手术室，看到在外着急等候的家属立刻舒展紧锁的眉头，听到他们的一句谢谢，瞬间感觉心里头暖暖的。这看似平凡的岗位，却让我成为生命的见证者和健康的守护者。现在，我会感谢我的职业，是它让我知道了每一个生命是平等的，是它让我明白了平凡就是幸福，是它让我懂得了生命珍贵，活在当下，享受健康。

在工作中，通宵达旦、加班加点地忙碌是家常便饭。数不清有多少个夜晚，被急促的电话铃声惊醒，。那是战斗的号角。不管凌晨几点，不管外面多么漆黑，容不得你停留，立刻就要奔往医院。也只有我们懂得在手术台上的器械护士大小便都由不得自己的感觉；那种在手术台上的口干舌燥想喝水的欲望。我本身最怕口渴了，我甚至有时在手术台上会馋得想要喝器械台上冲洗体腔的生理盐水，似乎盯一下就能"望梅止渴"。

在手术室，我们从来只有上班时间，没有下班时间。家里人已经达成默契：到了吃饭时间，电话不通是在加班，就不会等我们吃饭。长时间的站立，进餐不规律，我们许多姐妹都有胃病、下肢静脉曲张、颈椎病等。我有一个关系比较好的同事，她才20多岁，年纪轻轻，静脉曲张已是相当严重，从此超短裤、超短裙与她是无缘。手术台量一多，我们休息日被喊来加班；逢年过节，医院总是一反常态，忙忙忙！我们的手机24小时开通不敢静音，随时都会接到科室加班电话。我们的团队里没有逃兵，似乎手术越多，我们干劲越足，挺着肚子的孕妈妈更是矫健地穿梭在手术间，哺乳的妈妈们也是早来晚归。这些对于我们而言，再平常不过了。

2017年，陆丰市人民医院麻醉手术科的年手术总量将近7 000台，而我们手术护理团队仅25人，平均年龄30岁，一年平均每人手术量是275台。每一年的手术量都在创新纪录。虽手术接台繁忙，偶尔闲暇时，我们的团队也有很多精彩的业余活动，我们护士长会根据手术室的专科操作来举办一个小比赛。如"穿针引线"比赛，"负压吸引瓶装置"比赛，"速度与猜词"比赛等，比赛的内容都与我们日常所做工作分不开。"穿针引线"是每个手术室护士必须掌握的，当医生需要连续缝合时，遇到血管出血需紧急缝合时，考验的将是一个器械护士的穿线速度；负压吸引瓶的每一个连接口，都要会连接，麻醉医生要给患者麻醉时，吸痰，吸引装置可是手术室里必不可少的；猜词更是考验我们专业与理论知识是否熟练掌握。可谓在繁忙工作中，护士长也是用心良苦，为我们制造这样一个机会，既能让我们减压，又让我们掌握了操作技能。

　　四方手术间，三尺手术台，无影灯上倒映着我们每一个手术室护士影子，有青春，有汗水，有智慧，有真情…我们愿做一个传递健康的绿衣天使，默默地在生命的前沿守护着，不忘初心坚守岗位，让每一个患者看到生命的希望！

　　在5.12护士节来临之际，我想起南丁格尔的一句话，护士其实就是没有翅膀的天使，是真善美的化身。这既是对护士的最高赞誉，也是对护士的最高要求。

作者：陈静，陆丰市人民医院

手术患者身边的天使

踏着圣洁之光走来
怀着崇高的理想
坚定救死扶伤的信念
走进没有硝烟的战场——手术室

接患者时
你面带微笑，亲切和蔼
传递温暖，搭建桥梁

送患者进手术间时
你手推车床，轻柔稳当
关切的话语抚平焦虑的心房

帮助患者过手术床时
你身靠床沿，筑起身墙
职业习惯，捍卫安全

摆放体位时
你动作娴熟，温柔告知
让患者舒适，满足术中要求

手术前
你备好器械，物品充分
手术中

你传递器械，敏捷灵活
紧急情况时
你有条不紊，配合灵敏
抢救患者时
你配药输血，忙而不乱
手术结束
你微笑祝福，早日康复

你像春风，拂去患者的疾苦
你像蜡烛，燃烧自己，照亮他人
你用热血，温暖寒冷的心腹
你用爱的丝线，缝合身心的创伤
无影灯照亮无数患者的希望
为生命垂危患者带来一片光明
让青春在无影灯下焕发出绚丽的光彩

你是生命的使者
用爱谱写生命的乐章

你是手术室的绿衣天使
用双手传递生命的真谛

你是手术患者的守护神
用心守护着患者的生命

你承载着南丁格尔的使命
你全心全意为患者服务
你把一生奉献给患者
……

作者：罗雁平，佛山市第一人民医院手术室

十二年后，我才懂得生命的"芳华"

冬至已过，日照渐长，季节进入了一个落叶归根、休养生息的轮回。寒风轻敲窗棂，玻璃上传来落叶的飘摇声……朋友圈里被一部名为《芳华》影讯刷屏了，电影讲述了20世纪70到80年代充满理想和激情的军队文工团里，一群正值芳华的青春少年，经历着成长中的爱情萌发与充斥变数的人生命运，在大时代的背景之下，他们每个人的命运都大相径庭，拥有着出人意料的人生归宿。

1 我的芳华呢？

2005年，我大学毕业。那年没有滴滴出行软件，没有外卖软件，没有智能手机，小巧玲珑的翻盖手机是家里最高级的电器。这一年，我没有去找工作，实习结束后，幸运地留在了实习医院，我却没有去实习医院，但在报道的前一天，来到了有亲人的城市。

那时的我没有人生目标，只想着爸妈可以为我决定一切。很长的一段时间里。我都觉得很懵懂、很迷茫。直到30岁这年，突然觉得很多事清晰了。为什么我当初要选择护理这份职业？为什么我又选择了当手术室护士？因为这是一份披着天使外衣的工作，有着青春的内核。爱情、亲情、友情，我们都能在每个患者身上体会到。

2 时光匆匆，12年一个轮回……

记忆的碎片在这个灰霾的日子里不断回放，12年前我背着简单的行囊来到这里工作，亲人虽在身边，但那种即将自食其力的恐惧感、孤独感深深地笼罩着我，至今都不能忘怀，也是从那时起，"提灯女神"——南丁格尔正式走进我的生命里。

从对护理工作的懵懂无知到熟练精通，从独立当班时的紧张无助到面对各种手术时的淡然冷静。每天步履匆匆做着繁琐而专业的工作，时光如沙漏，看似很慢，四季却在不经意间悄悄轮转，我也从护士妹妹变成了护士阿姨。初戴燕尾帽那一刻的庄严肃穆还在脑海中清晰闪现，在无影灯下与死神赛跑却已是近四千个日日夜夜。每天面对生命的脆弱与无奈，经常感慨自己的渺小和无力，有位护理前辈说："护理工作繁琐、枯燥，看似机械，其实要很细致。最重要的是，要有一颗关怀的心，以这颗心尽心尽力地做好自己的事，把护理变成自己的专业。"

虽然不是因为热爱才选择了这个职业，但是日复一日，这个职业已经成为我生命中最重要的部分，守护生命已成为一种职责。记不清有多少次在睡梦中被电话铃声唤醒，听从召唤不敢怠慢，奔去守护那些陌生的生命。坐过过山车之后，感受到刺激的喜悦；经历生死拼搏后，感叹生命的美好。配合完成急诊手术离开医院，凌晨的的士车里，疲惫的我已无力向司机大哥解释晚归的原因，任由他絮叨，他不会知道有个大出血的患者刚刚让我们从死亡线上拉了回来，他也不会知道，我的护理同仁们接力以后，依然在灯火通明的病房里步履匆忙，继续守护着那个脆弱的生命。

在日常的工作中，我们经常不厌其烦地教导实习护生：护理工作中，慎独是我们必须具备的职业操守，这是对自己负责，也是对患者负责；是对生命的尊重，也是对生命的敬畏，更是对我们职业的尊重。沉沉夜幕之中，手术室里灯光明亮，手术室医护人员的脚步依然匆忙，一台台手术仍在继续。

冬去春来，四季更替，没人能留住时间的流逝，生命终将谢幕，无影灯下的我们是奋力奔跑的天使，与死神争夺生命的时间！四千多个日夜，奔跑的我褪去了青春的颜色，也会抱怨也会感伤，提灯女神的誓言却不曾忘记过，生命虽然脆弱，我依然在坚持守护生命的执着！既然被称为"绿衣天使"，守护生命就变成了义不容辞的责任和使命。

作者：杨志玲，广州医科大学附属肿瘤医院

我与手术室的不解之缘

"人事三杯酒，流年一局棋"，有人说，人生如棋，千变万化，你永远不知道你的下一步如何走，人生未完，一切皆有可能。

在我48岁本命年的这一年，在我脱离了临床10多年，在供应室任护士长12年，可以说作为消毒供应专家的我，遇见了我人生中一个最重要的转折——一纸任书便让我调任手术室护士长，接着命令我马上到广东省第一人民医院（简称"省医"）手术室进修三个月。

一连串的决定让我猝不及防，把我平静的工作和生活搅得天翻地覆，本以为自己会在消毒供应的专业岗位上安安稳稳做到退休。我顿时懵了，两个专业间犹如跨越鸿沟，我该何去何从？我的路该如何走下去？不能就这样放弃了，这不是我的性格啊，毕竟我连马拉松都跑下来了，24小时的超级马拉松我也坚持下来了，不尝试一下怎么知道行不行呢！

就这样，我踏上了省医进修的学习之路。我是以一种神圣的心态走进手术室的，绿色的世界、无影灯下的情结是我刚毕业时的梦想，那时就是向往手术室紧张有节奏而充满挑战的工作方式，想不到在我48岁的这一年梦想实现了，人生就是这样让人出乎意料。

但理想总是美好的，现实却是残酷的。对于年近半百，手术专科零基础的我，从头学起该是多么的艰难，我只能一步一个脚印，从洗手、摆台、认识相关设备、器械开始。我要比同时进修的人早来迟走，必须花费多几倍的努力才能把跟她们的距离拉近那么一点点。年纪大了再学习必定不再像以前那样过目不忘，一目十行，但我把老师教的录音听上几十上百回，把笔记看了无数次，总该记住一点点吧！幸好，有铁人的体质做支撑，再苦我我也得坚持！Iron man（钢铁侠）的座右铭不就是"Never Give Up"（永不言弃）吗？

就这样，转眼在省医已学习半个月，从最初的一片空白，到现在的基本能上简单手术，短短的时间，感觉走过了千山万水，跨越了万丈鸿沟，我不知道结果如何，但我知道，我会继续走下去！

诗人屈原道：路漫漫其修远兮，吾将上下而求索。我想，在我耄耋之时，回想自己一生的经历，回想起与手术室的后半生之缘，一定无悔于现在的选择！

作者：宣锋，南海区第二人民医院

点赞绿衣天使

在手术室里有这样一群护士，他们每天上班穿着绿色手术服，步如疾风，语如弹珠。他们为手术室最繁琐、也最严谨的日常工作提供了最有力的支撑，他们与外科医生和麻醉医生一起保证了每一台手术的成功和每一个患者的安全，他们是手术室里最可爱的天使。

有一幅漫画简单描述了手术室的日常：一天24小时各个不同的时间段一群绿衣天使在手术间里保持相同的姿势，这很真实地反映了手术室的工作日常。手术室的灯24小时都是亮着的，时刻为患者的健康保驾护航。

现在来带大家了解一下神秘的佛山市中医院手术室。

每个工作日的清晨，伴随这各种闹铃声，这群绿衣天使们从梦乡中醒来，意味着忙碌的一天由此开始。偶尔天气不好，在家中就会收到黄素珍护士长的温馨提示："今天有雨、有雾，大家路上一定要注意安全"，"今天能见度很差，交通拥堵，大家提前出门"，"今天天气转冷，大家注意添加衣裳"……各种暖心叮嘱总会在这个时段出现在手机屏上。而这个时段，夜班的护士或忙碌在急诊手术间里，或忙碌在交接当天手术患者中，还有的则忙碌在开启各个室间的洁净及保暖系统，为当天的手术做好准备。临近下班，他们有时候会自嘲：根本停不下来，好喜欢工作。其实就是在过去的一个晚上，他们忙于急诊手术，根本就未停过，这在手术室里，已经成为常态。

早上，7：45，这个时候要是幸运没有急诊手术，夜班护士就能准时出现在办公室里为其他人员汇报过去一天的手术实施情况、特殊患者交班、特殊器械准备等；护理组长们交代当天特殊专科手术重点关注的护理环节；护士长认真地听着交班，最后补充细节，并交代各方面注意事项。

接下来，护士们根据排班各就各位，按部就班。器械护士忙碌在无菌房内准备当天手术器械，其实更多时候，他们都会提前上班把当天所需的手术器械准备好。因为经过一个忙碌的晚上即使再充足的库存在早上都会让人感觉到

307

物资匮乏，准时上班的护士们估计到无菌房已经空空如也，只能挨个房间去"讨"。巡回护士准备好当天的手术物品、仪器，在到复苏室将患者领进自己的手术间内。这时从中央监控室里可以看到各间手术室间的灯陆续亮了起来。

1、2室是小儿骨科专用手术室，在这里收集了很多小孩喜欢的玩具。每个小孩都是家长的宝贝，也是手术室的宝贝。每一台小儿手术，护士长都会安排细心、有爱、温柔又善于与小孩沟通的护士配合手术。为了减少患儿恐惧、哭闹，护士站设立了温馨有爱的"宝贝陪伴区"，年幼的孩子留在"宝贝陪伴区"内，让家长陪伴和安抚患儿情绪。麻醉医生及巡回护士在室间内准备好所有物品后，才会带上麻醉诱导药到"宝贝陪伴区"接领患儿，对比较配合、哭闹情绪不太严重的患儿，不用全麻药，尽量靠"哄"哄进手术室。但毕竟孩子，并不是都能很好地配合，这时候就靠全麻药，才能让患儿安静进入手术间。

陈卫珍护士长是手术室公认的"针神"，特别难穿刺的静脉，对她来说都游刃有余、一针见血。哄小孩也很有自己一套本领，很多特别哭闹的孩子经过护士长的一番诱导、安抚，准能安静下来，看着她与孩子融洽地相处、友好地互动，护士们惊羡并自愧不如。向她请教经验，得到的永远是这句：妈妈的爱。可以从家长的表情看出，他们把孩子交到护士长手中，都会特别安心。

3、4室是关节置换专用室间，护理组长李冬妹每天忙碌在这两个室间，把手术安排得非常妥当，紧密衔接，一天可以完成换髋手术多达20多台。

5、6室是腰椎专用室间，王文兰作为腰椎组护理组长，会特别关注腰椎手术，关注手术护士的各种术前准备，关注患者摆放体位，关注手术进行情况。

8室是眼科手术间，由当初的罗晓红护理组长到现在的莫燕华护理组长，随着手术的增多，眼科专科队伍也不断地壮大。该专科小组，编写了一部眼科手术护理笔记本，详细记录所有做过的眼科手术的物品准备和护理配合，所以即使是眼科专科经验尚浅的护士，根据笔记本中的内容也能顺利配合手术。在这样一个小室间凡是在眼科手术日就会摆两张手术床，一天能顺利完成20多台各种眼科手术。

11室是运功医学专科手术间，在这个科住院的患者必须是经过预约的。关节镜专科性很强，在这里配合手术的人员均为较高年资和高年资关节专科组成员组成。

12室是口腔科专用手术间，黄静芳主管护师是五官科专科组组长，下班后，经常会看到她在无菌房整理眼科、口腔科物品，把自己管辖的物品管理得井井有条，让专科护士配合手术顺顺利利、得心应手。

14室是外科及妇科专用室间，护理组长陈丽华每天会依照手术的难易程度，安排相关的护士，并提前与手术护士进行沟通、指导，外科组护士会非常珍惜每一次的手术机会，认真做好笔记，并努力带好新晋护士。

17室是泌尿外科手术间，一个室间已渐渐不能满足越来越多的泌尿外科手术的需求，于是将一些局麻和表麻的手术安排在病房里的手术间完成。主管护师林翠勤是泌尿外科的专科组长，做事认真、执着。泌尿外科的外科医生有时候会打趣说："你不在，我心慌！"

20室是耳鼻喉专用室间，专科小组长李祖君，非常干练的一位较高年资护师，一堆专科仪器及器械，当其他护士都摸不着头脑，不知所措时，在她分类整理下均能放置妥当、摆放有序。她也会常常耐心指导低年资护士完成专科手术。

现在开放了22间手术室，除了以上介绍的室间，其他基本上都是创伤骨科的手术室间，佛山市中医院骨科闻名全国，各种创伤手术都会特别多，所以也出现了一批批年轻有为的护士，以陈汉棠和黄绍昌护师为例，他们胆大心细，认真配合好每一台手术，对新知识、新技术的学习及时而努力，深得各科医生一致好评。

每个室间每台手术开始前器械护士会比医生提前15分钟上台，整理好手术器械、物品并与巡回护士清点手术物品，整个手术过程严格执行无菌操作原则和手术物品清点原则。术前认真执行"Time Out"核对程序，这个时候，手术室所有在场的医生、护士、麻醉医生都必须暂停手中的工作，一起认真核对患者身份、手术部位、手术方式，确认无误才能正式开始手术。而每台手术结束，在医生休息、消毒的间隙，手术室护士还要及时将特殊器械推至清洗间亲自或者交给清洗打包间人员清洗、打包、消毒；在保洁人员不及时打扫卫生的情况下，护士还要清扫室间，准备好下一台手术的器械，迎接下一场战斗的到来，周而复始。

手术室护士基本上是没有准时下班的，你要是约了手术室护士，就必须要做好被"放鸽子"的准备，很多时候，天已经蒙蒙黑了，但从监控主机看到，仍然没有一个房间的空着的。本该下班的护士只能加班，要是碰到抢救患者，你因"健康所系、性命相托"，我必有"全力以赴"强烈使命感，即使已经下班的护士也会毫不犹豫地参与到抢救患者的行列当中，这时候的手术室护士忙得根本连吃饭都顾不上，更不会想着下班。本来下午6点下班，可真正可以下班的时候可能是晚上10点、11点，甚至凌晨。在这个时候回家肯定不会塞车，可是家中的爱人、孩子早已进入梦乡，也只有这个时候，我们会自责，自己对孩子、对家庭的关爱太少。

晚上10点，热闹的手术室在这个时候终于开始慢慢地恢复平静，偶尔还有几个房间的手术仍在进行当中，而这个时间段是夜班护士隆重登场的时候，当其他护士的手机运动计步器陆续登上2万步以上排行榜时，夜班护士正是精神抖擞的时候。但毕竟夜班只有三个护士，只能接有限的三位幸运之神下班，剩余的人员只能与夜班的护士继续努力，要是还不够人，加班的同志们，撸起袖子，继续干吧！

夜班护士上班，其实是他们忙碌的开始，佛山市中医院被人们开玩笑称之为"宇宙第一中医院"其实并非浪得虚名，急诊手术无论白天还是夜晚均会源源不断地来。一个晚上下来，他们的运动计步器估计也不会低于2万步。

在护士长的电脑桌面上，有这样一个登记本，上面密密麻麻地写满了各位护士的加班时间。加班的情况就像家常便饭，即便如此，手术室的护士们仍然任劳任怨，每天充满了干劲。因为他们的努力，医院每天能顺利完成100~200台手术。

学习，是贯穿在手术室护士整个工作生涯中的一件非常重要的事情。每一年都会有新鲜血液注入手术室，带教老师定会把自己的浑身本领、各种丰富经验毫不保留地传给年轻人。手术室定期还会举办各种技能比武，挖掘好的方法和最佳实践技能。手术室面对的是各个科室、各类手术、各种突发情况的配合和处理，失之毫厘，谬以千里。时代的进步，科技的发展，手术室里也不断地增加新仪器、新设备，每一个人都自觉认真地学习，严格要求自己必须做到充分的掌握和十足的把握。这里的绿衣天使们每天信心满满地配合各个专科手术，我为她们点赞。

作者：曾红，佛山市中医院

合

这里，
集合了这本"故事"的"幕后总监"，
她们希望用自己的故事，
引导出每一位手术室护士的"故事"。

家属请在外面等候

——专访王莉、常后婵、谭淑芳

1 序幕

当有一天，你们的家人忽感不适，踌躇几番后，决定前往医院，接受检查，而后被医生确诊，准备告知需要手术。回过神来，你们已经站在手术室门前，目送自己的家人被推进手术室。这时，护士会习惯性地说：

"家属请在外面等候。"

因为这句话，你们只能止步于门前，焦灼地等待，将骨肉至亲或一生挚爱全然交托于手术室内的医生、护士。

2 正文

如果说，病房护理是一门需要鼓励患者、家属共同参与的医疗技术，患者、家属越配合，护理疗效就越好；那么，手术室护理大概是一门与外科医生、麻醉医生相互依傍又相互独立的学科。在手术期间，家属唯一能做的事情是"请在外面等候"，而患者能做的，就是在半身麻醉或者局部麻醉时的"不要动"。

因为无法参与，也无法了解更多，手术室是一个被老百姓赋予了特别厚重的信任与压力的地方。

有三个人，她们人生大部分的时光都属于手术室。她们拥有过硬的专业技能，先进的手术室团队理念，对内调控手术室的运营，对外参加各级会议与汇报，日常周旋于与手术相关的数不胜数的工作人员和物料中。她们说："我们是没有办法停下来的。"

因为，她们是手术室护士长。

2.1 听手术室护士长的故事

"我们这些做护士长的，一天到晚给手下的人灌心灵鸡汤，从来只有我在说，他们在听，时间长了，我就在担心年轻人会不会觉得我这个老太太在骗人，所以我干脆换一个人说，让他们自己鼓励自己。"广州医科大学第一附属医院（以下简称"广医一院"）手术室护士长王莉在办公室和笔者谈起了《手术室护士故事》这本书的创作初衷。这本书的另外两位主编——广东省人民医院手术室的护士长常后婵和中山大学孙逸仙纪念医院手术室的护士长谭淑芳也深以为然。

所以，当王莉护士长在征集年轻护士们的自由来稿时，看到这许多珍贵的临床轶事，她为之动容："是时候轮到我们去说一说自己的故事了。"

——当初是如何喜欢上手术室护士这份职业的？

——被他人认可自己的专业的时候。

——印象最深刻的事情是什么？

——抢救，专业地配合抢救。

——如今还有什么心愿？

——传承下去。

——怎么理解"家属请在外面等候"这句话？

——剩下的事情，请交给专业人士。

2.2 老故事篇：当初是如何喜欢上手术室护士这份职业的？

护理人力资源严重紧缺的当下，护士的社会地位和幸福感一直被公众高度关注。在繁忙又劳累的工作中，年轻护士如何在感到迷茫的时候，重新找到自己的目标，把自己的专业知识和思维充分发挥在患者的康复上，正是王莉想要这本书中体现的。

"护理硕士、博士日丰，可以说明护士这个职业越来越走向专业化。但是，如果护士以医生作为服务对象，当医生不认可他们的时候，他们就会认为自己没用，这就会形成一种错误的导向。医护作为一个密不可分的团队，理应一起服务于患者。医生在治病救人的时候，可以尽情表达自己的诉求，护士在了解后，用护理专业知识尽可能地靠近医生的诉求，才是专业的护士所为。当我们不再需要依附于医生，成为一名专业的手术室护士的时候，才能够赢得手术医生的尊重与认同，随之而来，你才会真正喜欢上这份职业。"

——当初是如何喜欢上手术室护士这份职业？

——被他人认可自己的专业的时候。

王莉的口述当年

我在宁夏呆了9年，在这9年当中，我遇到了一群非常优秀的老师，那是"文革"时期遗留下来的"右派"老师，他们是早前被派来进行改造的。他们对患者的高度负责和对专业的认真追求深刻地影响了我往后的人生价值观。

那时候，我还只是一个年轻小护士，并不喜欢这份职业，但这些老师从来没有把我当成小护士。他们在与我合作的过程中，把我看作一个专业的护士，教会了我许多专业技能，慢慢地，我被表扬，被需要，被认同……我开始爱上这份职业，以自己是手术室护士为荣。

后来，这些老师都回到原来的单位了，我便去二次深造，而后南下。

常后婵的口述当年

很庆幸，我是刚毕业就被分配到了广东省人民医院手术室。工作第一年的时候，我很不熟悉手术室护理，那些都是学校从来没有教过专科知识，而且，当年没有任何培训和带教意识，只能自行摸索。我也曾经想过放弃，但也会告诉自己这终究是"一碗饭"，我是要终生以此为业的，既然决定要做这份工作，就会想去把它做到最好。所以，自尊心极强的我更加努力地去看书、做笔记。最终，随着我越来越熟悉手术室业务，专业技能得到认可，这才变得越来越喜欢手术室了。

当手术室护士，第一要专业，第二要有好的心态。不要好高骛远，也不要攀比，而是要懂得横向对比。由于工作的性质，我们常常没有办法亲自接送孩子上下学，兼顾家庭。但是，我们可以通过稳定的经济收入、专业的健康知识等其他途径去弥补家人。而且，作为特殊职种的我们总是孩子骄傲的源泉，从小耳濡目染我们的敬业精神和集体精神。因此，虽然许多医护家庭的孩子少了几许陪同，却也多了几分懂事。

实际上，我们不需要把手术室护士这份工作抬得太高。在手术室里，手术室护士想要成为专业护士，可以理解为只需要做到"按章做事、坚守岗位"八个字就足够了。但这八个字，很简单，也很艰难。所以，我经常鼓励大家先从"知足常乐"做起，把心态放平和，才有可能沉下心修炼自己的专业技能。这些都是我爱上这份工作的原因。

谭淑芳的口述当年

我曾经在安徽做过10年的手术室护士，但其实我刚开始并不是被分配到手术室工作。起初，我是一名急诊科护士，后来由于青霉素过敏才被调任至手术室。要谈起我什么时候开始明确自己喜欢上手术室护士这份职业，我认为是在我怀孕五六个月的时候。按以往的传统观念，孕妇一般是尽量不被安排上台配合手术的。但是，有一次，医院外请了一个大专家教授来我院进行手术，希望能够配置一个专业、熟练的手术室护士上台。这时候，领导就说："肯定是小谭最好，可她已经怀孕了，您介意吗？"主任立即表示完全没问题，还是希望由我亲自上台。

这件事让我感触非常大。实际上，一个手术室护士优秀与否最大的差异性在于预判能力。换句话说，器械护士能否通过开放手术的画面／腔镜屏幕来准确猜测出医生需要什么；巡回护士能否根据手术患者的实时状态进行体位的摆放与变更。手术室护士的分析能力很大程度上决定了主刀医生手术时的流畅性和舒适度。我非常享受由手术室护士专业性所带来的认可，同时也决定了我往后对年轻护士的培养方向。

王莉很幸运，在年轻的时候就遇到了一群非常值得尊重护士的老师，让她在懵懂的阶段就明白了护理专业的价值；常后婵是中华护理学会手术室护理专业委员会的副主任委员，科研、管理成绩显著，可以说得上是"成功人士"，比起大量的成功秘诀，她更倡导年轻护士应褪去浮躁，潜心做事；谭淑芳因其专业的操作能力备受领导认可，她认为预判能力是手术室护士专业性的最佳体现。

是缘分，也是天注定，大约在30年前，三位护士长来到了手术室，以不一样的形式领悟手术室护士的专业与价值，却以同样的结局喜欢上了手术室；多年以后，她们因坚守岗位，以专业的姿态相遇，最后一同出一本鼓舞人心的书。这大抵是老故事的有趣所在吧！

2.3 蜕变篇：印象最深刻的事情是什么？

目前，广东省人民医院手术室总共有43个手术间，逾150名手术室护士；中山大学孙逸仙纪念医院总共有40个手术间，逾140名手术室护士；广州医科大学附属第一医院总共有22个手术间，逾77名手术室护士。这个人力数据看似充沛，实际上仍然无法很好地满足日均上百的手术量，尽管广医一院相对规模较小，但其胸外科、尤其是肺移植技术在华南地区首屈一指，手术任务亦不容小觑。

三位护士长均坦白，择期手术做到半夜两三点是常有的事情，平均每个年轻的手术室护士每天都要加班三四个小时，所以他们每天除了无法满足正常的生理需求之余，还需要长时间的精神高度集中。

在如此繁重的临床工作当中，当笔者问及最难忘的经历是什么的时候，三位护士长都不约而同地提到了抢救，专业地配合抢救。因为每一次生死时速上的较量，带给她们磨难的同时，也赋予了她们坚持护理事业的动力和成就感。

——印象最深刻的事情是什么？

——抢救，专业地配合抢救。

常后婵说抢救：

专业与坚持，可以创造奇迹

我在手术室工作了超过30年，参与、指挥过数不胜数的抢救，然而最让我无法忘怀的是抢救成功后的喜悦。我有三次特殊的抢救经历，医生已经放弃抢救，出去和家属谈话了，但是我依旧坚持对患者进行心脏按压，把患者的心跳给按回来了。

手术室是一个特别的地方，无论是患者家属还是患者本人，都是抱着能够治愈疾病的心态才下定决心进行手术的，和决定保守治疗有着本质上的区别。期待值越高，失落值也越大。因此，手术团队会下意识地要求自己不容有任何一例手术失败，因为但凡有一例"这个主刀医生的手术台上曾经死过人"，个中内外因素足以让这个主刀医生陷入万劫不复。现在，随着麻醉技术、外科技术的进步，临床诊疗规范化，许多人都做到了这点，但为此，手术团队仍然必须在高压环境下一丝不苟地工作。

这三个特别的抢救经历发生在20世纪90年代，那时候我还不是手术室护士长，只是一个年轻护士，急危重症章程已经明确规范过按压超过30分钟无效者，可以停止抢救。所以，医生判断抢救无效之后，已经出去和家属谈话了，但我还想给患者按压多几秒钟、几分钟，直到我没有办法继续为止。尽管我身上除了配合抢救，后续还有许多的护理工作（如死亡护理、抢救记录补充）需要跟进。

这三个患者心跳复苏后，都送返重症监护室（ICU），其中一个患者还平安出院了。护理部主任当即额外奖励了我500块钱，这个数目在20多年前并不少。但是，我更感动的是领导对我专业操作的认可。

一名专业的手术室护士，是可以挽救更多生命的。

谭淑芳说抢救：

有时无能为力，经常游刃有余

我印象最深刻的一个患者是我们只能眼睁睁地看着他离开人世。这个患者是在朋友婚礼当天，张灯结彩之时，不小心失足坠楼。他来到手术室的时候还是清醒的，眼里透露着浓烈的求生欲。但是，慢慢地，我们只能看着他开始大量吐血，意识越来越模糊，心率慢慢地下降，尽管我们已经尽力去抢救，但依旧无能为力。

身在手术室，我们总会遇到许多各式各样的急诊手术。有时，我们会回天乏术；但更多的时候，我们是可以游刃有余地去应对的。

我曾经作为巡回护士配合过一台中央型前置胎盘的剖宫产手术。在接到这个患者的手术通知之前，我们已经准备好所有的抢救药物和抢救器械，并希望尽可能保住产妇的子宫，同时也安排了许多人力待机。手术开始之后，抢救场面一度混乱，我很惋惜产妇最终由于宫缩不足仍旧需要通过切除子宫来止血保命。但是，我同时也在反思，我们能不能让我们的工作看起来没那么忙乱，把抢救工作做得更加有条不紊。

后来，我们规定抢救局面必须要有两个指挥者：一个是麻醉医生，另一个是原抢救室间的巡回护士。这个巡回护士负责指挥护理上的抢救工作，不建议离开手术间，而是吩咐其他支援的同事帮忙拿血、拿无菌物品，如此安排可以确保抢救工作的有序性。另外，我十分倡导我们的手术室护士必须懂得具备预判能力。例如，当我们做巡回护士的时候，如果发现这个手术预计出血量大，麻醉医生暂无计划进行中心静脉穿刺，那么我们可以考虑穿刺两个周围静脉留置针以备不时之需。当我们需要提高补液速度，或者在需要输血的时候，就可以做到不慌不忙。

一个专业的手术室护士，要懂得思考与分析。

王莉说抢救：

将抢救工作规范化、专业化

抢救确实是一件惊心动魄的经历，让我们难以忘怀。这么多年下来，我发现我们很多时候由于紧张、经验不足，抢救场面相当慌乱，给人感觉不够高效，我觉得这是因为我们没有把这件事规范化、专业化。

我曾经组织过一次抢救，进入手术间后发现大家都在七嘴八舌，声音最大的是一个经验丰富的老前辈，她在指挥年轻护士。其实，这是不对的。首先我们要明确，手术患者进入手术室后，生命安全由麻醉医生保障。所以抢救是麻醉医生起主导作用。一旦手术过程中出现突发状况，无论是手术医生还是手术室护士都应该停下自己的工作，听从麻醉医生的号令，抢救工作才会快速有序地展开。

在年轻的时候，我也参与过抢救，但我从来不让手术医生带着我走，甚至会让主刀医生不要说话，不然我没有办法听到麻醉医生的吩咐，这是我的专业所带给我的镇定和判断，不盲目地听从任何一个人的指挥。所以，自那一次抢救以后，我定下了一个制度，要求大家抢救的时候必须保持安静，只听从麻醉医生指挥。麻醉医生对患者是预见性治疗，不让患者出现异常或出现前就控制住。我们经历过多次惊心动魄的成功抢救，一个来自梅州的患者由于自身凝血功能障碍，喉部手术后出血堵塞气管，反复3次进入手术抢救，一次比一次严重，可是我们的团队密切配合，硬是从死神手中将她救回来，至今我们医护患已经成为好朋友，常联系来往。

一个专业的手术室护士，要学会把日常工作规范化。

常后婵认为三次成功抢救是对她作为手术室护士最大的肯定，那是通过专业的操作所挽救回来的生命。尽管随着物价飞涨，500块钱已经变得微薄，但在她心中依旧价值连城；谭淑芳目睹了生命的流逝，让她久久难以忘怀，促她思考如何才能最大限度地减少遗憾；王莉则强调了在抢救过程中，镇定的态度是展示配合抢救患者专业性的第一步，而她就是凭此而抢救了无数的生命。

许多医生受访常道，成功拯救生命，这种喜悦感是没有任何一项成就能够比拟的。实际上，与其说因为拯救他人生命而感到喜悦，不如说由于自身的专业性而使他人获救让人欣喜，促人成长。

2.4 成熟篇：如今还有什么心愿?

常后婵、谭淑芳从事护理管理工作已达20年，而王莉也是任职护士长第16年。无论于名于利，皆属护理领域中的翘楚。但是，早已脱离临床一线专业技能岗位的她们，比起自己的福利待遇，她们更在意团队成员的绩效考核是否公平，休假制度是否得到保障；比起自己能否发表高分的学术文章，她们更关心能否为团队成员提供更好的科研平台；比起自己的专业技能是否能够得到认同，她们更希望团队成员能够"青出于蓝而胜于蓝"，因为那已经属于"老故事"，现在的故事应该由年轻人去谱写。

——如今还有什么心愿?
——传承下去。

常后婵谈传承：

以教为荣

在我还是新人的时期，护校本无手术室护理相关教学内容，手术室护理给人的感觉是毫无规律可循，每一个手术室的老师风格迥异，自学时举步维艰。所以，当我成为护士长之后，主动承担了科室内部的所有带教工作。这一举动，不仅让我开创了省医手术室的培训教学路径，还由于发展得较早，并较为成熟，直接推动了"广东省手术室护士核心能力培训制度"的诞生；加之我们在广东省内较早地设立了"医生喜好卡"，我们会去主动问询医生的习惯，建立完善的手术医生习惯资料库，这有利于提高外科医生对我们团队成员的满意度。

由于培训模式日渐规范化，教学资料日渐丰富，护生起初很害怕来到手术室实习，现在已经变得十分喜欢手术室了；而新人也不再像我以前那般迷茫，她们能够享有更合理、统一的培训模式，前辈们总结的经验汇集成完善的教学材料让他们的学习曲线更短，培训效果更佳。

我现在最大的心愿就是手术室能够好好地发展，所以我一直很提倡"以教为荣"，能够将知识传送给下一代，证明了一个手术室护士的知识储备和教学能力值得首肯之余，更重要的是让团队内互教互助的氛围蔚然成风。

谭淑芳谈传承：

善于观察、学习身边的人

许多人都会谈赞美"手术室护士走出去就是不一样"，尤其在讲课、竞赛的时候，战绩赫赫。我认为这是因为我们本职工作的要求就是必须跟上院内所有的外科医生和麻醉医生的脚步，密切地配合他们的步调，这极大地锻炼了手术室护士的能力。

例如我们医院的许可慰教授对于年轻后辈，非常注重言传身教，对工作一丝不苟。他说："一名积极向上、不断奋进的上级医生，可以给年轻人带来更多的正能量，我希望他们能够'青出于蓝胜于蓝'，我也愿意穷极一生，倾囊相授。"耳濡目染的手术室护士也因此在手术台上学到许多专科知识。

此外，手术室护理团队作为庞大的专科队伍，内部有许多优秀的人才。遇到重要手术的时候经常会遇到主刀医生亲自点名某位手术室护士上台，非他不可。我们就要去找原因，为什么他如此备受青睐。经过仔细观察，我们会发现一名专业的手术室护士在手术配合过程中，鸦雀无声，流畅不已。深入了解后，我们会发现这名护士在背后做了多少手术笔记，翻了多少本书，凭借扎实的理论基础上，在手术台如何全神贯注地观察主刀医生的一举一动。

所以，我经常提倡我的团队成员平时多观察、多分析其他优秀的前辈，去思考为什么他们能做得那么好，而自己又在哪些地方有所欠缺，这些都是宝贵的学习资源。

王莉谈传承：

在工作中思考如何解决问题

护士的工作是非常劳累的，所以我认为做事一定要动脑筋，要有专业思维，才能够融入生活的智慧去发现问题的本质，更好地改善临床环境。聪明的护士懂得用五分的力气做好十分的事情，那些用十二分力气才能做好十分事情的护士，我是不会表扬的，因为这不符合可持续发展。

归咎时代的因素，年轻人吃苦耐劳的精神是稍差一些，但他们更聪明了。如今是智能社会，不再是体力社会。所以，当年轻人遇到不想做这件事的时候，在临床上遇到难处的时候，我得让他们明白，得想办法去创新，去用更加合理、智能的方法去代替。如果体力跟不上，也不愿意动脑筋干活，那么这些年轻人很容易就会被时代淘汰。这也是我不断对他们强调的东西。

除此之外，王莉曾批评两个半夜请假的护士，情有可原却时机不对，因为这一举动并不能解决任何问题，不是真的生气了她们的打扰，而是在教导她们处理事情的方式和思维，后来第二天依旧给她们放假了。谭淑芳曾作为最早的一批成人高等教育学生，十分看重继续学习，她认为护士学得越多越会觉得无知，认为自己在工作中需要顾及的东西更多，所以她十分重视高学历人才的培养，同时也努力争取更多的平台让护士深造。常后婵也提到，她曾前往香港基督教联合医院进修，里面的前辈对她无私的教导深深地感动了她。因此，她决心回到省医后要对每一个进修生如她在香港得到的待遇一样，而这也成为扩散省医手术室护士魅力的窗口。

手术室护理团队的传承离不开规范化的培训模式，这些模式有着严谨的轮训制度，鞭笞着每一位年轻护士，旨在保障手术安全。但是，为了缓和现代医疗的高速发展和人力资源不足的矛盾，护士长们在冰冷的制度上添加自己独特的管理理念，为团队建设添砖加瓦。白纸黑字的规范不再赘述，但是这一砖一瓦，都饱含了护士长们经历了数十年临床风雨后的人生智慧，是温暖的，舒适的，助团队成员化茧成蝶。

这，也是手术室护士长最后的故事。

3 尾声

——怎么理解"家属请在外面等候"这句话？

——剩下的事情，请交给专业人士。

手术室门外。

在漫长的等候之后，你们终于看到一双熟悉的眼睛——手术医生从手术室大门内探出身子，呼唤着自己亲人的名字，对着你们说："手术顺利。"

此刻，你们长舒了一口气。

也许，你们没发现这个手术医生的下一位手术患者已悄然而至，正在和手术室护士对话。但是，这一切已经不再重要了，你们心底里只想尽快看到亲人的脸庞。

"家属请在外面等候。"

哦，这次不是对你们说的，你们的等候已经结束了。

但是，手术室内的专业人士永不停歇，他们将不断重复"家属请在外面等候"，日夜兼程、严阵以待地从家属的手中接过每一位他们心目中的唯一。为了完成这份使命，他们会比其他同龄人损失更多闲暇的时光，修炼自己，培育后辈，直到再也不需要说"家属请在外面等候"。

采写编辑：江苇妍，AME Publishing Company

责任编辑：严斯瀛，AME Publishing Company

AME Books
AME 图书

海量医学书籍

囊括AME全系列图书及学术期刊

· 最前沿医学知识
· 最实用科研干货
· 最独到学术见解

目录一键跳转

不再一页一页翻资料，目录
一目了然，一键快捷跳转！

支持快币兑换

攒了快币没地花？
从此买书不花钱！

多种分类书目

· 按专家分类
· 按专科分类
· 按系列分类
随心所欲，找书不再烦恼！

告别"大部头"
随手，随时，随地学习起来

K 快币

快币的由来？

欲穷千里目，快乐搞学术！AME 为学者提供一个平等、开放的学术平台，在这个平台上学者们能够快快乐乐搞学术，高高兴兴赚快币。

快币能做什么？

购买 AME 电子图书

购买 AME 咖啡：AME 旗下咖啡店

敬请期待...

如何得到快币？

在 AME 认领系统认领并按时完成任务

参加 AME 组织的会议和活动

充值购买附赠

购买纸质图书附赠

敬请期待...

AME
Publishing Company